CHARLES H.
SPURGEON

Perguntas para a mente e o coração

14 SERMÕES SOBRE INTERROGAÇÕES
FUNDAMENTAIS FEITAS POR JESUS

C. H. Spurgeon
Livro composto com base na obra
Milagres e parábolas de Nosso Senhor
(São Paulo: Hagnos, 2016).

1ª edição: março de 2022

TRADUÇÃO
Emirson Justino
Jurandy Bravo
Lilian Jenkino

REVISÃO
Josemar S. Pinto
Raquel Fleischne

CAPA
Julio Carvalho

DIAGRAMAÇÃO
Letras Reformadas

EDITOR
Aldo Menezes

COORDENADOR DE PRODUÇÃO
Mauro Terrengui

IMPRESSÃO E ACABAMENTO
Imprensa da Fé

As opiniões, as interpretações e os conceitos emitidos nesta obra são de responsabilidade do autor e não refletem necessariamente o ponto de vista da Hagnos.

As notas de rodapé deste livro são dos tradutores e foram inseridas para clarificar palavras, expressões e personagens, além de contextualizar o leitor sobre aspectos históricos e culturais.

Todos os direitos desta edição reservados à:
EDITORA HAGNOS LTDA.
Av. Jacinto Júlio, 27
04815-160 — São Paulo, SP
Tel.: (11) 5668-5668

E-mail: hagnos@hagnos.com.br
Home page: www.hagnos.com.br

Dados Internacionais de Catalogação na Publicação (CIP)
Angélica Ilacqua CRB-8/7057

Spurgeon, C. H. (Charles Haddon), 1834-1892
 Perguntas para a mente e o coração: 14 sermões sobre interrogações fundamentais feitas por Jesus / Charles H. Spurgeon; tradução de Emirson Justino, Jurandy Bravo, Lilian Jenkino. – São Paulo: Hagnos, 2022.

ISBN 978-85-7742-332-3
Título original: Miracles and Parables of Our Lord

1. Jesus Cristo - Ensinamentos 2. Fé I. Título II. Justino, Emirson III. Bravo, Jurandy IV. Jenkino, Lilian

22-1211 CDD-248:4

Índice para catálogo sistemático:

1. Jesus Cristo - Ensinamentos

Sumário

Prefácio 5

1. Credes que eu posso fazer isso? 7
2. Vês alguma coisa? 29
3. E os nove, onde estão? 51
4. Queres ficar são? 67
5. Crês tu no Filho do Homem? 89
6. Crês isto? 111
7. Por que sois tão tímidos? Ainda não tendes fé? 133
8. Por que duvidaste? 155
9. Não entendestes ainda? 173
10. Qual dos dois fez a vontade do pai? 195
11. Pode um cego guiar outro cego? 217
12. Porventura achará fé na terra? 239
13. E por que me chamais: Senhor, Senhor, e não fazeis o que eu vos digo? 261
14. Não deixará as noventa e nove nos montes para ir buscar a que se desviou? 283

Prefácio

PERGUNTAR é uma arte. Essa nobre verdade é aceita em todos os círculos da oratória pública. Como poucos, Jesus lançou mão dessa habilidade de forma eficaz e infalível. Incontestavelmente, Ele era mestre na laboriosa tarefa de fazer perguntas certeiras. As perguntas vindas de Jesus tinham o poder de levar seus ouvintes a uma profunda reflexão sobre seus próprios atos e sua forma de pensar.

A fim de destacar essa frutífera atividade de Jesus, foram selecionados catorze sermões de Spurgeon que se concentram em perguntas que partiram do Filho de Deus. Cada uma delas — magistralmente elaboradas — abre o caminho para que Ele pudesse *fisgar* a mente e o coração dos ouvintes.

"Fisgar" significa "capturar com fisga, anzol ou arpão". A escolha desse verbo é, portanto, mais do que adequada. O ponto de interrogação, se colocado de cabeça para baixo, se parecerá com um instrumento muito conhecido de outra arte: a de pescar. Em espanhol, uma pergunta inicia-se com este sinal gráfico: ¿ — um ponto de interrogação invertido, que lembra de imediato um anzol. Essa semelhança com o anzol reforça muito bem o poder que uma pergunta tem de fisgar a mente e o coração de alguém que é alvo de uma pergunta bem-feita e direcionada.

Na condição de seguidores de Cristo, temos a incumbência de cumprir a Grande Comissão de ir a todas as nações e fazer discípulos, ensinando-os a observar tudo o que Jesus nos ordenou (Mateus 28:19,20). Isso faz de nós "pescadores de homens" (Mateus 4:19). Assim, além de seguirmos nosso Mestre, temos de possuir a destreza de fazer perguntas a fim de atrair pessoas para

Cristo. Por exemplo, a pergunta "Crês tu no Filho do Homem?" pode ensejar um diálogo que poderá culminar na conversão de alguém?

As perguntas feitas por Jesus a discípulos e a não discípulos contêm ensinamentos valiosíssimos capazes de penetrar na alma dos inquiridos, levando-os a refletir sobre a própria existência — passada, presente e futura. Embora tenham sido feitas num contexto específico e estejam fincadas no tempo e no espaço próprios em que foram formuladas, essas perguntas têm um valor atemporal e estão revestidas de um poder de reflexão capaz de produzir tanto efeito hoje quanto produziu na ocasião em que foram proferidas.

Não leia este livro, no entanto, apenas com o intuito de aprender a fazer perguntas ou a adaptar as perguntas de Jesus a certas pessoas em particular. Ponha-se no lugar daqueles a quem as perguntas foram originalmente dirigidas e tome-as para si, a fim de que você possa refletir sobre sua própria vida com Cristo de modo geral, e esteja disposto a mudar na área em que o Espírito Santo testemunhar de alguma necessidade de transformação. Por exemplo, ao ler sobre a pergunta "Credes que eu posso fazer isso?" (veja o capítulo 1), reflita sobre sua capacidade de crer no poder de Deus, mesmo diante do impossível e do improvável. Se houver algum resquício de incredulidade, ore e aja, a fim de redirecionar sua vida para os planos que Deus tem para você. Ao analisar o estudo sobre "E os nove, onde estão?" (capítulo 3), pense a respeito de quão grato você é a Deus e às pessoas que lhe fizeram o bem em algum momento de sua vida. Veja a si mesmo como o destinatário dessas perguntas, e permita que Deus fale profundamente a você, fisgando-lhe a mente e o coração, com os quais você deverá segui-lo hoje e sempre.

Que essa seleção de perguntas para a mente e o coração seja uma fonte de verdades transformadoras e impactantes para sua vida presente e futura. "Crês isto?" Esperamos, em Deus, que sim.

Boa leitura.

1

Credes que eu posso fazer isso?

> Partindo Jesus dali, seguiram-no dois cegos, que clamavam, dizendo: Tem compaixão de nós, Filho de Davi. E, tendo ele entrado em casa, os cegos se aproximaram dele; e Jesus perguntou-lhes: Credes que eu posso fazer isto? Responderam-lhe eles: Sim, Senhor. Então lhes tocou os olhos, dizendo: Seja-vos feito segundo a vossa fé. E os olhos se lhes abriram.
>
> (Mateus 9:27-30)

HOJE em dia,[1] encontramos aqui e ali um mendigo cego nas ruas de nossas cidades; mas eles proliferam nas cidades do Oriente. A oftalmia é um flagelo no Egito e na Síria, e Volney declara que, de cada cem pessoas com que ele deparou na cidade do Cairo, vinte apresentavam cegueira quase completa, dez não tinham um olho e outras vinte eram portadoras de algum tipo de problema visual. Ficamos chocados diante do grande número de cegos em terras orientais nos dias atuais, mas as coisas provavelmente eram piores nos dias do nosso Salvador. Devemos ser profundamente gratos por terem sido controladas entre nós, nos tempos modernos, a hanseníase, a oftalmia e outras

---

[1] Spurgeon viveu entre 1834 e 1892, assim, expressões como "hoje em dia", "dias atuais", "entre nós" devem ser entendidas dentro desse espaço temporal.

formas de doença. Assim, a praga que devastou nossa cidade duzentos anos atrás não é mais vista hoje, e os nossos hospitais de isolamento[2] não estão mais repletos de hansenianos. A cegueira, por sua vez, é atualmente objeto de prevenção e cura, não sendo mais, de modo algum, um mal frequente a ponto de vir a constituir uma fonte geradora de pobreza no país.

Por existirem tantos cegos nos dias do nosso Salvador e de tantos se achegarem a ele, é que lemos com frequência sobre sua cura nos Evangelhos. A misericórdia foi ao encontro da miséria no próprio local desta. Ali, onde mais se manifestava a tristeza humana, o poder divino foi ainda mais compassivo. Agora, porém, em nossos dias, o mais comum é que os homens sejam cegos espirituais. Tenho grande esperança, todavia, de que nosso Senhor Jesus agirá de sua forma antiga, mostrando o seu poder em meio ao mal abundante.

Estou certo de que existem alguns, neste exato momento, que desejam obter visão espiritual e, especialmente, tal como os dois cegos do texto acima, ver Jesus — visão esta que é vida eterna. Estamos aqui para falar àqueles que percebem sua cegueira espiritual e que suplicam pela luz de Deus — a luz do perdão, a luz do amor e da paz, a luz da santidade e da pureza. Nosso profundo desejo é que possa ser retirado o manto das trevas, que os raios divinos possam encontrar passagem por entre a escuridão interior da alma e que a noite do caráter obscurecido se vá para sempre. Que o instante do amanhecer possa se manifestar a muitos de vocês, interiormente cegos. Iluminação imediata, eis a bênção que rogo a Deus sobre vocês. Sei que a verdade pode permanecer na mente por muitos anos e, finalmente, produzir frutos. Neste momento, no entanto, nossa oração é pelo alcance de resultados imediatos, pois somente isso está de acordo com a natureza da luz a respeito de que falamos. No princípio, Deus disse "Haja luz", e houve luz; e quando Deus na

---

[2] Hospitais para o tratamento de doenças contagiosas na Inglaterra, no século 19.

pessoa de Jesus caminhou aqui na terra, tocou os olhos dos cegos, e eles receberam visão imediatamente. Que a mesma obra rápida se realize agora!

Homens que foram conduzidos até Jesus, ou chegaram apalpando as paredes até o lugar onde sua voz proclamava sua presença, foram tocados por seus dedos e voltaram para casa sem um guia, regozijando-se por lhes haver Jesus Cristo aberto os olhos. Jesus ainda pode realizar maravilhas como essas, e, sob total subordinação ao Espírito Santo, queremos pregar sua Palavra e ver os sinais que se seguirão, esperando poder vê-los imediatamente. Por que não seria possível que centenas de vocês, que chegaram neste Tabernáculo em estado de cegueira da mente, não saíssem daqui abençoados com a luz do céu? É este, de modo pleno, o desejo mais profundo e interior do nosso coração e é a isso que queremos nos dedicar com total empenho. Vamos, então, estudar juntos o texto e sejamos, enfim, bondosos para com nós mesmos o suficiente para estarmos prontos a sermos alcançados pelas verdades que ele irá colocar diante de nós.

I

Em primeiro lugar, ao examinarmos a passagem que se acha diante de nós, devemos concentrar nossa atenção *nos que buscaram* Jesus — os dois homens cegos. Existe algo neles digno de ser imitado por todos aqueles que almejam ser salvos.

Observamos, de imediato, que os dois cegos estavam *profundamente determinados*. A palavra que descreve seu apelo a Cristo é "clamavam", e, dado o uso dessa expressão, percebemos que não estavam simplesmente falando. O texto diz que eles "clamavam, dizendo...", e, percebam, clamar implica implorar, suplicar, rogar com determinação, energia e emoção. O tom de sua voz e sua gesticulação indicavam que não estavam como que gozando de férias, mas, sim, que levantavam um brado veemente. Imagine-se em tal situação. Quão desejoso você estaria de receber a bendita luz da visão se, por vários anos, tivesse sido levado a habitar naquilo que Milton chamou de "trevas eternas"? Eles estavam sedentos, famintos, de visão.

Não podemos esperar por salvação até que a busquemos com igual vigor; e, no entanto, poucos se mostram realmente determinados a serem salvos. Quão determinados estão muitos homens com relação ao dinheiro, à sua saúde e aos seus filhos! Quanto se entusiasmam tantos pela política ou pelos assuntos de sua cidade! Contudo, quando se toca em assuntos de verdadeira salvação, tornam-se tão frios quanto o gelo do Ártico. Como é possível uma coisa dessa? Será que alguém espera ser salvo enquanto dorme? Espera encontrar perdão e graça enquanto permanece na mais profunda indiferença? Se é esse o seu caso, você está redondamente enganado, pois "o reino dos céus é tomado à força, e os violentos o tomam de assalto" (Mateus 11:12). Morte e eternidade, juízo e inferno não são coisas com as quais se possa brincar; o destino eterno da alma não é um assunto qualquer, e a salvação por meio do precioso sangue de Cristo não é uma bagatela. Os homens não são salvos de irem parar no abismo somente por fazerem um pequeno sinal com a cabeça ou com os olhos. Não basta simplesmente murmurar "nosso Pai" ou pronunciar um apressado "Senhor, tem misericórdia de mim". Aqueles cegos continuariam cegos se não estivessem determinados a terem seus olhos abertos. Muitos continuam em seus pecados porque não estão determinados a fugir deles. Aqueles homens estavam plenamente despertos. E você, meu prezado ouvinte, está acordado? Você pode se juntar a mim e cantar essas duas estrofes?

> Cristo, que agora passas por aqui,
> Tu és aquele que dá salvação.
> Ouve o pecador que clama a ti
> E cura a cegueira do meu coração.
> De coração me achego a ti,

Misericórdia e perdão eu imploro.
Ferido e desprezado cheguei aqui:
Restaura minha visão, eu oro.

Por serem determinados, os cegos estavam *cheios de perseverança*, e eles seguiram Cristo, continuando a fazer seu pedido. Mas de que modo conseguiram acompanhar o caminho do Senhor? Não sabemos, mas deve ter sido bastante difícil para eles, que nada enxergavam. É provável que tenham perguntado a outras pessoas que caminho o Mestre havia tomado, com os seus ouvidos bem abertos a qualquer ruído. Certamente disseram aos circunstantes: "Onde está ele? Onde está Jesus? Levem-nos, guiem-nos! Precisamos encontrá-lo!" Não sabemos quão longe o Senhor se distanciara deles, mas sabemos que, por mais longe que ele tenha ido, aqueles homens o seguiram e chegaram lá.

Achavam-se tão destemidamente perseverantes que, tendo chegado à casa onde Jesus se encontrava, não ficaram nem um minuto do lado de fora aguardando que ele saísse, mas irromperam na sala, onde certamente ele estava. Mostravam-se insaciáveis em sua busca pela visão. Seu clamor determinado provavelmente fez que Jesus interrompesse alguma pregação que fazia, desse uma pausa e ouvisse o que pediam: "Tem compaixão de nós, Filho de Davi". A perseverança mais uma vez prevaleceu; e nenhum homem que conheça a arte da oração importuna e insistente há de se perder. Se você decidir que nunca deixará de bater na porta da misericórdia até que o Porteiro a abra, ele sem dúvida vai acabar abrindo-a. Se você se apegar, como Jacó, ao anjo da aliança, dizendo resolutamente "Não te deixarei ir, se me não abençoares" (Gênesis 31:6), sairá do lugar da luta sendo mais que vencedor. Lábios abertos em oração incessante fazem que os olhos se abram em plena visão de fé. Ore mesmo nas trevas, ainda que não haja esperança de luz, pois Deus, sendo ele mesmo luz, não menospreza um pobre coração suplicante, que leva um infeliz pecador a pedir e a implorar diante dele, com toda a intenção de continuar pedindo e implorando até que receba a bênção. A perseverança na oração é sinal seguro de estar próximo o momento da abertura dos olhos.

Os homens cegos *tinham um objetivo definido* em sua petição. Sabiam o que queriam; não eram crianças chorando por nada nem miseráveis gananciosos pedindo tudo: queriam ter visão e sabiam disso. Muitas almas cegas não têm consciência de sua cegueira e, quando oram, pedem qualquer coisa, menos aquilo que é necessário. Muitas orações assim chamadas consistem em dizer palavras bonitas e agradáveis, frases piedosas, mas não constituem propriamente orações. Para os salvos, oração é comunhão com Deus, e, para as pessoas que estão buscando a salvação, é pedir aquilo que você quer e espera receber em nome de Jesus, em nome de quem você se dirige a Deus. Mas que tipo de oração pode ser essa, na qual não há sentido algum de necessidade, não existe um pedido direto, nenhum clamor inteligente?

Querido ouvinte, você já pediu ao Senhor, em termos claros, para ser salvo? Já expressou sua necessidade de um novo coração, sua necessidade de ser lavado no sangue de Cristo, de ser feito filho de Deus, de ser adotado em sua família? Não existe oração enquanto a pessoa não saiba o motivo pelo qual está orando e até que se disponha a orar por *aquilo que quer*, como que sem se importar com nada mais. Se quem ora estiver determinado e for insistente, estará também inteiramente direcionado e cheio de um desejo claro, tendo toda a certeza de que será bem-sucedido em seu apelo. Retesará com braço forte o arco do desejo e na corda encaixará a flecha afiada de anseio veemente; e, então, com sua visão aguçada de percepção, buscará seu alvo. É de se esperar, portanto, que acerte, bem no centro, aquele alvo. Ore pedindo luz, vida, perdão e salvação. Ore por isso de toda a sua alma. Tão certo quanto Cristo está nos céus, ele lhe concederá essas boas dádivas. Pois existe alguém a quem ele acaso algum dia haja dado as costas?

CREDES QUE EU POSSO FAZER ISSO?

Em sua oração, aqueles cegos *honraram a Cristo*, ao suplicar: "Tem compaixão de nós, Filho de Davi" (Mateus 20:30). Os grandes da terra demoraram em reconhecer nosso Senhor como sendo de descendência real; mas esses pobres cegos proclamaram imediatamente o Filho de Davi como tal. Cegos, eles podiam, na verdade, ver muito mais do que alguns dos que têm os olhos perfeitos, podiam ver que o Nazareno era o Messias, o enviado de Deus para restaurar o reino a Israel. Com base nessa crença, sabiam que, como o Messias prometido abriria os olhos aos cegos, Jesus, sendo o Messias, poderia abrir os *seus* olhos. Assim, apelaram a ele para que realizasse tal sinal de seu ofício, honrando-o mediante uma fé prática e real. É o tipo de oração que apressa o céu, a oração que coroa o Filho de Davi. Ore glorificando a Cristo Jesus, enaltecendo-o, suplicando pelos méritos de sua vida e morte, dando a Jesus seus títulos gloriosos por ter sua alma grande reverência e estima por ele. As orações que prestam adoração a Jesus têm em si a força e a rapidez das asas da águia e subirão até Deus, pois nelas são abundantes os elementos do poder celestial. Orações que pouco consideram Cristo serão orações das quais Deus pouco irá considerar. Mas a oração em que a alma glorifica o redentor se ergue como coluna perfumada de incenso desde o Santo dos Santos, e o Senhor a recebe como agradável cheiro suave.

Observe, também, que, em sua oração, aqueles dois homens cegos *confessaram sua indignidade*. "Tem compaixão de nós, Filho de Davi" (Mateus 20:30). Seu apelo era por misericórdia. Nada disseram sobre mérito algum, nada pediram por causa de sofrimentos passados ou de seus esforços perseverantes ou suas resoluções para o futuro; pediram simplesmente: "Tem compaixão de nós". Nunca receberá uma bênção de Deus aquele que a exige como se tivesse direito a ela. Temos de apelar a Deus na nossa verdadeira condição de criminosos condenados, que apelam à sua soberania, suplicando-lhe o exercício da prerrogativa real do livre perdão. Assim como o mendigo pede esmola alegando a necessidade dela, solicitando alguma ajuda por caridade, assim também temos de nos dirigir ao altíssimo apelando *ad misericordiam*, direcionando nossas súplicas à graça e às ternas misericórdias do Senhor. Há que implorarmos assim: "Ó Deus, se tu me destruíres, eu mereço isso. Se eu jamais receber um olhar de conforto vindo da tua face, nada posso reclamar. Mas, Senhor, por tua misericórdia, salva um pecador. Não tenho qualquer direito perante ti, mas, oh, porque és cheio de graça, olha para uma pobre alma cega que, com esperança, olha para ti".

Meus irmãos, meu vocabulário não é erudito. Nunca me dediquei à escola da oratória. De fato, meu coração abomina a própria ideia de procurar falar corretamente no momento em que as almas estão em perigo. Não; eu me esforço para falar diretamente ao seu coração e à sua consciência, e, se nesta multidão que me escuta, há alguém ouvindo da maneira correta, Deus irá abençoar sua palavra a este. "Mas que tipo de ouvir é esse?", pergunta você. É aquele ouvir em que a pessoa diz consigo mesma: "Já que eu percebi que o pregador está entregando a Palavra de Deus, eu o ouvirei atentamente e farei aquilo que ele diz que o pecador que busca a Deus deve fazer. Vou orar e suplicar, esta noite, e vou perseverar nos meus rogos procurando glorificar o nome de Jesus e, ao mesmo tempo, confessando minha própria indignidade. Vou suplicar pela misericórdia vinda das mãos do Filho de Davi". Feliz é o pregador que sabe que isso irá acontecer.

II

Faremos agora uma pausa por um instante, para abordarmos, em segundo lugar, *a pergunta que foi colocada diante deles*. Os dois cegos queriam ter seus olhos abertos. Ambos se colocaram ante o Senhor, a quem não podiam ver, mas que *podia vê-los* e se revelar a eles por meio daquilo que ouviam. Ele então os questionou, não para que *ele* pudesse conhecê-los, mas para que eles pudessem conhecer a si mesmos. Jesus fez uma única pergunta: "Credes que eu posso fazer isto?" (Mateus 9:28). Esta pergunta tocou na única coisa que se colocava entre eles e a visão. De sua resposta, dependia se sairiam daquela sala enxergando ou ainda cegos. "Credes que eu posso fazer isto?" (Mateus:9:28) Acredito que entre todo pecador e Cristo existe apenas esta única pergunta: "Credes que eu posso fazer isto?" (Mateus 9:28), e, se a pessoa puder responder com sinceridade, como fizeram os homens dessa narrativa — "Sim, Senhor" (Mateus 9:28) —, certamente receberá como resposta "Seja-vos feito segundo a vossa fé".

Vamos analisar com bastante atenção essa importante pergunta de Jesus. Ela se referia *à fé daqueles homens*. "Credes que eu posso fazer isto?" Jesus não perguntou qual era o tipo de caráter que eles haviam tido no passado, pois, quando os homens chegam a Cristo, o passado lhes é perdoado. Não lhes perguntou se haviam tentado várias maneiras de terem seus olhos abertos, pois, quer eles houvessem tentado quer não, continuavam sendo cegos. Não perguntou se eles tinham achado alguma vez que poderia existir um médico misterioso capaz de realizar sua cura no futuro. Não. Perguntas curiosas e especulações inúteis jamais são sequer sugeridas pelo Senhor Jesus. Seu questionamento foi totalmente resumido em uma única pergunta, relativa a um único ponto, e este ponto era a fé: acreditavam eles que Jesus, o Filho de Davi, poderia curá-los?

Por que nosso Senhor sempre enfatiza essa questão da fé, não apenas em seu ministério, mas também por meio do ensino dos apóstolos? Por que a fé é tão essencial? Por causa de seu poder receptivo. Uma simples carteira não torna um homem rico, mas, se não houver um lugar onde possa colocar o dinheiro, como um homem poderá vir a adquirir riqueza? A fé, em si mesma, não pode contribuir para a salvação, mas é a carteira que sustenta em si um precioso Cristo; que sustenta, sim, todos os tesouros do amor divino. Se uma pessoa estiver com sede, um balde e uma corda, por si sós, não serão de muita utilidade, mas, senhores, se existir um poço por perto, a coisa mais necessária e desejada será um balde e uma corda, por meio dos quais a água poderá ser tirada do fundo do poço. A fé é o balde com a corda, por meio do qual um homem pode tirar a água do poço da salvação e bebê-la, para contentamento do seu coração. É possível que, em alguma ocasião, você tenha parado por um momento para beber água em algum lugar e tenha realmente desejado beber, mas não tenha encontrado um meio de fazê-lo. A água poderia até fluir, mas você não tinha como bebê-la. Seria de fato extremamente perturbador estar diante de uma fonte, sedento, sem conseguir beber por falta de um meio para isso. A fé é esse meio, esse pequeno copo ou vasilhame que podemos colocar junto à fonte que jorra a graça de Cristo: nós o encheremos dessa água, então beberemos e seremos restabelecidos. É esta a importância da fé.

Para os nossos antepassados, poderia parecer inútil lançar cabos submarinos de telegrafia no fundo do mar, da Inglaterra até os Estados Unidos, e na verdade teria sido inútil se a ciência não tivesse descoberto como nos comunicarmos por meio de impulsos elétricos. No entanto, os cabos submarinos são hoje um meio da maior importância, pois o melhor da telegrafia seria inútil para a comunicação internacional se não houvesse um meio de interligar por ela os dois continentes. A fé é exatamente isso: é o elo que interliga nossa alma a Deus e por meio do qual sua mensagem viva brilha em nossa alma. Às vezes, a fé é fraca, comparando-se tão somente a uma película muito delgada. Contudo, mesmo assim é bastante preciosa justamente por isso, pois é o início de grandes coisas. Anos atrás, queriam fazer uma ponte suspensa por cima de um abismo por onde corria, bem abaixo, um rio navegável. De um lado a outro do penhasco, deveria ser sustentada uma ponte de aço nas alturas do céu; mas como começar? Atiraram uma flecha de um lado ao outro do abismo, carregando, por cima daquela garganta, uma linha bem fina. Aquela linha quase invisível foi suficiente para começar. A conexão estava estabelecida. Ela levava após si um fio mais grosso, o qual puxava uma corda, corda esta que logo carregou um cabo; e, no devido tempo, foram levadas as correntes de aço e tudo o mais necessário à construção daquele caminho nos ares. A fé também é frequentemente muito fraca, mas é ainda assim do mais alto valor, pois começa a formar uma comunicação entre a alma e o Senhor Jesus Cristo. Se você crer no Senhor, existirá um elo entre ele e você: sua pecaminosidade cessará com a graça de Jesus; sua fraqueza irá se apoiar na força de Deus; sua nulidade se esconderá na autossuficiência divina. Mas, se você não crer, estará separado de Jesus e nenhuma bênção poderá fluir em sua direção. Assim, a pergunta que eu tenho para fazer no nome do meu Mestre nesta noite a todos aqueles pecadores que estão buscando salvação tem que ver com sua fé e nada mais. Não importa para mim se você pesa mais de 100 quilos ou ganha apenas alguns trocados por semana, se você é um príncipe ou um mendigo, se você é nobre ou plebeu, se é instruído ou ignorante. Temos o mesmo evangelho para entregar a todo homem, mulher e criança, e temos de enfatizar o mesmo ponto: "Você crê?" Se você crê, será salvo; se não crê, não poderá participar da bênção da graça.

Em seguida, observemos que a pergunta se referia à *fé em Jesus*. "Credes que *eu* posso fazer isto?" Se perguntássemos ao pecador que passou por um despertamento: "Você crê que pode salvar a si mesmo?", sua resposta seria "Não, eu não creio. Eu já aprendi. Minha autossuficiência acabou". Se fizéssemos a ele outra pergunta: "Você acredita que as ordenanças, os meios de graça e os sacramentos podem salvar?", se ele for um penitente esperto e desperto, responderá: "Isto eu também já aprendi. Já experimentei tudo isso, mas tudo isso, por si mesmo, é apenas vaidade". De fato, é assim: não existe em nós e ao nosso redor nada sobre o que a nossa esperança possa ser construída, nem que seja por um breve momento. Mas a nossa busca vai além de si mesma, nos lança tão somente em Jesus, levando-nos a ouvir o próprio Senhor nos perguntar: "Credes que eu posso fazer isto?".

Amados, quando falamos sobre o Senhor Jesus Cristo, não estamos falando sobre uma pessoa meramente histórica; falamos daquele que está acima de todos os outros. Ele é o Filho do Deus altíssimo e, mesmo sendo isto, veio a esta terra e nasceu como uma criança, em Belém. Como criança, foi acalentado e dormiu no colo de uma mulher e cresceu exatamente como as outras crianças. Tornou-se um homem em plenitude de estatura e sabedoria, vivendo aqui por trinta anos ou mais, fazendo o bem. Por fim, este Deus glorioso em carne humana morreu, "o justo pelos injustos, para levar-nos a Deus" (1Pedro 3:18), colocando-se no lugar do homem culpado para sofrer a punição reservada a esse homem — de modo que Deus fosse justo e ainda assim o justificador de todo aquele que crê. Morreu e foi sepultado, mas a sepultura pôde contê-lo apenas por um período curto de tempo. Logo na manhã do terceiro dia, ressuscitou e deixou os mortos para nunca mais morrer. Ressurreto, ficou aqui o tempo suficiente para que muitos pudessem vê-lo vivo e em um corpo. Nenhum evento na história é tão bem atestado quanto a ressurreição de Cristo. Foi visto por indivíduos e por duplas, por dezenas e por cerca de quinhentos irmãos de uma só vez. Depois de ter revivido aqui por algum tempo, subiu aos céus na presença de seus discípulos, levado por uma nuvem até que não mais fosse visto. Neste momento, está sentado à mão direita de Deus: o mesmo que morreu sobre o madeiro está agora entronizado no mais alto dos céus, Senhor de tudo, e todo anjo se deleita em lhe prestar adoração.

A única pergunta que *ele* faz a você hoje, por meio destes pobres lábios, é esta: "Você crê que eu posso salvá-lo — que eu, o Cristo de Deus que agora habita no céu, sou capaz de salvá-lo?" Tudo depende de sua resposta a esta pergunta. Eu sei qual deve ser a sua resposta. Se ele é Deus, nada é impossível nem mesmo difícil para ele. Se Jesus Cristo foi enviado a esta vida para fazer a expiação dos pecados, e se Deus aceitou essa expiação, permitindo que ressuscitasse dos mortos, então deve haver eficácia em seu sangue para me limpar dos pecados, até mesmo a mim. Sua resposta, portanto, deverá ser: "Sim, Senhor Jesus, eu creio que tu és capaz de fazer isso".

Credes que eu posso fazer isso?

Agora, porém, quero enfatizar outra palavra do texto e desejo que *você* também a enfatize. "Credes que eu posso fazer *isto*?" Seria totalmente inútil se aqueles homens cegos dissessem "Cremos que o Senhor pode ressuscitar os mortos". "Não", diz Cristo, "o assunto em questão é a abertura dos seus olhos. Vocês creem que eu posso fazer *isto*?" Eles poderiam ter respondido: "Bom Mestre, nós cremos que o Senhor estancou a hemorragia de uma mulher quando ela tocou suas vestes". "Não", responde ele, "não é disso que estou falando. Os seus olhos precisam ser curados, vocês querem ter visão, e a pergunta sobre sua fé é se vocês creem que eu posso fazer *isto*". Alguns aqui podem talvez acreditar que isso serve apenas para outras pessoas; devemos, então, tornar essa questão pessoal, diretamente relativa a você, e perguntar: "Você crê que Cristo é capaz de salvar *você* — até mesmo *você*? Crê que ele é capaz de fazer *isto*?"

É bem provável que eu esteja me dirigindo a alguém que tenha ido muito longe no pecado. Pode ser, meu amigo, que você tenha acumulado uma grande quantidade de iniquidade em um pequeno espaço. Você procurou ter uma vida segura e feliz e, de acordo com as suas perspectivas atuais, já deve ter o suficiente para uma vida materialmente segura, mas sua felicidade praticamente não existe. Ao olhar sua vida para trás, você certamente deverá refletir que nunca um jovem jogou fora a vida de uma maneira mais tola do que você fez. Então, você deseja ser salvo? Você pode dizer de coração que deseja isso? Responda, então, a mais esta pergunta: você crê que Jesus Cristo é capaz de fazer *isto*, ou seja, apagar todos os *seus* pecados, renovar *seu* coração e salvar *você* esta noite? "Ah, meu senhor, eu creio que ele é capaz de perdoar os pecados." Mas você crê que ele é capaz de perdoar os *seus* pecados? O assunto em questão é *você*: como anda a sua fé, neste instante? Esqueça a situação das outras pessoas e considere apenas a *sua*. Você crê que Jesus Cristo é capaz de fazer *isto*? *Isto* — este seu pecado, esta sua vida desperdiçada — Jesus será capaz de lidar com *isto*? Tudo depende de sua resposta a esta pergunta.

Somente uma fé vazia imaginaria crer no poder do Senhor sobre os outros, mas não ter confiança nele para si mesmo. Você tem de crer que ele é capaz de fazer *isto* — isto que se refere a *você;* do contrário, para todos os fins, você não passa de um descrente.

Sei também que estou falando a muitas pessoas que jamais se perderam nos vícios deste mundo. Agradeço a Deus por este seu benefício, por você ter guardado o caminho da moralidade, da sobriedade e da honestidade. Contudo, sei que alguns de vocês já chegaram quase a desejar, ou, pelo menos, já passou por sua mente, que pudessem ter sido grandes pecadores, ter ouvido um sermão do modo que os consumados pecadores ouvem e pudessem ver em vocês uma mudança igual àquela que viram em alguns deles, de cuja conversão não se pode duvidar. Se é este o seu caso, não dê lugar a um pensamento ou desejo tão insensato; mas ouça com atenção enquanto faço essa pergunta a você também. Seu caso é o de um moralista que obedece a todas as obrigações exteriores, mas tem negligenciado seu Deus — é o caso de um moralista que sente como se o arrependimento fosse impossível, porque se tem alimentado há tanto tempo de justiça própria que não sabe mais como fazer cessar essa degeneração? O Senhor Jesus Cristo pode, do mesmo modo, facilmente salvá-lo de sua justiça própria tanto quanto ele pode salvar outro pecador de seus hábitos condenáveis. Crê que ele é capaz de fazer *isto*? Crê que ele é capaz de atender a *este* caso, o *seu* caso particular? Responda-me "sim" ou "não".

Contudo, você pode alegar: "Meu coração é muito duro". Crê que Jesus Cristo pode suavizá-lo? Supondo que seu coração possa ser rijo como granito, você crê que o Cristo de Deus é capaz de amolecê-lo como cera em um piscar de olhos? Supondo que seu coração seja tão instável quanto o vento e as ondas do mar, você consegue crer que o Senhor pode transformá-lo em uma pessoa de mente firme e colocá-lo firmemente sobre a Rocha Eterna para sempre? Se você crê em Jesus, ele fará isso por você, pois isso será feito segundo a sua fé. Mas eu sei onde é que o parafuso aperta. Todo mundo procura fugir na direção de um

CREDES QUE EU POSSO FAZER ISSO?

pensamento de que acredita no poder de Cristo para os outros, mas que treme em relação a si mesmo. Cabe-me então segurar cada pessoa e mantê-la presa à questão referente a si mesma; tenho de segurá-la e levá-la a uma prova real. Jesus pergunta a cada um de vocês: "Credes que eu posso fazer *isto*?"

"Por que", poderá indagar alguém, "seria a coisa mais surpreendente que o próprio Senhor Jesus já teria feito se me salvasse esta noite?" Crê, então, que ele pode fazer isso? Confia em que ele é capaz de fazer *isto* agora? "Mas, ainda assim, seria uma coisa muito estranha, quase como um milagre!" O Senhor Jesus realiza coisas estranhas; é este o jeito dele. Ele foi sempre um realizador de milagres. Você não pode crer que ele seja capaz de fazer *isto* por você, até mesmo *isto*, o necessário para que seja salvo?

É maravilhoso o poder da fé — poder que afeta o próprio Senhor Jesus. Tenho experimentado com frequência, nas coisas mais simples, como a confiança pode nos conquistar. Quem não é frequentemente conquistado pela credulidade de uma criança? Um simples pedido pode ser por demais cheio de confiança para que seja recusado. Você já foi solicitado por um cego em um cruzamento, que lhe pediu: "Poderia, por favor, me ajudar a atravessar a rua?" E provavelmente ele deve ter dito mais alguma coisa gentil, como: "Sei, pelo tom da sua voz, que é uma pessoa boa, em quem posso confiar". No mesmo instante, você se sente disposto a fazê-lo, que você não pode deixá-lo sem ajuda. Quando uma alma diz a Jesus: "Eu sei que tu podes me salvar, meu Senhor, eu sei que tu podes; portanto, confio em ti" — ele não irá expulsá-la, não mandará essa pessoa embora, pois ele mesmo declarou: "O que vem a mim de maneira nenhuma o lançarei fora" (João 6:37).

Costumo contar uma história para ilustrar esse ponto. É uma história bastante simples, mas que mostra como a fé sempre vence. Muitos anos atrás, cerquei meu jardim com um tipo de cerca viva, muito bonita, mas que pouco servia de proteção. Meu vizinho tinha um cachorro que gostava de visitar meu jardim, e, como o tal cachorro nunca tratou bem as minhas flores, nunca fui muito cordial em lhe dar boas-vindas. Uma noite, ao sair de casa, vi o cão fazendo travessuras por ali. Joguei um galho em sua direção e mandei que fosse embora. Mas de que modo a boa criatura me respondeu? Virou-se, abanou a cauda e, feliz da vida, pegou o galho e o trouxe a mim, deixando-o aos meus pés. Bati nele? Claro que não, não sou nenhum monstro. Eu me envergonharia de mim mesmo se não tivesse feito um agrado nas suas costas e lhe dito que poderia voltar quando quisesse. Tornamo-nos amigos imediatamente, porque, como você pôde ver, ele confiou em mim e me conquistou.

A filosofia da fé que um pecador tem em Cristo é simples como essa história. Assim como o cachorro conquista o homem ao se entregar com confiança a ele, do mesmo modo o pobre pecador culpado conquista o próprio Senhor ao confiar nele, como que lhe dizendo: "Senhor, sou um pobre cão pecador, e tu poderias me mandar embora, mas eu creio que tu és bom demais para fazer isso. Eu creio que me podes salvar e, assim, me entrego a ti. Esteja eu perdido ou salvo, entrego-me a ti totalmente". Caro ouvinte, você nunca estará perdido se confiar no Senhor dessa maneira. Aquele que se entrega desse modo a Jesus responde afirmativamente à pergunta: "Credes que eu posso fazer isto?" — e não lhe resta mais nada a fazer senão prosseguir nesse caminho e regozijar-se, pois o Senhor abriu seus olhos e o salvou.

III

Em terceiro lugar, *aquela pergunta foi bastante razoável*. "Credes que eu posso fazer isto?" Um instante, por favor. Deixe-me mostrar por que esta pergunta feita por Cristo foi bastante razoável e é igualmente razoável que eu a faça a muitos aqui presentes. Nosso Senhor Jesus poderia ter argumentado: "Se vocês não acreditam que eu sou capaz de fazer isso, *por que me seguiram*? Por que andaram atrás *de mim* mais do que qualquer outra pessoa? Vocês vieram atrás de mim pelas ruas e chegaram até esta casa, onde estamos; por que

Credes que eu posso fazer isso?

fizeram isso, se não acreditam que eu sou capaz de abrir os seus olhos?" Assim também, grande parte de vocês que estão aqui esta noite frequenta lugares de adoração a Deus e gosta de estar aqui. Mas por que o faria, se não acreditasse em Jesus? Por que vocês vêm até aqui ou vão a algum outro lugar de adoração? Estão em busca de um Salvador que não pode salvá-los? Procuram em vão por alguém em quem não podem confiar? Eu nunca ouvi falar de tal loucura, a de que um homem doente vá a um médico em quem não confia. Você veio aqui hoje à noite e frequenta outros lugares de adoração a Deus em outros momentos sem ter nenhuma fé em Jesus? Então, por que você veio? Que pessoa inconsistente, então, você deve ser!

Repetindo: aqueles homens cegos estavam pedindo para Jesus lhes abrir os olhos, mas *por que eles oravam*? Se eles não acreditavam que Jesus poderia curá-los, então suas orações eram uma zombaria. Você pediria a uma pessoa que fizesse uma coisa que sabia que ela não poderia fazer? As orações não devem ser medidas pela quantidade de fé que pomos nelas? Eu sei que alguns de vocês têm o hábito de orar desde criança; que você raramente vai dormir sem antes repetir a fórmula de oração que sua mãe lhe ensinou. Por que você faria isso se não acreditasse que Jesus Cristo pode salvá-lo? Por que pediria que ele fizesse o que você não acredita que ele pudesse fazer? Que inconsistência estranha — orar sem fé!

Além disso, aqueles dois cegos chamaram Jesus de "Filho de Davi". Por que eles *reconheceram o seu messiado*, dessa maneira? A maioria de vocês faz a mesma coisa. Suponho que nesta congregação existam poucos que tenham dúvidas sobre a divindade de Cristo. Você acredita na Palavra de Deus: não tem dúvidas de que ela é inspirada e acredita que Jesus Cristo viveu, morreu e voltou para sua glória. Bem, então, se você não acredita que ele é capaz de salvá-lo, o que quer dizer quando afirma que ele é Deus? Ele é Deus e, mesmo assim, não é capaz? Sofreu sacrifício de morte, derramamento de sangue, expiação, e ainda assim não é capaz de salvar? Ó homem, então seu credo nominal não é aquilo em que você realmente crê. Se você fosse escrever seu verdadeiro credo, ele seria mais ou menos assim: "Eu não creio em Jesus Cristo como Filho de Deus, ou que tenha feito uma total expiação pelo pecado, pois não creio que seja capaz de me salvar". Isto não seria correto e completo?

Bem, por você estar sempre ouvindo a Palavra, por suas orações habituais e por professar que acredita nessa grande e velha Bíblia, eu o desafio a me responder: como é possível que você não acredite em Jesus? Senhores, ele tem de ser capaz de salvá-los. Vocês sabem que faz uns 27 anos ou mais que passei a confiar nele e que acho que devo falar sempre a seu respeito. Em todo momento de trevas, em toda hora de desalento, em toda provação, eu descubro que ele é fiel e verdadeiro e, por confiar nele com toda a minha alma, se eu tivesse mil almas, confiaria nele com todas elas. Se eu tivesse tantas almas quantos são os grãos de areia da praia, não pediria um segundo Salvador, mas colocaria todas as almas naquelas mãos queridas que foram traspassadas pelos pregos, com as quais ele pode nos segurar e sustentar para sempre. Ele é digno da sua confiança, e a sua confiança é tudo o que ele pede de você: sabendo que ele é capaz de fazê-lo — e você não pode duvidar de que ele esteja disposto a fazê-lo, já que foi por isso que ele morreu —, ele pede que você aja de acordo com sua crença de que ele é capaz de salvá-lo e que você se entregue a ele.

IV

Não quero retê-los por mais tempo e, portanto, quero destacar *a resposta* que aqueles homens cegos deram a esta pergunta. Eles disseram a Jesus: "Sim, Senhor". Bem, agora vou avançar um pouco mais com a pergunta, direcionando-a a você e repetindo-a mais uma vez: Acredita que Cristo é capaz de salvar *você*, que é capaz de fazer isso, tratar do seu caso em toda a sua singularidade? Agora, a sua resposta. Quantos vão dizer "sim, Senhor"? Estou levemente inclinado a pedir que você diga isso em voz alta; contudo, vou pedir que você diga isso no segredo da sua alma: "Sim, Senhor". Que Deus Espírito Santo o ajude a dizer isso *decididamente*, sem nenhuma hesitação e reserva mental: "Sim, Senhor. Olhos cegos, língua muda, coração frio — eu sei, Senhor, que tu és capaz de mudar tudo isso e descanso em ti nesse particular, para ser renovado por tua graça divinal". Diga isso com seriedade. Diga isso de maneira decisiva e decidida, com todo o seu coração: "Sim, Senhor".

Perceba que eles disseram isso *imediatamente*. Não se passou um átimo de tempo desde o instante em que a pergunta saiu da boca de Cristo até que eles respondessem "Sim, Senhor". Nada há como ser pronto na resposta; pois, se você a um homem disser "Credes que eu posso fazer isto?", e ele para, franze a testa, coça a cabeça e, por fim diz "S-s-sim", este "sim" não irá se parecer muito com um "não"? O melhor "sim" do mundo é o "sim" que sai de imediato dos lábios. "Sim, Senhor; tal como sou, creio que tu podes me salvar, pois eu sei que o teu precioso sangue pode limpar toda mancha. Apesar de eu ser um velho pecador, um pecador contumaz; apesar de haver abandonado minha profissão de fé e ter bancado apóstata; apesar de poder parecer um proscrito da sociedade; apesar de eu não me sentir neste momento como gostaria de me sentir e ser exatamente o oposto daquilo que deveria ser — ainda assim creio que, se Cristo morreu pelos pecadores, se o Filho eterno de Deus foi para o céu para interceder pelos pecadores, então ele "pode também salvar perfeitamente os que por ele se achegam a Deus" (Hebreus 7:25). E eu me achego a ti, ó Deus, nesta noite, por meio dele, verdadeiramente crendo que ele é capaz de salvar até mesmo a mim." Esse é o tipo de resposta que Deus deseja receber de todos vocês. Que o Espírito de Deus possa produzi-la!

V

Vejamos então a reação de nosso Senhor à resposta deles. Ele disse: "Seja-vos feito segundo a vossa fé". Foi como se ele tivesse dito: "Se você acredita em mim, existe luz para os seus olhos cegos. Quanto mais verdadeira for sua fé, mais verdadeira será sua visão. Se você acredita de maneira plena e decisiva, terá não apenas um olho aberto, nem ambos os olhos meio abertos, mas receberá a visão plena. A fé decidida há de tirar de você todo defeito e tornar sua visão forte e clara. Se for pronta a sua resposta, assim será a minha resposta. Você verá em um instante, pois creu em um instante". O poder do Senhor entrou em contato com a fé daqueles homens. Se sua fé fosse verdadeira, sua cura também seria. Se sua fé fosse completa, sua cura seria também completa. Se a fé deles dissesse "sim" imediatamente, Jesus imediatamente lhes daria visão. Se você esperar para dizer "sim", terá de esperar para receber a paz. Mas se você disser, nesta noite, "eu vou me aventurar, pois já percebi que é assim: Jesus tem de ser capaz de me salvar, e eu me entregarei a ele" — se você fizer isso imediatamente, receberá paz instantânea. Sim, meu jovem, você aí no banco, você que carrega consigo um grande fardo esta noite, vai encontrar descanso. Você ficará querendo imaginar para onde foi o fardo, olhará em redor e descobrirá que desapareceu; porque você olhou para o crucificado e confiou a ele todos os seus pecados. Seus maus hábitos, aqueles que você tem tentado em vão vencer, que forjaram cadeias para mantê-lo preso, vai descobrir que saíram de você, como teias de aranha que foram desfeitas. Se você pode confiar em que Jesus é capaz de quebrá-los e pode entregar-se a ele para ser renovado, isto será feito, e o será esta noite; e os portais eternos irão tinir sinos dobrados de graça soberana.

Todo o assunto que tinha de expor, acabo de expô-lo a você. Minha esperança é que o bendito Espírito de Deus o leve a buscar do mesmo modo que os homens cegos buscaram Cristo e, especialmente, a confiar nele do mesmo modo que o fizeram.

Uma última palavra. Existem algumas pessoas que são especialmente diligentes em encontrar razões pelas quais não deveriam ser salvas. Tenho lutado com algumas pessoas assim, às vezes por mais de meia hora, e elas sempre terminam dizendo: "Sim, isto é verdade, senhor, mas...". Procuramos então fazer este "mas" em pedacinhos, mas, daí a pouco tempo, acham outro "mas" e dizem "sim, agora entendo, mas...". E, assim, fortalecem suas crenças com seus "mas". Se qualquer pessoa aqui pudesse ser tão generosa a ponto de lhe dar mil libras, você seria capaz de encontrar alguma razão pela qual a pessoa não devesse fazer isso? Bem, fico imaginando que, se essa pessoa chegasse até você e lhe desse um cheque nesse valor, se você iria ficar tentando descobrir alguma objeção para isso? Você não ficaria dizendo "Bem, eu deveria receber esse dinheiro, mas...". Não. Se houvesse qualquer motivo pelo qual você não devesse aceitar esse dinheiro, deixaria que as outras pessoas o descobrissem por si mesmas. Você não se empenharia nem ficaria dando tratos à bola para tentar descobrir argumentos contra si mesmo; você não é tão inimigo assim de si mesmo. Contudo, em relação à vida eterna, que é infinitamente mais preciosa do que todos os tesouros do mundo, os homens agem da maneira mais absurda, argumentando: "É, eu realmente desejo isto e Cristo é capaz de me conceder, mas...". Que grande tolice é argumentar contra si mesmo. Se um homem estivesse numa prisão condenado à morte, e tivesse de ser colocado ante um batalhão de fuzilamento na manhã seguinte, mas uma autoridade viesse à sua cela e anunciasse: "Existe perdão para você" — você acha que tal homem levantaria alguma objeção? Será que diria "Eu gostaria de mais meia hora para considerar minha situação e encontrar o motivo pelo qual não deva ser perdoado"? Não. Ele pularia de alegria ali mesmo. Oh, que você possa também saltar de alegria rumo ao perdão, esta noite. Permita o Senhor que você tenha tal sentimento de perigo e culpa que possa responder imediatamente: "Eu creio; eu vou crer em Jesus".

Os pecadores não são de modo algum mais delicados que os pássaros. Davi disse em um de seus salmos: "Tornei-me como um passarinho solitário no telhado" (Salmos 101:7). Você já observou um passarinho qualquer, como um pardal? Ele mantém seus olhos bem atentos e, no momento em que vê no chão um grão ou qualquer outra coisa para comer, voa para pegar. Nunca vi um passarinho esperando que alguém o convidasse quanto mais que pedisse ou implorasse, para ele ir até ali e comer. Ele vê a comida e diz a si mesmo: "Aqui está um pardal faminto e ali está um pedaço de pão. Estas duas coisas se combinam perfeitamente e não podem ficar separadas!" Então, ele voa até o alimento e come tudo o que puder encontrar, o mais rápido possível. Oh, se você tivesse metade do bom senso de um pardal, diria: "Aqui está um pecador culpado e ali está um precioso Salvador. Estas duas coisas se combinam perfeitamente e não podem ficar separadas! Eu creio em Jesus, e Jesus é meu".

Que o Senhor permita que você encontre Jesus esta noite antes de deixar este lugar. Oro para que isso aconteça a você. Que nesses bancos e corredores você possa olhar para Jesus Cristo e crer nele. A fé é apenas um olhar, um olhar de simples confiança. É entrega, é a crença de que ele é capaz de fazer isso e a confiança em que ele pode fazer isso e o fará agora. Deus abençoe todos vocês e que possamos nos encontrar no céu, pelo amor de Cristo. Amém.

2

Vês alguma coisa?

> Então chegaram a Betsaida. E trouxeram-lhe um cego, e rogaram-lhe que o tocasse. Jesus, pois, tomou o cego pela mão, e o levou para fora da aldeia; e cuspindo-lhe nos olhos, e impondo-lhe as mãos, perguntou-lhe: Vês alguma coisa? E, levantando ele os olhos, disse: Estou vendo os homens; porque como árvores os vejo andando. Então tornou a pôr-lhe as mãos sobre os olhos; e ele, olhando atentamente, ficou restabelecido, pois já via nitidamente todas as coisas.
>
> (Marcos 8:22-25)

É bastante comum vermos nos Evangelhos o nosso Salvador curando os doentes com um toque, pois ele desejava deixar marcada em nós a verdade de que as enfermidades da humanidade decaída somente poderiam ser removidas pelo contato com sua própria humanidade bendita. Contudo, ele tinha ainda outras lições a ensinar e, desse modo, adotou outros métodos de ação para curar os enfermos. Além disso, manifestar a variedade em seus métodos era por outro motivo uma atitude sábia. Se nosso Senhor tivesse realizado todos os seus milagres segundo um único modelo, os homens passariam a dar uma importância indevida à maneira pela qual ele operou o milagre e, de modo supersticioso, pensariam mais no *método* do que no poder divino pelo qual o milagre foi alcançado. Assim, nosso Mestre nos apresenta uma grande variedade na forma de seus milagres. Embora sempre repletos da mesma bondade e demonstrando a mesma sabedoria e o mesmo poder, ele tem o cuidado de fazer com que cada qual seja diferente um do outro, de modo que possamos contemplar a benignidade manifesta de Deus e não imaginemos que nosso divino Salvador pudesse dispor de tão poucos métodos a ponto de precisar repeti-los. Um pecado constante de nossa natureza carnal é nos concentrarmos naquilo que se pode ver e nos esquecermos do que não é visto; consequentemente, o Senhor Jesus mudava o *modus operandi* exterior — a maneira de realizar os milagres — com o objetivo de que ficasse claro não estar preso a qualquer método de cura e que a operação exterior não é nada em si mesma. Queria que entendêssemos que, se sua opção naquele caso fora curar por meio de um toque, também poderia curar mediante uma palavra; que, se curasse com uma palavra, poderia também dispensar a palavra e realizar a cura por sua mera vontade; que, muito embora seu olhar fosse tão eficaz quanto o toque de sua mão, mesmo sem estar visivelmente presente, sua presença invisível poderia realizar o milagre, permanecendo distante.

No exemplo do texto acima, nosso Salvador se afasta de sua prática costumeira, não apenas no método, mas também no caráter da cura. Na maioria dos milagres de nosso Salvador, a pessoa curada é restaurada imediatamente. Lemos sobre homens surdos e mudos que não apenas têm seus ouvidos e sua boca abertos, mas, o que é mais notável para alguém que jamais tinha ouvido antes um som sequer, a pessoa passa a falar normalmente, recebendo o dom da linguagem juntamente com o poder de articular sons. Em outros casos, a febre deixa o paciente no mesmo instante; a lepra é completamente curada ou o fluxo de sangue estancado naquele momento exato. Aqui, porém, o "médico amado" trabalha de maneira menos imediata, concedendo apenas parte da bênção em um primeiro momento, fazendo uma pausa e levando seu paciente a considerar quanto lhe fora dado e quanto lhe fora retido. Então, em uma segunda operação, é aperfeiçoada a boa obra.

Vês alguma coisa?

Talvez a ação de nosso Senhor, nesse caso, tenha sido conduzida não apenas pela intenção de tornar cada um de seus milagres distinto, a fim de que os homens não pensassem que, tal como um mago, ele não tivesse senão um único modo de operar; pode também ter sido uma indicação da forma particular da doença e da enfermidade espiritual da qual ela é tipo.

Raramente Jesus curava uma doença em etapas; parecia-lhe necessário tratar do problema com um ato decisivo, eliminando-o. A expulsão de demônios, por exemplo, deveria ao que parece, ser realizada de maneira completa, ou não seria de modo algum realizada. Um leproso continuaria sendo um hanseniano se uma única mancha nele permanecesse. Mas ele mostra ser possível curar a cegueira por etapas, concedendo um vislumbre no primeiro momento e, depois, derramando a plena luz do dia sobre o globo ocular. Quem sabe, fosse necessário, em alguns casos, fazer a cura gradual, de modo que o nervo ótico pudesse se acostumar à luz.

Como o olho é o símbolo do entendimento, é bem possível, senão pode ser normal, curar o entendimento do homem em etapas. A vontade pode ser transformada de uma vez; as afeições, mudadas instantaneamente; e a maioria dos poderes da natureza humana pode experimentar rápida mudança, clara e completa. Mas ao entendimento pode ser necessário vir a ser esclarecido por meio de uma iluminação a longo prazo. O coração de pedra não deve ser amolecido gradualmente, mas, sim, transformado instantaneamente em um coração de carne; mas isso não cabe em relação ao entendimento. As faculdades de raciocínio devem ser levadas gradualmente ao equilíbrio e à ordem adequados. A alma não pode receber, em um primeiro momento, senão uma pequena percepção da verdade e, então, nisso descansar, com relativa segurança; posteriormente, poderá vir a apreender mais claramente a mente do Espírito e se manter nesse grau de luz sem maiores riscos, embora não sem perda. Isso pode ser comparável a enxergar apenas de perto, sem ver longe; e, então, a restauração definitiva do entendimento pode estar reservada para uma experiência mais avançada. É bem provável que a visão espiritual jamais nos seja concedida em absoluta perfeição até que entremos na luz para a qual o estado espiritual existe, a saber, na glória daquele lugar onde não há necessidade "de luz de lâmpada nem de luz do sol, porque o Senhor Deus nos alumiará"(Apocalipse 22:5).

O milagre que se acha diante de nós retrata a cura progressiva do entendimento obscurecido. Esse milagre não pode ser interpretado como o retrato da restauração de um pecador obstinado que se arrependa do erro de seu caminho, nem do afastamento do devasso e depravado da imundícia de sua vida. É, sim, o retrato da alma obscurecida gradualmente iluminada pelo Espírito Santo e trazida por Jesus Cristo à luz clara e radiante do seu reino.

Nesta manhã, sentindo que existem neste local almas a serem iluminadas, com a ajuda do Espírito Santo irei *interpretar o episódio*; em seguida, iremos destacar os *meios da cura*; em terceiro lugar, vamos nos deter por alguns instantes em considerarmos *o estágio da esperança*; finalmente, concluiremos com uma observação a respeito da complementação da cura.

I

Em primeiro lugar, é preciso *interpretar o episódio*. É uma das ocorrências surpreendentemente comuns em nossos dias e certamente bastante comum entre os novos adeptos desta congregação; pois muitos são os que aqui chegam que já foram, na parte anterior de sua vida, verdadeiros cegos espirituais, simples frequentadores formais de igrejas ou deslocados religiosos superficiais entre não conformistas.

Observe-se com atenção o caso em tela. Trata-se de uma pessoa com o entendimento obscurecido. Não se trata de um homem que pudesse ser retratado como possesso. Um possesso delira, se enfurece, é perigoso para as demais pessoas, geralmente tem de ser mantido preso ou acorrentado, vigiado e guardado, pois pode machucar a si mesmo e aos outros. O cego espiritual é perfeitamente inofensivo. Não mostra desejo algum de machucar os outros e muito provavelmente não era violento consigo mesmo. É sóbrio, calmo, honesto e bondoso e sua enfermidade espiritual pode provocar em nós pena, mas não temor. Pessoas assim, não iluminadas, quando se associam ao povo de Deus, não deliram nem se enfurecem contra os santos, mas os respeitam e amam sua companhia. Não hostilizam a cruz de Cristo; mesmo em seu pobre estado de cegueira, a amam. Não são perseguidores, difamadores ou zombadores nem caminham desesperadamente pelo caminho da impiedade. Pelo contrário, embora não possam ver as coisas de Deus, andam no caminho da moralidade de maneira admirável, de modo que, sob certos aspectos, podem até mesmo servir de exemplo para muitos que enxergam.

Também o caso diante de nós não é o de uma pessoa contaminada por doença contagiosa, como a lepra. O hanseniano era afastado da comunidade, tendo um lugar reservado para ele, por considerar-se que contaminaria todo aquele com quem entrasse em contato. Não é o que acontece com o cego espiritual que se achega ao Salvador. É cego, sim, mas não contribui de modo algum para que outros se tornem cegos também. Se estiver junto de outros cegos, não aumenta a cegueira deles e, se entrar em contato com aqueles que podem ver, não prejudica de modo algum a visão destes. Talvez os que veem possam até obter algum benefício ao se aproximar do cego espiritual, sendo levados a agradecer pela visão que detêm, ao perceber a dolorosa escuridão em que o cego está tão tristemente envolvido.

Não se trata, enfim, do caso de uma pessoa de vida libidinosa ou de atitude ou conversação suja. De modo algum, trata-se de um homem depravado, que levaria seus filhos ou outros em torno a pecar. As pessoas sem a luz da visão espiritual de que estamos falando geralmente são amadas em nossa família, não espalham palavras injuriosas nem dão mal exemplo. Se falam de coisas espirituais, em geral causam pena, pois pouco sabem a respeito. Graças a Deus que nos abriu os olhos para vermos as maravilhas de sua Palavra.

Os cegos espirituais, de modo geral, não são, portanto, pessoas que hostilizem Deus ou vivam uma vida suja, de modo que prejudiquem a si mesmos e aos outros; nem são pessoas incapazes, sob aspecto algum, a não ser nos olhos da mente. É, então, o seu entendimento que se encontra obscurecido; mas, sob todos os outros aspectos, são pessoas que têm esperança, se é que já não sejam salvas. Nem são surdos ao evangelho, que muitos ouvem com considerável prazer e bastante atenção. É fato que, por vezes, não conseguem entendê-lo claramente, por ser muito semelhante a uma carta que recebam, assim como entender o espírito deste. Ainda assim, se o escutam, estão certamente no caminho de obter bênção maior, pois "a fé é pelo ouvir, e o ouvir pela palavra de Cristo". Além disso, sob esse aspecto, não são também mudos, pois realmente oram, e sua oração, embora possa ser pouco espiritual, possui um tipo de sinceridade que não deve ser desprezada. Se frequentam um lugar de adoração desde muito tempo, não negligenciam as formas exteriores de religião. Infelizmente, ainda são espiritualmente cegos, mas se se mostram ansiosos para ouvir e orar, podemos confiar em que serão capazes de fazer estas duas coisas.

Também é preciso lembrar que os cegos espirituais, na maioria, não se revelam incapazes em outros aspectos. Sua mão não é mirrada, como no caso daquele homem que Cristo encontrou na sinagoga. Não são geralmente pessoas abatidas por séria depressão do espírito, como aquela filha de Abraão que vivia encurvada por vários anos. Mostram-se tão felizes quanto diligentes quando nos caminhos do Senhor. Se a causa de Deus precisa de assistência, quase sempre estão prontos a ajudar e, apesar da sua falta de visão espiritual, o que certamente os impede de entrar no pleno gozo das coisas divinas, encontram-se entre as pessoas mais dispostas que conhecemos a participar de qualquer boa causa. Não porque compreendam totalmente o espírito da causa nem sejam capazes de penetrar nessa e em outras questões do gênero, pois, em razão de sua cegueira natural, essas coisas lhes são um tanto estranhas. Mas neles reside alguma coisa de muito amável e esperançoso, pois demonstram estar sempre aptos a ajudar, de boa vontade, a causa de Cristo.

Existe uma razoável quantidade de pessoas desse tipo nas congregações cristãs e em várias delas um grande número de membros não passa de um pouco melhor do que isso. Na verdade, são pessoas que receberam pouco mais do que uma instrução religiosa suficiente para capacitá-las a diferenciar sua mão direita da esquerda em assuntos espirituais. Por falta de ensino doutrinário adequado, são deixadas praticamente nas trevas e, pelo fato de não lhes terem sido ditas as palavras apropriadas, permanecem como que em uma semicegueira, incapazes de desfrutar da linda paisagem que alegra os olhos do crente iluminado.

II

Vejamos agora *o método de cura de nosso Senhor*.

Cada parte do milagre é sugestiva. A primeira coisa a ser observada é uma *intervenção amigável* — os amigos daquele cego o levam a Jesus. Existe tanta gente que não entende corretamente a doutrina fundamental do evangelho de Cristo e que precisa tanto da ajuda dos crentes! Essas pessoas podem até possuir algum tipo de afeição pela essência da religião, mas não conseguem compreender totalmente o que é preciso fazer para serem salvas. Ainda não alcançaram a grande verdade da substituição, que é o ponto cardeal do evangelho. Mal conhecem ou nem ouviram falar sobre o que é descansar plenamente no Senhor Jesus, em consequência da satisfação que ele deu, em nosso lugar, à justiça todo-poderosa de Deus. Podem até alimentar algum tipo de fé, mas detêm apenas uma camada fina de conhecimento, de modo que sua fé pouco ou nenhum benefício lhes traz.

Tais pessoas serão abençoadas se crentes autênticos procurarem trazê-las a um claro conhecimento do Salvador. Por que você não traz essas almas para o mesmo ministério sadio que lhe foi tão útil e instrutivo? Por que não coloca no caminho dessas pessoas o Livro sagrado que foi o meio para que os seus olhos se abrissem? Por que não coloca diante da mente delas aquele texto das Escrituras, aquela passagem da Palavra de Deus, que deu início à sua iluminação? Não seria bastante produtivo se nos engajássemos na tarefa de buscar aqueles que não são propriamente hostis ao evangelho, mas simplesmente ignorantes dele, que possuem um zelo por Deus, mas não de acordo com o conhecimento do Senhor, e que, se lhes fosse concedida a luz, encontrariam a única coisa que lhes é verdadeiramente necessária?

Do mesmo modo que devemos buscar pelos vis, pelos perdidos, corrompidos e depravados que aviltam nossos becos e vielas cheios de podridão, deveríamos, com igual determinação, procurar os esperançosos que vão a uma reunião para acabar ouvindo um sermão por vezes não evangelístico, ou que ouvem a verdadeira Palavra, mas não a entendem. Irmãos, faríamos bem se orássemos por esses e, mais ainda, se buscássemos os bons jovens e as jovens gentis, esforçando-nos para responder à aspiração de sua doce consciência: "Quem me dera pudesse saber onde encontrar Deus!" Este poderia ser, nas mãos de Deus, o primeiro passo para que recebessem a visão espiritual, caso você se importasse com esses pobres filhos da névoa e da noite.

Quando o homem cego é trazido ao Salvador, ele estabelece, primeiramente, um *contato com Jesus*, pois o Senhor o toma pela mão. Que dia feliz para a alma quando entra em contato pessoal com o Senhor Jesus! Quando estamos em estado de descrença, irmãos, nos assentamos na casa de Deus e para nós Cristo parece estar distante. Nós o ouvimos, sim, mas ele nos parece mais com alguém que partiu para longe, para um palácio de marfim, alguém que já não está mais entre nós. Mesmo que ele passe por nós, mesmo que se aproxime de nós, ainda suspiramos desejosos de sentir sua sombra sobre nós ou tocar a orla de suas vestes. Mas quando nossa alma começa a realmente se aproximar de Jesus, quando ele se torna objeto de nossa total atenção, quando sentimos que existe algo a ser apreendido e temos consciência dele, quando percebemos que ele não está distante e não é uma sombra impalpável, mas, sim, uma existência bastante real e que nos influencia, é nesse momento, então, que ele nos toma pela mão.

Eu sei que alguns de vocês já sentiram isso. Tem frequentemente acontecido em reuniões de culto, quando você sente que deve orar, que o sermão parece ter sido feito somente para você, que você acha até que alguém deva ter contado ao pregador alguma coisa sobre sua vida. É a verdade atingindo o alvo com toda a precisão — os próprios detalhes do sermão do pregador combinam perfeitamente com a condição da sua mente. Eu creio que isso é o bendito Senhor tomando-o pela mão. Para você, o culto foi não apenas um falar e ouvir de palavras, mas o toque misterioso de uma mão. Seus sentimentos foram impressionados, e seu coração tomou consciência de emoções particulares, originadas a partir da presença do Salvador. Evidentemente, Jesus não entra em qualquer tipo de contato físico conosco: o contato é mental e espiritual. A mente do Senhor Jesus impõe suas mãos sobre a mente dos pecadores, e, pelo Espírito Santo, ele gentilmente influencia a alma para a santidade e a verdade.

Atente agora para o próximo ato, pois ele é peculiar. O Salvador leva o homem "a um lugar afastado", para fora da aldeia. Tenho observado que, quando se convertem as pessoas que eram espiritualmente cegas, não declaradamente ímpias — as que eram ignorantes, não hostis a Deus —, um dos primeiros sinais de terem se tornado cristãs é fazerem uma espécie de retiro espiritual, ao sentir sua responsabilidade. Irmãos, eu tenho sempre esperança na pessoa que começa a pensar em si mesma e se coloca sozinha diante de Deus. Existem dezenas de milhares de pessoas na Inglaterra que se consideram parte de uma nação cristã, que já nasceram membros de uma igreja e, deste modo, nunca se consideram pessoalmente responsáveis perante Deus. Pronunciam a confissão de pecados, sim, mas sempre em conjunto com toda a congregação. Cantam o *Te Deum* não como um cântico pessoal, mas como um louvor coral. Todavia, quando um homem é levado a se sentir como se estivesse sozinho, mesmo estando no meio da congregação, quando entende a ideia de que a verdadeira religião é individual, e não comunitária, e que a confissão dos pecados é mais adequada quando parte dos seus lábios do que dos lábios de outra pessoa, então tem início a obra da graça em sua vida.

Há esperança até mesmo para o mais cego entendimento quando a mente começa a meditar sobre sua própria condição e examina suas próprias perspectivas. Um sinal seguro de que o Senhor está trabalhando em você é se ele o levar para fora da aldeia, se você estiver se esquecendo de todos os outros e pensando somente em si mesmo agora. Não considere isso como sendo egoísmo — é tão somente a mais elevada lei dos mandamentos de nossa natureza. Todo homem que esteja se afogando deve pensar em si mesmo, e, já que é um egoísmo justificável procurar preservar a própria vida, muito mais é buscar escapar da ruína eterna. Quando sua salvação for então completa, você não verá mais a necessidade de pensar apenas em si, mas passará a cuidar da alma dos outros. Por ora, no entanto, é da maior sabedoria pensar em si mesmo, colocar-se pessoalmente diante de Deus e olhar para o Salvador de modo que possa ganhar a vida eterna. "Jesus, pois, tomou o cego pela mão, e o levou para fora da aldeia."

A atitude de Jesus a seguir foi bastante estranha. Ele usou de um meio que se poderia até considerar como "indigno": simplesmente, "cuspiu" nos olhos daquele homem. Não só desta vez, mas também em outras ocasiões, o Salvador usou sua saliva como meio de cura. Supõe-se que isso possa ter acontecido por ser essa prática recomendada pelos médicos da Antiguidade; mas não posso imaginar que a opinião daquelas pessoas pudesse ter algum peso sobre o Senhor que operava maravilhas. Parece-me, sim, que o uso da saliva fazia uma ligação entre a abertura dos olhos do cego e a boca do Salvador, ou seja, por meio desse gesto representativo a saliva conectava a iluminação do entendimento com a verdade que Cristo professava. Evidentemente que a visão espiritual vem por meio da verdade espiritual e os olhos do entendimento seriam abertos pela doutrina que Cristo ensinava. Todavia, a reação natural que costumamos ter ao cuspe é o nojo — e isso foi intencionalmente usado pelo Salvador, exatamente com esse propósito. Não foi mais que apenas um cuspe, mas um cuspe saído da boca do Salvador.

    Sendo assim, perceba, meu amigo, que é bem possível que Deus venha a abençoar você por meio da mesma verdade que você um dia desprezou. Também não será de surpreender se ele o abençoar por meio daquela pessoa contra quem você falou de maneira amarga. Sempre agradou a Deus conceder aos seus servos ministros uma graciosa forma de revanche. Muitas e muitas vezes, os mais aguerridos e furiosos inimigos dos próprios servos de Deus receberam as maiores bênçãos das mãos daqueles servos a quem mais desprezavam. Você pode chamar isso de "cuspir": é exatamente isso que vai abrir os seus olhos. Se você acaso disse alguma vez que "o evangelho é uma coisa tola", é por meio desse lugar-comum em matéria de injúria que você receberá vida eterna. Se, com grande desdém, declarou que tal pregador falava com estilo vulgar e grosseiro, você um dia ainda irá bendizer essa vulgaridade e ficará muito feliz em receber, por meio de uma palavra aparentemente grosseira, a pura verdade que seu Mestre ordena que aquela pessoa lhe fale. Acho que muitos de nós precisaríamos perceber isso em nossa conversão. O Senhor castiga o nosso orgulho ao nos dizer que aquelas pobres pessoas a quem tratamos com tanta aspereza se transformarão em uma bênção para nós e que o servo contra o qual você tinha maior preconceito será a pessoa que justamente irá conduzi-lo à mais perfeita paz.

    Fico surpreso ao ver que isso e muito mais estava na mente do nosso Salvador quando ele decidiu cuspir nos olhos daquele homem. Não usou de pós trazidos por mercadores, nem mirra nem incenso, nenhuma droga cara; tão somente o simples cuspe de seus lábios. Meu caro ouvinte, se você deseja ver as coisas profundas de Deus, não será por meio dos antigos filósofos nem de profundos pensadores de nossos dias, mas será por meio daquele que o ensine dizendo "confie em Cristo e viva" que você será instruído sobre a melhor filosofia, mais do que o seria pelos filósofos. Alguém que lhe diga que nele, no Senhor Jesus, habitam os tesouros da sabedoria e do conhecimento, dirá a você, em uma simples declaração, mais do que tudo aquilo que poderia aprender por meio de Sócrates e Platão, mesmo que estes pudessem se levantar dos mortos, e ter um grande mestre, aos pés do qual, como seguidor, se colocasse. Somente Jesus Cristo pode abrir os seus olhos, e ele o fará, se necessário for, até usando do simples cuspir de sua boca.

Você também perceberá que, quando Jesus cospe nos olhos do cego, conforme nos diz o relato, coloca as mãos sobre ele. Teria ele feito isso como uma forma de *bênção celestial*? Ao impor suas mãos, teria Jesus concedido ao homem sua bênção, ordenando que o fluxo da virtude de sua própria pessoa passasse para ele? Creio que sim. Assim sendo, irmãos, não é o cuspir; não é levar o homem para longe da multidão; não é o ministério; não é a pregação da Palavra; não é a consideração do ouvinte, o que irá fazer alcançar a bênção espiritual. É a unção daquele mesmo que morreu pelos pecadores o que confere a bênção celestial a todos nós. Ele é exaltado nas alturas para poder conceder arrependimento e remissão do pecado. É por meio do mesmo Jesus, desprezado e rejeitado pelos homens — e unicamente por meio dele — que a bênção, como a visão dada ao cego, será dada, sem preço, aos filhos dos homens. Devemos fazer uso dos meios da graça, jamais desprezá-los ou deixar de confiar neles. Devemos ficar a sós, pois o retirar-se é também uma grande bênção. Mas, acima de tudo, devemos olhar para o Senhor e doador de toda boa dádiva; caso contrário, a cuspida irá ser limpa com certo nojo e o estar sozinho simplesmente fará que aquele que é cego erre o caminho mais facilmente e vagueie nas trevas mais profundas com menos simpatia e ajuda.

Este episódio é bem a fotografia de alguns de nós presentes aqui. Creio que existam pessoas aqui que desde a sua juventude têm frequentado locais de adoração sem a menor percepção da vida espiritual e que teriam continuado a fazer isso se o Senhor não se agradasse de fazer uso de amigos seus, bem-aventurados amigos cristãos, que as convidaram: "Venha comigo; acho que podemos dizer-lhe alguma coisa que você ainda não sabe". Mediante oração e ensinamento, esses amigos fizeram que você tivesse contato com Jesus. O Senhor tocou você, influenciou sua mente, fez que você pensasse, fez que visse que existem mais coisas na religião do que simplesmente atos exteriores, que sentisse que ir à igreja não era tudo. Sim, realmente não era tudo, que faltava você aprender o segredo, o verdadeiro segredo, da vida eterna. Foi por meio de tudo isso que você começou a sentir que existe poder nesse evangelho que um dia você até pode ter desprezado. Algo de que você até zombou, como algumas empolgadas pregações avivalistas, representa agora, no entanto, para você, o próprio evangelho de sua salvação. Agradeçamos a Deus por isso, pois é por meio de coisas desprezíveis assim que os nossos olhos são abertos.

III

Chegamos agora ao terceiro ponto. Vamos fazer uma pausa em um *momento auspicioso*. O Senhor concedera ao globo ocular daquele homem o poder de ver, mas não removera completamente a película que mantinha opaca a luz vinda de fora. Ouça o que diz o homem. Jesus pergunta: "Vês alguma coisa?" Ele olha para cima, e a primeira e alegre frase que diz é: Estou vendo. Que bênção! "Estou vendo!" Alguns de vocês, queridos amigos, poderão também dizer: "Um dia, eu fui cego, mas agora vejo. Sim, Senhor, não estou mais na escuridão total. Não vejo ainda quanto deveria ou quanto esperava ver, mas vejo. Existem muitas, muitas coisas das quais eu não sabia nada e, agora, sei pelo menos alguma coisa sobre elas. Nem mesmo o próprio inimigo vai me fazer duvidar de que estou realmente enxergando. Eu sei que vejo. Eu me sentia satisfeito com as formas exteriores — se eu tivesse hinos para cantar, orações para fazer e todas as demais coisas externas, isso me bastava, eu me sentia satisfeito. Mas agora, embora eu sinta que ainda não posso ver da maneira que gostaria, já posso ver realmente. Se não posso ver a luz total, há pelo menos uma penumbra visível. Não posso ver a salvação, mas sou capaz de enxergar minha própria ruína. Eu vejo, de fato, meus próprios desejos e necessidades; se eu não vir nada mais, posso, pelo menos, enxergar essas coisas".

Na verdade, se uma pessoa pode ver alguma coisa, não importa o quê, certamente tem visão. Se vê um objeto, se ele é bonito ou feio não vem ao caso: o simples fato de ver é prova suficiente de que há visão em seus olhos. Do mesmo modo, a percepção espiritual de alguma coisa é prova de que você tem vida espiritual, quer essa percepção o faça lamentar, quer o faça regozijar; quer ela o quebrante, quer anime seu coração. Se você realmente vê alguma coisa, então certamente tem o poder da visão. Isto é bastante claro, não?

Mas ouça mais uma vez o que diz o homem. Ele diz: "Estou vendo *os homens*". Isto é ainda melhor. Claro que aquele pobre homem já fora, outrora, capaz de ver, caso contrário não conheceria a forma de um homem. "Estou vendo os homens", diz ele. Existem alguns aqui com visão suficiente para distinguir entre uma coisa e outra, assim como diferenciar isso daquilo. Embora você possa, espiritualmente, ter sido cego como um morcego, ninguém pode fazer você acreditar que regeneração pelo batismo é a mesma coisa que regeneração pela Palavra de Deus. Você pode ver a diferença entre essas duas coisas em todos os aspectos. É de supor que qualquer pessoa possa ver essa diferença, mas muitas não podem. Você é capaz de distinguir entre uma adoração simplesmente formal e exterior e uma adoração espiritual — você tem condições de ver isso. Vê também o suficiente para saber que existe um Salvador; que precisa de um Salvador; que o caminho para a salvação é a fé em Cristo; que a salvação que Jesus nos dá realmente nos livra do pecado e que, em segurança, leva à glória eterna aqueles que a recebem. Assim, fica claro que você pode ver alguma coisa e rapidamente saber o que seja.

No entanto, ouça bem o cego. Aparece aqui, em seguida, uma palavra que complica as coisas: "Estou vendo os homens; porque *como árvores os vejo andando*". Ele não podia dizer se eram homens ou árvores, a não ser pelo fato de que estavam andando; e, como sabia que árvores não andam, não poderiam ser árvores. O que via, na verdade, eram manchas confusas diante de seus olhos. Pelo movimento, sabia que deveriam ser homens, mas, por meio de sua simples visão escassa, não podia dizer com exatidão se eram realmente homens. Muitas almas preciosas se encontram em compasso de espera, nesse estágio auspicioso mas desconfortável. *Podem ver.* Glória a Deus por isso! Jamais voltarão a ser completamente cegas outra vez. Se podem ver o homem Jesus e o madeiro, a árvore na qual morreu, podem até mesmo tornar as duas coisas para si um único objeto, pois Cristo e sua cruz são uma única coisa. Olhos que não podem ver Jesus claramente podem vê-lo, todavia, vagamente; mas mesmo uma visão ainda imperfeita pode salvar sua alma.

Observe-se que a visão deste homem estava ainda bastante *confusa*: ele não podia fazer a diferença entre um homem e uma árvore. Assim também é a primeira visão dada a muitas pessoas espiritualmente cegas. Não conseguem distinguir entre uma doutrina e outra. Frequentemente, confundem em sua mente a obra do Espírito e a obra do Salvador. Possuem a justificação, possuem santificação, mas é bem provável que não saibam discerni-las. Receberam justiça do coração, concedida, e justiça de Cristo, que lhes foi imputada, mas não conseguem fazer distinção entre justiça concedida e imputada. Possuem ambas, mas não conseguem discerni-las — pelo menos a ponto de serem capazes de dar sua definição ou explicá-las. Podem ver — mas não podem ver como deveriam. Veem homens como árvores que andam.

A visão dessas pessoas, tal como a do cego, além de indistinta, é *bastante exagerada*. Um homem não é tão grande quanto uma árvore, mas as pessoas, em sua visão, aumentam a estatura humana ao equipará-la à de uma árvore. Assim, exageram na doutrina. Se recebem a doutrina da eleição, não se contentam em ir até onde as Escrituras vão; fazem uma árvore de um homem, introduzindo a doutrina da condenação. Se começam a entender um preceito como o batismo, ou qualquer que seja, o exageram em suas proporções e o transformam em uma espécie de doutrina genérica. Há pessoas que escolhem e dão preferência a determinada ideia, enquanto outras escolhem e preferem outra, e isso tudo é exatamente confundir um homem com uma árvore. Seria muito bom se essas pessoas pudessem ver doutrina e preceitos como um todo, mas seria melhor ainda se pudessem observar esses aspectos da fé como realmente são, e não como lhes parece.

Esse exagero geralmente leva ao *temor*, pois, se eu vejo um homem caminhando na minha direção que seja tão alto quanto uma árvore, fico naturalmente amedrontado de que caia sobre mim e, por isso, saio do caminho. Muitas pessoas têm medo das doutrinas de Deus, porque, de acordo com o pensamento de alguns, são tão altas quanto árvores. Elas, porém, não são assim tão altas. Deus as criou com o tamanho certo; a cegueira das pessoas exagera seu tamanho e faz que sejam vistas como mais terríveis e altas do que deveriam ser. As pessoas têm medo de ler livros que falem sobre certas verdades e fogem amedrontadas de todos os homens que as pregam, simplesmente porque não podem ver essas doutrinas sob a luz correta e ficam alarmadas diante da própria visão confusa que delas têm.

Juntamente com esse exagero e esse temor, existe na vida dessas pessoas uma *perda total da alegria*, uma vez que a alegria vem pelo fato de sermos capazes de perceber a beleza e a amabilidade dos seres e das coisas. Afinal, a parte mais nobre de um homem é o seu semblante. Gostamos de destacar as melhores características das pessoas — aquela face gentil, aquela expressão terna, aquele olhar vencedor, aquele sorriso radiante, aquele brilho expressivo de benevolência em sua face, aquela fronte altaneira, gostamos de ver tudo isso. Mas aquele pobre cego não podia ver nada disso; ele mal podia diferenciar um homem de uma árvore, não podia descobrir aquelas linhas mais suaves, criadas pelo grande Mestre, que formam a verdadeira beleza. A única coisa que ele podia dizer era serem "homens". Se algum deles era um homem negro como a noite, outro claro como a manhã, ele não saberia e não podia dizer. Se um deles ou outro tinha um aspecto rabugento ou amargo, bondoso e gentil, não podia distinguir.

Assim é também com essas pessoas que obtêm somente alguma visão espiritual. Não conseguem ver os detalhes das doutrinas. Vocês sabem, meus irmãos, que é nos detalhes que reside a verdadeira beleza. Se confio em Jesus como meu Salvador, serei salvo, mas a alegria da fé vem por conhecê-lo em pessoa, por seus atos, sua obra, seu passado, presente e futuro. Percebemos a verdadeira beleza do Senhor ao estudá-lo, ao observá-lo com cuidado e atenção. O mesmo acontece com as doutrinas. O total de uma sã doutrina, o grosso dela, é bendito, mas é quando chegamos a seus detalhes que alcançamos a mais pura satisfação. "Sim", diz a pessoa grosseira ao olhar para um quadro refinado, como, por exemplo, o famoso *O touro*, do pintor holandês Paulus Potter, "certamente é uma pintura extraordinária" e, então, vai embora. Mas uma pessoa sensível, um artista, senta-se diante do quadro e estuda seus detalhes. Para essa pessoa, existe beleza em cada toque, em cada sombra, que entende e aprecia. Muitos são os crentes que possuem luz suficiente para conhecer a fé em seus traços gerais, mas não observam o acabamento, as minúcias, nos quais um filho de Deus espiritualmente instruído poderá sempre encontrar o mais doce conforto. Tais crentes podem ver, sim, mas veem os homens "como árvores [...] andando".

Embora saiba que a maioria de vocês, meus irmãos, foi muito além desse estágio, sei também que existem centenas de pessoas no povo de Deus que ainda permanecem nele. Consequentemente, quando Satanás se lhes impõe, surgem, com elas, seitas, grupos e teorias. Se um bom número de pessoas dotadas de bons olhos, reunidas, vê um mesmo objeto, todos serão praticamente concordes na descrição do que veem. Mas se for um número igual de pessoas com olhos tão fracos a ponto de mal poderem distinguir um homem de uma árvore, irão certamente discordar, fazer uma grande confusão e, muito provavelmente, terminarão discutindo. "É um homem", afirmará uma delas, "ele caminha". "É uma árvore", afirmará outra, "é alto demais para um homem". Quando homens quase cegos espiritualmente se tornam cada vez mais obstinados e desprezam seus mestres, não se permitindo aprender aquilo que o Espírito Santo lhes deseja ensinar, passam a tomar sua ignorância por conhecimento e talvez acabem levando consigo outros quase cegos para o fosso. Mesmo que uma santa modéstia impeça esse pernicioso resultado, ainda assim é de lamentar esses quase cegos, que deixam os homens amargurados, quando deveriam se regozijar, fazendo que murmurem diante da revelação da verdade, que, se compreendida corretamente, encheria a boca deles de louvor por todo um dia. Muitos, por exemplo, são os que ficam perturbados por causa da doutrina da eleição. Se existe uma doutrina na Bíblia que deveria fazer os crentes cantarem louvores noite e dia, é justamente a doutrina do amor que elege e da graça que distingue. Algumas pessoas, no entanto, temem isso ou aquilo nas doutrinas cristãs, ao passo que, se entendessem a verdade, correriam para os seus braços, em vez de fugir delas como de um inimigo.

Tendo apresentado este retrato do homem em seu estado de transição, encerraremos destacando a complementação final da cura.

Irmãos, sejamos gratos por qualquer tipo de luz. Sem a graça de Deus, não poderíamos ter nem sequer um raio de luz que fosse. Um simples raio de luz é mais até do que merecemos. Se fôssemos presos na negritude das trevas

VÊS ALGUMA COISA?

para sempre, do que poderíamos reclamar? Uma vez que fechamos nossos olhos para Deus, não merecemos ser condenados às trevas eternas? Seja agradecido, portanto, pelo mínimo vislumbre de luz. Mas não valorize demais aquilo que você tem, a ponto de não desejar ter mais. Um homem estará tristemente cego se não desejar ter mais luz. É um mau sinal de saúde não ter o desejo de crescer. Se ficarmos satisfeitos por conhecer toda a verdade a ponto de não querermos aprender mais nada, é bem provável que estejamos precisando começar de novo. Uma das primeiras lições da escola da sabedoria é reconhecermos que somos por natureza tolos e que se torna cada vez mais sábio o homem que tenha cada vez mais consciência de sua própria deficiência e ignorância. Contudo, se o Senhor Jesus Cristo faz que um homem passe a ver um pouco e deseje ver mais, não o deixará até que seja levado a conhecer toda a verdade.

Observemos que, para completar a cura, o Salvador *tocou mais uma vez seu paciente*. A renovação do contato que você tem com o Salvador constitui o meio de alcançar seu aperfeiçoamento, tal como foi o seu primeiro contato para ser iluminado. Mantenha-se junto a Cristo, em íntima comunhão com sua bendita pessoa, em total dependência de seu mérito. Estude a pessoa de Jesus, deseje intensamente que ele tenha comunhão com você e olhe para ele com os seus próprios olhos da fé, não com os olhos de outra pessoa — serão estes os meios pelos quais ele lhe dará uma luz mais clara. O toque divino faz tudo isso.

Quando os olhos daquele homem foram plenamente abertos, certamente que *a primeira pessoa que ele viu foi Jesus*, pois havia sido afastado da multidão e só podia ver os outros homens a distância. Bendita visão essa, absorvendo aquele rosto, percebendo as belezas daquele que ama nossa alma como ninguém mais. Oh, que alegria! Se não pudéssemos ver a face *de Jesus,* deveríamos nos conformar, então, em termos cegueira eterna! Mas, se o vemos, oh, que deleite celestial sermos resgatados da cegueira que nos impedia de vê-lo!

Ore para que você, crente, acima de todas as coisas, possa conhecê-lo. Considere a doutrina cristã uma coisa preciosa, simplesmente pelo fato de ela ser o trono no qual ele se assenta. Pense nos preceitos da lei, mas sem deixar que sejam uma pedra de legalismo que o mantenha na tumba; pense neles como são ilustrativos e vívidos na vida de Jesus. Não dê maior importância à sua própria experiência se ela não apontar para Cristo. Considere que você só cresce quando cresce nele. "Crescei na graça", diz a Palavra, acrescentando: "e no conhecimento de nosso Senhor e Salvador Jesus Cristo" (2Pedro 3:18). "Cresçamos", diz ainda, e o que mais diz? "[...] em tudo naquele que é a cabeça, Cristo" (Efésios 4:15). Peça visão, fazendo sua oração assim: "Senhor, quero ver Jesus". Ore pedindo visão, mas visão do Rei em sua beleza, e que, além de tudo, você possa também, um dia, ver a terra distante. Você estará se aproximando da total clareza da visão quando puder ver apenas Jesus; e estará saindo da penumbra rumo ao brilho radiante do dia quando, em vez de ver homens como árvores, puder contemplar o Salvador. Você estará superando então, definitivamente, aquela sua primeira visão.

Lemos que, para ver, o paciente levantou os olhos. Se desejamos ver, não devemos olhar para baixo: nenhuma luz brilha a partir da terra, obscura. Nem devemos olhar para dentro de nós: é uma caverna sombria, cheia do que é ruim. Temos de *levantar os olhos* e olhar *para cima*. "Toda boa dádiva e todo dom perfeito vêm do alto" (Tiago 1:17). Devemos, pois, buscá-los olhando para cima. Meditando em Jesus e nele descansando, devemos olhar para cima, na direção do nosso Deus. Nossa alma deverá buscar a perfeição do nosso Senhor e não ficar sonhando com a perfeição própria; deve refletir a grandeza de Deus e não ficar fantasiando sobre a própria grandeza. Temos de olhar para cima — não para aqueles que são servos como nós nem para os atos exteriores de adoração; tão somente para o próprio Deus. Levantemos os olhos, olhemos para cima e, ao fazê-lo, encontraremos a luz.

Vês alguma coisa?

Lemos que, finalmente, o homem "ficou restabelecido, pois já via nitidamente todas as coisas". Sim, quando o grande médico manda seu paciente para casa, ele pode descansar seguro de que sua cura foi plenamente realizada. Esse paciente, agora, estava totalmente bem e curado, no grau superlativo dessas palavras. Ele via todos os homens e com clareza. Que este seja o final feliz dos muitos semi-iluminados aqui presentes!

Não fique satisfeito, meu querido amigo, em ser simplesmente salvo. Procure saber *como* você é salvo, *por que* é salvo, o *método* pelo qual é salvo. É numa rocha que você se firma, eu sei, mas pense nas seguintes perguntas: Como foi colocado sobre essa rocha? Pelo amor de quem você chegou lá? Por que esse amor foi direcionado a você? Por Deus, eu gostaria que todos os membros desta igreja estivessem não apenas *em* Cristo Jesus, mas que o *entendessem* e soubessem, com a segurança do entendimento, com que finalidade chegaram até ele. "E estai sempre preparados para responder com mansidão e temor a qualquer que vos pedir a razão da esperança que há em vós" (1Pedro 3:15).

Lembre-se também, meu amigo, que existem muitas diferenças profundas nas Escrituras, que se você conhecer e se lembrar delas poderá evitar um mundo de problemas. Tente entender a diferença entre a velha e a nova naturezas. Jamais espere que a velha natureza vá melhorando até se transformar na nova, pois isso nunca irá acontecer. A velha natureza não pode fazer outra coisa senão pecar, e a nova natureza jamais poderá pecar. São dois princípios distintos; nunca as confunda. Não veja homens como árvores. Não confunda santificação com justificação. Lembre-se que no momento em que você aceita Cristo é justificado tão completamente quanto o será no céu; já a santificação é obra gradual, realizada dia após dia por Deus Espírito Santo. Faça a distinção entre a grande verdade de que a salvação é somente de Deus e a grande mentira de que os homens não devem ser responsabilizados por estarem perdidos. Esteja certo de que a salvação é do Senhor, mas jamais condene Deus pela perdição. Não há problema se por acaso disserem que você é adepto do calvinismo, mas rejeite o antinomismo.[1] Por outro lado, embora você creia na responsabilidade humana, nunca caia no erro de supor que o homem sempre se volta para Deus com base em seu livre-arbítrio. Existe uma linha tênue entre os dois erros; peça a graça para saber a distinção entre os dois. Peça a Deus para não cair em um redemoinho e não ser lançado contra um rochedo; para não ser escravo nem de um sistema nem de outro. Nunca diga em relação a um texto das Escrituras: "Assim não dá; eu não posso suportar isso"; nem com relação a outro: "Eu só acredito em você, somente em você". Ame toda a Palavra de Deus, tenha discernimento de toda a verdade revelada. Assim como você recebeu a Palavra de Deus não como um conjunto de partes discordantes, mas como um todo, procure compreender a verdade como ela é em Jesus, em toda a sua solidez e unidade. Conclamo você que já recebeu a visão que o capacita a ver todas as coisas a se ajoelhar agora e clamar ao grande doador da visão:

"Ó mestre, prossegue em tua obra. Tira toda película, remove toda catarata e, mesmo que se torne preciso sofrer para que todos os meus preconceitos e males sejam arrancados, para que sejam clareados os meus olhos, faze tudo isso, Senhor, até que eu possa enxergar na radiante luz do Espírito Santo e me seja permitido entrar pelos portões da cidade santa, onde meus olhos poderão te ver face a face".

---

[1] Pensamento doutrinário que, em nome da supremacia da fé e da graça, preconiza que os salvos em Cristo não precisam seguir nem dar importância à Lei de Moisés.

3

E os nove, onde estão?

> Um deles, vendo que fora curado, voltou glorificando a Deus em alta voz; e prostrou-se com o rosto em terra aos pés de Jesus, dando-lhe graças; e este era samaritano. Perguntou, pois, Jesus: Não foram limpos os dez? E os nove, onde estão? Não se achou quem voltasse para dar glória a Deus, senão este estrangeiro? E disse-lhe: Levanta-te, e vai; a tua fé te salvou.
>
> (Lucas 17:15-19)

VOCÊ já ouviu muitas vezes a descrição da lepra, doença terrível, talvez a pior de que a carne possa sofrer. Devemos ser muito mais gratos do que somos pelo fato de essa horrível doença ser pouco manifesta no nosso tão favorecido país. Você também já deve ter visto ou ouvido essa enfermidade ser usada como símbolo daquilo que o pecado é para a alma, ou seja, de como o pecado a contamina e destrói. Mas não preciso me aprofundar muito neste triste assunto. Eis que haviam surgido diante do Salvador dez leprosos ao mesmo tempo! Uma grande quantidade de infelicidade! E quantos deles o Senhor ainda vê hoje em dia, neste mundo contaminado pelo pecado! São os pecadores — não apenas dez, nem mesmo 10 milhões, encontrados por todo o mundo, mas, sim, milhares de milhões, enfermos em sua alma. É um milagre de condescendência que o Filho de Deus tenha vindo colocar seus pés num verdadeiro leprosário como este.

No entanto, o que se destaca neste texto é a graça triunfante do nosso Senhor Jesus sendo manifestada àqueles dez leprosos. Curar um desses enfermos era de todo impossível naquela época. Contudo, nosso Senhor curou dez ao mesmo tempo, e imediatamente! E Jesus Cristo é uma fonte tão cheia de graça e tão generosamente dispensa o seu favor que ordena aos dez irem logo se mostrar aos sacerdotes, por estarem curados, e somente no caminho rumo aos religiosos é que eles descobrem ser verdade a sua cura. Nenhum de nós poderá imaginar a alegria que eles devem ter sentido ao perceber que estavam limpos. Oh, deve ter sido para eles uma espécie de novo nascimento constatar que sua carne fora restaurada ao mesmo estado de quando eram crianças! Não teria sido normal e maravilhoso, então, que, ao ver isso, todos os dez tivessem voltado imediatamente correndo e caído aos pés de Jesus, erguendo as suas vozes em um salmo de dez partes? A informação triste que consta, porém, é que nove deles, mesmo havendo constatado terem sido admiravelmente curados, seguiram em direção aos sacerdotes da maneira mais fria possível. Jamais foi registrado seu retorno; tal como entraram, saíram da história juntos. Ganharam uma bênção notável, seguiram o seu caminho, e nunca mais se ouviu falar deles.

Somente um deles — um desprezado samaritano — voltou para expressar sua gratidão. A desgraça faz de estranhos amigos íntimos. Eis por que os nove leprosos da linhagem de Israel suportaram certamente se associar a um pobre samaritano proscrito. Mas justamente este, por mais surpreendente que poderia parecer, foi o único que, tomado de um repentino impulso de gratidão, voltou ao seu Benfeitor, caiu aos seus pés e começou a glorificar a Deus.

Se olharmos em torno, entre todas as possíveis especiarias da alma raramente se encontra o incenso da gratidão. Deveria, no entanto, ser tão comum quanto as gotas de orvalho que escorrem dos telhados pela manhã. O mundo está seco da gratidão a Deus! A gratidão a Cristo já era bastante escassa em seus próprios dias. Sou capaz de arriscar que a proporção de pessoas que o louvavam seria de um para dez; na verdade, para ser mais preciso, de um para nove. Um em cada sete dias da semana foi reservado à adoração ao Senhor; mas nem mesmo uma em dez pessoas se dedica ao seu louvor. Nosso assunto é *gratidão ao Senhor Jesus Cristo*.

I

Começo com um ponto sobre o qual já falei antes: a singularidade da gratidão.

Perceba uma coisa: *existem mais pessoas que recebem benefícios do que as que agradecem por eles*. Nove pessoas curadas por Deus, e somente uma pessoa glorificando a ele; nove pessoas curadas, note bem, *da incurável lepra*, e apenas uma pessoa se ajoelhando aos pés de Jesus em atitude de gratidão! Se mesmo diante de tão magnífico benefício — que teria feito até um mudo cantar — os homens agradecem ao Senhor simplesmente na proporção de um para nove, o que dizer então da assim chamada misericórdia "comum" de Deus — comum apenas pelo fato de Deus ser tão liberal em concedê-la continuamente e sem cessar aos homens, pois, na verdade, cada uma de suas bênçãos é de valor inestimável? Vida, saúde, visão, audição, amor doméstico, amizade — não posso nem tentar catalogar os inúmeros benefícios que recebemos todos os dias.

Apenas um homem entre nove louva a Deus! E com um frio "obrigado, Deus!", e pronto, é tudo que é oferecido. Existem, na verdade, alguns de nós que realmente o louvam por seus benefícios, mas que louvores pobres! Há um hino do dr. Watts, tristemente verdadeiro, que diz:

As hosanas definham em nossa língua
E desaparece a nossa devoção.

Não louvamos a Deus de maneira adequada, de maneira proporcional, de maneira intensa. Recebemos um continente de misericórdias e retornamos apenas com uma pequena ilha de louvor. Ele nos derrama bênçãos novas a cada manhã e frescas a cada noite, pois grande é a sua fidelidade. Contudo, deixamos os anos passar e raramente observamos um dia de louvor. É triste ver toda a bondade de Deus e toda a ingratidão do homem! O grande grupo de pessoas que recebe benefícios poderia até dizer: "Legião é o meu nome" (Marcos 5:9), mas aqueles que louvam a Deus são tão poucos que até uma criança poderia relacionar os seus nomes.

Existe aqui, porém, algo ainda mais espantoso: *o número dos que suplicam a Deus é bem maior do que o número dos que o louvam*. Todos aqueles dez homens leprosos rogaram a cura. Por mais tênues e frágeis que suas vozes pudessem ter-se tornado por causa da doença, ainda assim levantaram a voz em súplica e juntos clamaram: "Jesus, Mestre, tem compaixão de nós!" (Lucas 17:13). Todos eles se uniram em litania: "Senhor, tem misericórdia de nós! Cristo tem misericórdia nós!" Contudo, ao se chegar ao *Te Deum*, ao magnífico e culminante momento do louvor em coral a Deus, apenas um único deles, em solo, entoa as notas musicais. Poderia alguém pensar que todo aquele que ora também louva, mas não é bem assim. Já houve caso em que toda a tripulação de um navio estivesse orando durante uma tempestade no mar e, todavia, ao acalmar-se a tempestade, nenhum daqueles tripulantes entoou um louvor a Deus. Multidões de pessoas oram quando doentes, sentindo-se perto de morrer, mas, se melhoram, seus louvores é que adoecem e morrem. O anjo da misericórdia, ouvindo-os à porta, não ouve nem um cântico sequer de amor, nenhuma música de gratidão. É profundamente triste realmente que haja mais oração do que louvor!

Vou colocar a questão de outro modo para você, que é do povo de Deus: *a maioria de nós ora mais do que louva*. Você ora o suficiente, creio; mas o louvor, onde está? Quando reunimos a família em culto, sempre oramos;

E OS NOVE, ONDE ESTÃO?

raramente louvamos. Em nossos quartos, antes de ir dormir, oramos constantemente; mas será que também *frequentemente* louvamos? Orar não é um exercício tão celestial quanto louvar: a oração é feita para determinado tempo; o louvor é para a eternidade. O louvor, portanto, mereceria o primeiro e o mais elevado lugar, não é mesmo? Vamos nos dedicar mais, então, à atividade que os seres celestiais simplesmente desempenham. Oração é a nossa súplica de mendicância, mas me parece que mais pobre é o mendigo que não louva quando recebe o favor. O louvor deve sempre seguir as pegadas da oração, ou então, até mesmo, pela graça divina, a preceder. Se você está aflito, perdeu dinheiro, caiu em necessidade, tem filho doente, o flagelo o visita, se você, enfim por qualquer motivo que seja, começa a orar, não se pode culpá-lo por isso. Mas será que deveria apenas orar e não também louvar? Deveria a nossa vida ter tanto sal e tão pouco açúcar? Deveríamos tirar para nós com tanta frequência água da rocha da bênção e derramar tão pouca oferta de libação diante do Senhor Altíssimo? É justo que façamos a nós mesmos tal admoestação ao reconhecermos estar oferecendo muito mais oração do que louvor!

Ainda na mesma linha, permita-me lembrar que *mais se obedece a um ritual do que se louva a Cristo*. Quando Jesus diz aos leprosos: "Ide, e mostrai-vos aos sacerdotes", lá se vão todos eles, os dez. Nenhum fica para trás. Apenas um, no entanto, retorna para adorar um Salvador pessoal e louvar o seu nome. Do mesmo modo, você hoje vai à igreja, ao culto, lê a Bíblia, realiza atos de devoção externos, mas quão pouco louva interiormente a Deus, quão pouco se lança realmente a seus pés, sentindo aquilo que pode fazer sua alma cantar de gratidão àquele que lhe tem feito coisas tão grandes! Práticas piedosas exteriores são bem fáceis e comuns; a questão é o interior, o tirar de dentro do coração um amor agradecido, que coisa rara isso é! De dez, nove obedecem a um simples ritual, enquanto apenas um louva verdadeiramente ao Senhor.

Para chegarmos ainda mais perto do cerne da questão, *existem mais pessoas que creem do que pessoas que louvam*. Aqueles dez homens creram em Jesus, mas apenas um louvou ao Senhor. A fé de todos relacionava-se à cura de sua doença e, segundo sua fé, assim lhes aconteceu. Embora relacionada apenas à necessidade de cura, era uma fé maravilhosa. É notável o fato de haverem acreditado no Senhor Jesus, apesar de ele não lhes ter dito "sejam curados", tampouco qualquer outra palavra que causasse esse efeito, mas apenas "Ide, e mostrai-vos aos sacerdotes". Com a pele degenerada e a morte abrindo caminho em seu coração, eles se foram corajosamente, na confiança total de que Jesus iria abençoá-los. Uma fé, sem dúvida, admirável. Contudo, nove dos que mostraram tanta fé não voltaram nem para agradecer nem louvar a Cristo pela graça recebida.

Temo que exista muita fé, fé ainda melhor que a deles, relacionada a coisas espirituais, que ainda precisa florescer na direção da gratidão prática. Quem sabe, floresça no fim do ano, tal como o crisântemo, mas não floresceu, como no caso deveria, na primavera, tal qual a prímula ou o narciso. É uma fé que produz apenas alguns brotos de louvor. Às vezes, eu me repreendo pelo fato de ter lutado com Deus em oração, tal como Elias no monte Carmelo, mas não ter glorificado o nome do Senhor, tal como Maria de Nazaré. Não louvamos nosso Senhor na mesma proporção dos benefícios recebidos. Se os rendimentos da gratidão fossem pagos com maior honestidade, o tesouro de Deus transbordaria. Não haveria necessidade de se fazer campanhas para missões ou motivar o povo de Deus quanto à autonegação se houvesse louvor plenamente proporcional à nossa fé. Cremos para alcançar o céu e a eternidade, mas não magnificamos o Senhor, como deveríamos, pela terra e pela temporariedade. É uma fé real, tenho certeza; não devo julgá-la; mas imperfeita nos resultados.

A fé daqueles hansenianos só era real no que se refere à sua cura. Não acreditavam propriamente na divindade de nosso Senhor como Filho de Deus nem criam nele visando a receber a vida eterna. Assim também acontece em nosso meio: muitos são os que obtêm benefícios de Cristo, e alguns deles até mesmo esperam ser salvos, mas não o louvam como deveriam. A vida deles é despendida examinando sua própria pele espiritual para ver se a lepra, o pecado, se foi. Sua vida religiosa se resume em uma busca constante de si mesmos para ver se foram realmente curados ou salvos. É esta uma maneira insensata de gastarmos nossas energias. Um dos doentes sabia, como os demais, que fora curado, tinha plena certeza disso; todavia, por isso mesmo, ao contrário dos outros, o próximo impulso de seu espírito foi apressar-se em voltar até onde estava *ele*, o seu glorioso médico, cair aos *seus* pés e louvar *aquele* que o havia curado, em voz alta, glorificando a Deus. Oh, que meus tímidos e inseguros ouvintes possam fazer o mesmo!

Creio que já falei o suficiente sobre a escassez de ações de graças. Resumindo esses aspectos: existem mais pessoas recebendo benefícios do que louvando a Deus por eles; existe mais oração do que louvor; mais pessoas obedecendo a rituais do que louvando a Deus de coração; cada vez mais pessoas, enfim, crendo em Deus e recebendo benefícios mediante a fé do que adequadamente louvando ao Deus doador desses benefícios.

II

Tenho muito a dizer e pouco tempo me resta; portanto, vamos destacar rapidamente *as características da verdadeira gratidão*. O simples ato daquele homem bem pode demonstrar o caráter do louvor. O louvor não assume a mesma forma em todas as pessoas. O amor a Cristo, tal como as flores, por exemplo, adota formas diversas. Somente as flores artificiais são idênticas. O louvor vivo é marcado pela *individualidade*. Aquele homem era um de dez que sofriam do mesmo mal, mas estava sozinho quando voltou para louvar a Deus. Você pode pecar acompanhado, pode estar para ir para o inferno junto com outros, mas no momento em que obtém a salvação buscou e se coloca diante de Jesus sozinho. Se, uma vez salvo, embora se alegre em louvar a Deus com os outros, eles não se unirem a você, não o quiserem fazer, você certamente se alegrará em cantar um solo de gratidão. Esse homem abandonou a companhia dos outros nove e veio sozinho até Jesus. Cristo salvou você, e o seu coração está limpo. Então você dirá: "*Eu tenho* de louvá-lo; *eu tenho* de amá-lo". Você jamais será impedido pela frieza de nove entre dez das suas antigas amizades, nem pelo mundanismo, até, da sua família ou a negligência do seu grupo na igreja. Seu amor pessoal a Jesus fará você abrir a boca e louvar, ainda que o céu, a terra e o mar estejam envoltos em silêncio.

Você tem um coração inflamado de amor em adoração, mas sente como se fosse o único coração debaixo do céu que tem amor por Cristo. Você deve alimentar essa chama celestial. Deve ceder aos seus santos desejos, expressar seus divinos anseios. O fogo de Deus está em seu íntimo e precisa achar saída. Uma vez que existe uma individualidade na questão do louvor, que venham então os irmãos em Cristo, e louvemos todos a Deus, cada um de nós à sua própria moda!

> Que toda língua e nação
> Se una em louvor
> A ti, ó Deus, com gratidão
> Por teu imenso amor.

A segunda principal característica da gratidão daquele homem foi sua *presteza*. Ele voltou a Cristo imediatamente, pois não é de supor que o Salvador haja permanecido ali onde estava por muito tempo. O Senhor estava certamente ocupado com outros assuntos para ficar parado muito tempo em um único lugar; sua meta era sempre prosseguir fazendo o bem. O homem, então, deve ter voltado logo e, quando se é salvo, quanto mais rápido se puder expressar a gratidão a Deus, melhor. "Pensar duas vezes é melhor", dizem; mas este não é o caso quando o coração está cheio de amor por Cristo. Leve adiante seu primeiro impulso de amor; não espere pelo segundo, a não ser que seu coração

E OS NOVE, ONDE ESTÃO?

esteja tão inflamado pela devoção celestial que o segundo impulso venha logo consumir o primeiro. Vá então de uma vez, louve ao Senhor!

Que grandes planos alguns de vocês tinham tempos atrás, quanto ao serviço futuro para Deus! Mas que pequenos resultados se seguiram! Sim, é melhor colocar um único tijolo hoje do que planejar a construção de um palácio para o ano que vem! Glorifique ao seu Senhor agora por sua salvação no presente. Por que deveriam as misericórdias dele permanecer em quarentena? Por que deveriam os seus louvores ser como o aloés, que leva um século para florescer? Por que os louvores deveriam esperar à porta, mesmo que fosse por uma noite? O maná caía pela manhã; deixe que seus louvores surjam bem cedo. Louva duas vezes quem louva imediatamente, mas quem não louva imediatamente quase nunca ou nunca louva.

A qualidade seguinte do louvor daquele homem era a *espiritualidade*. Percebemos isso no fato de que ele certamente deu uma breve parada em seu caminho rumo aos sacerdotes. Sua obrigação era ir até os sacerdotes. Recebera uma ordem de fazer isso. Mas existe uma proporção em todas as coisas, e algumas tarefas são maiores do que outras. Ele então deve ter pensado: "Fui mandado ir até os sacerdotes, mas estou curado — e esta nova circunstância afeta a ordem de prioridade da minha ação. A primeira coisa a fazer agora é voltar e dar meu testemunho de gratidão, glorificar a Deus no meio de todas as pessoas, caindo aos pés daquele Mestre, que me curou".

É bom observarmos a lei sagrada das proporções. A mente carnal coloca a tarefa ritualística em primeiro lugar e o que é exterior se sobrepondo ao que é espiritual. Mas o amor logo percebe que a substância vale mais que a sombra e que curvar-se aos pés do grande e verdadeiro Sumo Sacerdote deve ser tarefa maior do que colocar-se diante dos sacerdotes comuns. Desse modo, aquele leproso curado foi em primeiro lugar a Jesus. Na vida daquele homem, o espiritual venceu o cerimonial. Percebeu que sua principal tarefa era adorar em pessoa a pessoa divina que o havia libertado de sua terrível doença.

Devemos ir primeiramente a Jesus. Que, em espírito, nos curvemos diante dele. Sim! Venham ao seu culto, reúnam-se em adoração regular. Mas, se você ama o Senhor, vai querer alguma coisa a mais: vai querer ir até o próprio Jesus e lhe dizer quanto o ama. Vai querer fazer por si mesmo alguma coisa extra que possa mostrar a gratidão do seu coração ao Cristo de Deus.

A verdadeira gratidão também se manifesta em *intensidade*. A intensidade é perceptível no presente exemplo: o homem voltou e, em voz alta, glorificou a Deus. Poderia ter louvado de uma maneira contida, não? Talvez; mas quando você acaba de ser curado de lepra e sua voz, que se tornara tão frágil, lhe é restituída, não consegue sussurrar de modo algum o seu louvor. Você sabe, irmão, que, quando se é salvo, é impossível comportar-se friamente! Esse homem glorificou a Deus em voz alta, e você também se sentiria levado a fazer o mesmo, declarando:

Em alta voz eu cantarei
Para que terra e céu possam ouvir.

Alguns recém-convertidos se mostram, muitas vezes, bastante agitados, a ponto de parecerem extravagantes. Não os culpe. Por que não sermos solidários com eles? O que fazem não irá afetar *você*. Somos suficientemente contidos e comportados para que possamos permitir a presença de uma pessoa um tanto extravagante entre nós, de vez em quando, sem nos influenciar. Oh, quem dera até que Deus nos mandasse mais pessoas assim eventualmente para despertar a igreja, de tal modo que nós também pudéssemos todos começar a louvar a Deus com o coração e a voz, com alma e substância, com poder e força! Aleluia! Que o nosso coração possa sentir esta paixão.

Na verdadeira gratidão, existe, porém, *humildade*. Aquele homem caiu aos pés de Jesus. Ele não entenderia inteiramente a posição que lhe competia enquanto não estivesse prostrado ali. "Não sou ninguém, Senhor", parecia dizer, e, por isso, caiu com o rosto em terra. O lugar certo de sua prostração era ali, "aos pés de Jesus". Prefiro ser ninguém aos pés de Cristo a ser qualquer pessoa em qualquer outro lugar! Não há lugar tão honroso quanto o de estar aos pés de Jesus. Ah, quem me dera estar ali sempre e apenas amá-lo plenamente, deixando que o meu eu morresse! Oh, que ventura ter Cristo de pé acima de você, a lhe fazer sombra por toda a sua vida, de agora em diante! A verdadeira gratidão, de fato, se coloca abaixo do Senhor.

Além de tudo isso, havia ainda *adoração*. O homem se prostrou aos pés de Jesus, dando-lhe graças, glorificando a Deus. Que possamos sempre adorar nosso Salvador. Que quaisquer outros queiram pensar o que quiser sobre Jesus; nós colocaremos sempre nossos dedos na marca dos cravos em suas mãos e diremos: "Senhor meu, e Deus meu!" (João 20:28). Se há um Deus, ele, para nós, é Deus em Cristo. Não deixemos jamais de adorar aquele que provou sua divindade ao nos libertar da lepra do pecado. Toda adoração seja dada à sua suprema majestade!

Há uma coisa mais sobre este homem que gostaria de observar: juntamente com a sua gratidão, *seu silêncio como que censurando os outros*. Quando o Salvador lhe perguntou: "E os nove, onde estão?" (Lucas 17:17), aquele homem não respondeu. O Mestre disse ainda: Não se achou quem voltasse para dar glória a Deus, senão este estrangeiro? (Lucas 17:18). Mas o adorador estrangeiro não se levantou para dizer: "Ó Senhor, eles foram até os sacerdotes. Estou surpreso com o fato de não terem voltado para te louvar!" Irmãos, temos coisas a fazer suficientes com que estejamos ocupados, ao sentirmos a graça de Deus em nosso coração! Se o que eu tenho a fazer é proclamar o meu louvor, não há por que nem como me preocupar em acusar qualquer outro que possa estar sendo ingrato. O Mestre indaga: "E os nove, onde estão?" (Lucas 17:17), mas o pobre homem que fora curado e estava aos seus pés não tem palavra alguma a dizer contra aqueles outros nove mal agradecidos, pois se encontra muito ocupado com sua adoração pessoal.

III

Ainda nem cheguei à metade. Mas não posso continuar além da hora marcada para o encerramento. Vou, portanto, comprimir o máximo possível esta terceira parte.

Consideremos agora *a bênção da gratidão*. Aquele homem foi muito mais abençoado do que os outros nove. Eles foram curados, mas não abençoados como ele foi. Há uma grande bênção na gratidão.

Em primeiro lugar, *porque é bem adequada*. Cristo não deve ser louvado? O homem fez o que podia e devia. Uma tranquilidade de consciência e um descanso do Espírito acontecem sempre quando você sente estar fazendo o que pode e o que deve por uma causa ou uma razão indubitavelmente justa e correta, muito embora você possa estar deixando até de realizar sua própria vontade. Nessas horas, meus irmãos, glorifiquemos ao Senhor.

> Como é bom a Deus louvar
> Em toda situação!
> Glória ao rei celeste dar,
> Autor da salvação.
> Nossas vozes em louvor
> Juntos vamos elevar.
> Ao bendito Salvador
> Glória e honra vamos dar.

Depois, esta bênção existe na gratidão porque *é uma manifestação de amor pessoal*. Amo a doutrina da graça, a igreja de Deus, o culto de adoração, as ordenanças — mas, acima de tudo, amo pessoalmente a Jesus. Meu coração nunca descansa até que possa glorificar pessoalmente a Deus e dar graças a Cristo pessoalmente. O amor pessoal a Cristo é uma das coisas mais

E os nove, onde estão?

doces além do céu. Não podemos desfrutar tão bem deste amor pessoal como quando o fazemos por meio de nossa gratidão tanto do coração quanto dos lábios, dos atos e das atitudes.

Mais outra bênção na gratidão é que *ela determina uma mais clara visão*. O olhar agradecido vê mais longe e de maneira mais profunda. Além de glorificar a Deus, o homem curado da lepra deu graças a Jesus; mas, se tivesse apenas agradecido a Jesus e parado ali, pode-se dizer que seus olhos não estariam plenamente abertos. Contudo, ao ver Deus em Cristo e glorificado a Deus por aquilo que Cristo fizera, demonstrou profundo discernimento da verdade espiritual. Começou a penetrar no mistério da pessoa divina e humana do bendito Salvador.

Aprendemos muito por meio da oração. Lutero disse que "orar bem é estudar bem". Ouso fazer um acréscimo ao que Lutero disse de maneira tão correta, declarando que louvar bem é estudar melhor. O louvor é um grande instrutor. A oração e o louvor são os remos por meio dos quais um homem pode fazer seu barco navegar nas águas profundas do conhecimento de Cristo.

A próxima bênção relacionada ao louvor é que *ele é aceitável por Cristo*. Evidentemente que o Senhor Jesus ficou feliz e satisfeito. Foi triste para ele ver que os outros nove não tinham vindo, mas rejubilou-se, sem dúvida, por esse único homem que voltara. A pergunta "E os nove, onde estão?" (Lucas 17:17) tem mais, na verdade, em si, um agrado de agradecimento àquele que sozinho retornara. Tudo o que agrada a Cristo deve ser cultivado com carinho por nós. Se o louvor lhe é agradável, que magnifiquemos então continuamente o seu nome. A oração é como se fora a palha do trigo; e o louvor, a espiga: Jesus ama certamente ver a folha que cresce, mas ama muito mais os grãos da espiga dourada quando a seara, pelo louvor, se mostra madura e pronta para a colheita.

Veja ainda que a bênção da gratidão constitui *uma bênção maior*. O Salvador declarou àquele homem aquilo que não teria como dizer aos outros: "A tua fé te salvou" (Lucas 17:19). Se você quer viver uma vida mais elevada, que essa vida seja a de louvar a Deus. Talvez alguns de vocês se encontrem ou se considerem em uma posição tida como inferior, tal qual a desse homem, que era um repudiado samaritano. Contudo, ao louvar a Deus, ele se transformou em um salmista do Deus de Israel, não mais um reles e rejeitado estrangeiro. Com frequência, tenho observado que os maiores pecadores se tornam os maiores adoradores! Os que estavam mais longe de Cristo e sobre os quais foram derramadas esperança e pureza ao serem salvos, sentem que lhe devem mais e, portanto, o amam de maneira melhor. Que seja a ambição de todos nós, mesmo que não tenhamos estado antes entre os mais vis de todos, sentirmos ser dos maiores devedores a Jesus e que possamos, assim, louvá-lo ainda mais. Receberemos, em troca, a mais rica bênção de suas mãos!

Terminarei depois de dizer três coisas. Que possamos aprender com tudo isso a *colocar o louvor no lugar elevado*. Que possamos ter reuniões de louvor. Que passemos a considerar o pecado de negligenciar o louvor tão grande a ponto de que as nossas orações estejam sujeitas, por isso, a ser incompletas ou inaceitáveis.

Depois, *que rendamos nosso louvor somente a Cristo*. Quer nos encaminhemos, quer não, aos sacerdotes, que possamos ir, sobretudo, *a Jesus*. Que o louvemos pessoalmente e de maneira intensa. Nosso louvor pessoal ao nosso Salvador pessoal deve ser um grande objetivo de nossa vida.

Por fim, se trabalharmos para Jesus e virmos alguns convertidos não agirem como deveriam ou esperamos, não nos sintamos abatidos por isso. *Que até nos entristeçamos por outros não louvarem ao Senhor, mas não fiquemos decepcionados com isso.* Lembremo-nos de que o próprio Salvador estranhou: "E os nove, onde estão?" (Lucas 17:17). Se dez leprosos foram curados, por que apenas um veio louvá-lo? Há muitos convertidos que deixam de se reunir à igreja. Outras das pessoas que se convertem não se batizam ou não participam da ceia do Senhor. Os números, na verdade, são uma bênção, mas nem por isso se apaixone por eles. Aqueles dentre nós ganhadores de almas

E OS NOVE, ONDE ESTÃO?

costumamos ser roubados de sua paga por espíritos covardes que escondem sua fé. Agradeço a Deus por serem muitos, ultimamente, os que têm proclamado aqui a sua conversão; mas, se, além de cada um destes, outros nove viessem, precisaríamos de mais nove deste Tabernáculo. Fico feliz pelos muitos que voltaram para professar sua fé! Mas onde estão os outros nove?

Você que promove pequenas reuniões, que sai por aí distribuindo folhetos, está fazendo o bem mais do que imagina. Você não sabe onde estão os nove, mas, mesmo abençoando apenas um em cada dez, já tem motivo suficiente para agradecer a Deus. "Oh", poderá se lamentar um irmão, uma irmã, "tive tão pouco sucesso. Levei à salvação apenas uma alma!" Isto é mais do que você merece. Se eu ficar pescando durante uma semana inteira e pegar apenas um peixe, talvez possa ter motivo para me queixar; mas se acontecer de este peixe ser, por exemplo, um grande esturjão, então eu vou ter de reconhecer que, no caso, a alta qualidade se sobrepôs à falta de quantidade. Quando você ganha uma alma, já é um grande prêmio. Uma alma trazida a Cristo — alguém consegue estimar o seu valor? Se uma só pessoa for salva, você deve agradecer ao Senhor e perseverar. Embora possa desejar mais conversões, não desanime, mesmo que alguns poucos sejam salvos. Acima de tudo, não fique irado se alguns deles não lhe agradecerem pessoalmente ou não se unirem à igreja com você. A ingratidão, repito, é comum para com os ganhadores de almas. Como é frequente um ministro trazer muitas pessoas a Cristo e alimentar esse rebanho em seus primeiros dias! Tão logo, porém, aquele homem torna-se idoso e frágil, procuram se livrar dele, como quem busca obter uma vassoura nova que possa fazer uma limpeza melhor. "Pobre velho, já está ultrapassado!", dizem; e, desse modo, se livram do homem, da mesma forma que os ciganos costumam mandar embora seu cavalo velho, para pastar ou morrer de fome, com o que eles não mais se importam. Se alguém espera gratidão, devo lembrar-lhe, enfim, uma máxima: "Bem-aventurado aquele que nada espera, pois não será desenganado". Nem mesmo nosso Mestre recebeu louvor dos nove. Portanto, não fique surpreso se você abençoar os outros e os outros não o abençoarem.

Que alguma pobre alma que queira possa vir a Cristo esta noite; algum doente espiritual, para poder ser curado de sua doença do pecado! Se quer encontrar a cura, que venha e, em voz alta, magnifique o Senhor que o tratou de maneira tão graciosa.

4

Queres ficar são?

> E Jesus, vendo este deitado, e sabendo que estava neste estado havia muito tempo, disse-lhe: Queres ficar são?
>
> (João 5:6)

FALANDO a um homem inválido, que sofria de uma doença incapacitante há 38 anos, Jesus lhe pergunta: "Queres ficar são?" Parece, à primeira vista, uma pergunta muito estranha. Quem não gostaria? Por acaso o homem haveria de querer permanecer ali, aqueles anos todos, deitado à beira do tanque de Betesda, que diziam ser milagroso, se não estivesse interessado em ser curado? Em seu próprio olhar, ao se voltar para o Salvador, já não estaria estampada como que uma resposta a essa pergunta, eliminando a necessidade de ser feita?

Pelo fato de nosso Senhor nunca ter usado de palavras vãs, no entanto, ele deve ter percebido, certamente, que a invalidez do corpo naquele homem lhe havia obscurecido, a certo grau bastante doloroso, a própria mente, a ponto de causar uma paralisia de sua vontade. Ele já havia esperado tanto tempo que seu coração acabou adoecendo, e o desânimo ressecara seu espírito. Agora, tendo chegado a esse ponto, a ele quase já não importava mais se poderia ficar curado ou não. O arco estivera dobrado por tanto tempo que toda a sua elasticidade fora destruída. Passara tanta fome de cura que o próprio apetite desta desaparecera. Achava-se agora apático, tomado de uma indiferença formada por uma lástima obscura de sua decepção e a desesperança plena quanto ao futuro. O Salvador tocou justamente na corda que precisava vibrar, ao questioná-lo sobre a sua disposição de ficar curado. Por meio dessa indagação, despertou nele uma faculdade dormente, cuja exercitação vigorosa deveria ser, provavelmente, uma das coisas mais importantes e essenciais para a cura. Na verdade, "Queres ficar são?" foi um questionamento de profunda investigação, um teste científico necessário, feito por um médico magistral, a ressurreição do túmulo de um grande poder regenerador da humanidade.

No tocante à nossa pregação do evangelho, esta pergunta poderia também parecer impertinente de eu fazer a cada um de vocês que aqui está, ainda não salvo: "Queres ficar são?". "Certamente", logo alguém responderia, "todo mundo quer ser salvo". Bem, não estou tão certo quanto você da veracidade dessa sua afirmativa. "Mas o fato de estarmos aqui há tanto tempo e ouvirmos atentamente o evangelho", poderá argumentar a pessoa, "é prova mais que suficiente de que estamos dispostos a ficar sãos; isto é, se pudermos, afinal de contas, descobrir onde podemos encontrar a saúde e o que é esse bálsamo de Gileade, tão falado". Sim; mas também eu não me surpreenderia se, entre vocês, houvesse aqueles que, tendo esperado por tanto tempo, começassem a ver paralisado o seu desejo de salvação, que um dia chegou a ser tão ardente. Assim como outros, que, embora tendo estado aqui por tanto tempo, nunca estiveram muito preocupados com a sua salvação; e que agora continuam vindo ocupar esses bancos, nem que simplesmente como hábito, sem propriamente uma vontade sincera de ter a plenitude da alma, que o bom médico está sempre pronto a dar àqueles que buscam a sua ajuda. Sou levado a entender, então, que, em vez de essa pergunta ser desnecessária, deverá ser, em todas as congregações, uma das primeiras a chamar a atenção do ouvinte. Obter uma resposta verdadeira a essa sondagem do mais íntimo da alma de todo ouvinte é meu objetivo agora, crendo que isso lhe será muito saudável, mesmo que você esteja honestamente compelido a dar uma resposta negativa. Ela irá expor você, pelo menos, à própria condição do seu coração, o que certamente lhe será útil na direção de algo melhor. Se Deus me ajudar, hei de lançar diante de você essa pergunta, de maneira bem franca, esta manhã. Homens e mulheres não salvos: vocês querem ficar sãos?

I

Esta pergunta é necessária, em primeiro lugar, porque *é uma pergunta nem sempre compreendida*. Não é a mesma coisa que uma pergunta como: "Você quer ser salvo de ter de ir para o inferno?" Todo mundo, evidentemente, responderá "sim" a essa pergunta. "Você quer ser salvo para poder ir para o céu?" Também, de imediato, sem hesitação, todo mundo dirá "sim". Todos nós temos um forte desejo de ver as harpas de ouro, cantar os cânticos de bênção, viver na eternidade e ter a imortalidade — mas a nossa pergunta não se refere a isso. O céu e suas alegrias surgem somente a partir do que é proposto em nossa pergunta, como resultado, como consequência, e não é bem esse o assunto que temos em mãos. Não estamos propondo a um ladrão: "Quer ter sua prisão cancelada?" Estamos lhe propondo outra questão: "Quer se transformar em um homem honesto?" Não estamos dizendo ao assassino: "Você gostaria de fugir da forca?", pois sabemos qual seria a sua resposta. A questão que desejamos lhe fazer é: "Quer se tornar alguém justo, correto, bondoso, perdoador, abandonando todo este seu mal?" Nossa pergunta não é, portanto: "Quer entrar na festa da misericórdia e comer e beber com aqueles que são saudáveis?"; mas, sim: "Você está realmente disposto a ser transformado em alguém espiritualmente saudável, passar pelo processo divino por meio do qual a doença do pecado é eliminada e a saúde da humanidade, santificada, é restaurada em você?"

Para ajudá-lo a saber o significado dessa pergunta, permita-me lembrar--lhe que nunca houve, em toda a história da humanidade, mais que dois homens feitos sãos, perfeitamente sãos. Esses dois homens são chamados, nas

Escrituras, de o primeiro Adão e o segundo Adão. Esses dois mostraram em si mesmos o que seria o homem se ele fosse são. O primeiro Adão estava no jardim do Éden — e quem não gostaria de estar no paraíso? Teríamos todos o maior prazer em caminhar por entre aqueles ramos que nunca secam, comer daqueles frutos sempre saudáveis, sem labuta, sem sofrimento, sem doença, sem morte. Todos estaríamos suficientemente felizes em dar novamente as boas-vindas à felicidade primeira do Éden. Mas a pergunta não é bem essa. A pergunta é: estaríamos dispostos a sermos mental e moralmente aquilo que Adão era, antes de seu pecado haver trazido mal à humanidade?

Quem era Adão? Era um homem que conhecia seu Deus. Conhecia muitas outras coisas, mas o principal e mais importante de tudo é que conhecia seu Deus. Que prazer era caminhar com Deus, ter comunhão com ele, falar com ele como um homem fala com seu amigo. Até sua queda, Adão foi um homem cuja vontade era inteiramente submissa à vontade de seu criador, desejoso de não violar essa vontade, mas, em todas as coisas, fazer aquilo que seu Senhor lhe ordenasse. Fora colocado no jardim para cultivar a terra, lavrar e guardar o jardim e ele o fazia com alegria. Era um homem são, uma pessoa sadia. Toda sua felicidade consistia em seu Deus. Seu único objetivo como criatura era fazer a vontade daquele que o criara. Nada sabia sobre brigas ou embriaguez. Para ele, não havia cânticos devassos nem feitos libertinos. O brilho da devassidão e o resplendor do desregramento estavam longe dele. Era puro, correto, casto, obediente.

Você gostaria de ter sido feito como ele, pecador? Você, que está fazendo sua própria vontade, que só tem buscado novidades, que tem pensado sempre encontrar felicidade no pecado e na impureza, estaria disposto a voltar e encontrar sua felicidade em seu Deus e, a partir de então, servi-lo e nada mais? Ah, talvez você tenha respondido impensadamente "sim"; é possível que você não saiba bem o que disse. Mas se você tivesse a verdade mais claramente diante de si, decerto se recusaria obstinadamente a ficar são. Pois, sob essa perspectiva, a vida lhe pareceria ser submissa, sem graça, sem alegria, sem originalidade. E sem o fogo do desejo, a excitação da bebida, o riso da insensatez e a pompa do orgulho, como seria a existência para muitos? Para estes, nosso ideal de uma humanidade sadia nada mais é do que outro nome para fardo e miséria.

Analisemos agora o exemplo de outro homem são: Jesus, o segundo Adão. Habitando aqui entre os filhos dos homens, não em um paraíso, mas no meio da desonra, da doença, da desgraça, da tentação e do sofrimento, ainda assim Jesus foi um homem honrado e sadio. O mal, ele o tomou a si em seu próprio corpo, e nossos pecados lhe foram imputados em sua condição de nosso substituto; mas ele, em si mesmo, não tinha pecado. O próprio príncipe deste mundo o tentou repetidas vezes, mas jamais pôde encontrar nele mal algum. A perfeição da humanidade do nosso Salvador consistia nisto: ele era "santo, inocente, imaculado, separado dos pecadores" (Hebreus 7:26).

Era santo, uma palavra que, em sua raiz, tem o mesmo significado de "são". Jesus foi um homem completo, perfeito, incólume, imaculado. Era são em relação ao seu Deus. Sua comida e bebida era fazer a vontade de Deus que o enviara. Como homem, Jesus foi o que Deus planejara, perfeitamente conformado à sua correta posição. Ele era como tinha vindo das mãos do criador, sem mácula, sem dano, sem a excrescência do mal, sem a ausência de qualquer coisa boa. Era santo, era são. Consequentemente, era inocente, nunca tendo infligido mal algum sobre os outros, por meio de palavras ou atos. Era, portanto, imaculado, sem jamais ter sido afetado pelas influências que o cercavam e que poderiam tê-lo transformado em um homem falso para com seu Deus e maldoso para com os homens. Era imaculado e, embora a blasfêmia haja por vezes atingido seu ouvido, nunca permitiu que seu coração fosse poluído. Embora encarando a ganância e a impiedade do homem levada ao seu clímax, ele mesmo sacudiria a víbora e a jogaria no fogo, permanecendo inculpável e sem mácula. Jesus era também separado dos pecadores, jamais tendo atraído ao seu redor um cortejo farisaico, dizendo "Esperem por mim, eu sou mais santo do que vocês", mas, sim, comendo com eles e, ainda assim, estando separado deles. Não separado a ponto de sua mão benigna não poder tocá-los ou não se solidarizar com eles em suas tristezas; mas separado por sua própria elevação mental, superioridade moral e grandeza espiritual.

Você gostaria de ser como Jesus? Esta é a pergunta. Se você o quiser, é bem provável que isso acarrete para você muitas das experiências dele. Você poderá ser criticado, zombado, desprezado, ofendido e humilhado; as pessoas poderão rir de você; poderá também ser perseguido e, a não ser que a providência impeça, ser até levado à morte. Mas, ao assumir Cristo com tudo o que ele é, você estará se dispondo a ser feito como ele, de ser tirado de você o mal real que você hoje admira e ser implantado em você o bem real, que você, talvez, neste momento, não aprecie. Então? Está disposto a ficar são neste instante? Posso imaginar que você responda: "Sim, eu quero, eu quero ser como Jesus, eu realmente quero isso". Contudo, permita-me sussurrar de maneira gentil em seu ouvido que, se você soubesse o que estou querendo dizer; se soubesse como realmente Jesus foi, não tenho certeza de que desejasse de modo veemente se inclinar nessa direção. Tenho a impressão de que muita luta e muita rebelião surgiriam em seu coração se o processo fosse sendo levado na direção de fazer que você ficasse são exatamente como Jesus Cristo.

Para ilustrar um pouco mais o significado da pergunta "Queres ficar são?", permitam-me lembrar-lhes que, para um homem ser inteiramente são como deveria ser, determinadas inclinações malignas, certas qualidades morais que ele possua, devem ser dele expelidas. Para um homem ser são diante de Deus, é preciso que o seja perante os homens. Não se pode dizer que um homem seja são enquanto agir com desonestidade e injustiça em seus relacionamentos, em suas atividades profissionais, em seu pensamento, nas suas conversas e em seus atos em geral para com o próximo. Se você está acostumado a perpetrar em sua vida profissional, em seus negócios, coisas que dificilmente passariam no teste do olhar de Deus, que a tudo vê e julga; se você frequentemente diz e pratica coisas em seu relacionamento que não são honestas ou verdadeiras; se você se desculpa dizendo que outros fazem a mesma coisa — não estou aqui para ouvir propriamente suas explicações, só estou querendo lhe perguntar honestamente: *Você quer ficar são?* Você deseja realmente ficar são a partir de agora, tornando-se um homem total e plenamente honesto? Sem falsos elogios, sem vaidades nem exageros, sem fraudes, sem querer tirar vantagem — me diga agora: o que você acha disso? Sim, porque alguns não poderiam levar adiante seu negócio desse modo. Iriam alegar: "O comércio, em princípio, é podre e, se você não agir assim, não poderá ganhar dinheiro. Sendo em um bairro pobre, então, não se pode sobreviver a não ser que se trapaceie. Se formos totalmente honestos, teremos de fechar a nossa loja". Outros diriam: "Nesta era da competição, a gente acaba sendo comido vivo. Não acredito que se necessite ser excessivamente consciencioso". Se é essa a sua opinião, já entendi: você não deseja ficar são.

Aquele que é são em muitas áreas torna-se um homem sóbrio e equilibrado. "Não é o que entra pela boca que contamina o homem; mas o que sai da boca, isso é o que o contamina" (Mateus 15:11) e "o reino de Deus não consiste no comer e no beber" (Romanos 14:17); mas é no comer e no beber que os homens frequentemente pecam, especialmente o pecado da bebedice. Suponho que não exista um bêbado que, pelo menos quando está sóbrio, não deseje ansiosamente ser salvo. Contudo, você, que tem o vício da bebida, entenda bem a pergunta; não é: "Você quer ir para o céu?", mas, sim, "Está disposto a abandonar a bebida e a não mais querer se deleitar no abuso dos copos excessivos?" O que diz você? Está disposto, de agora em diante, a deixar também toda a devassidão e libertinagem, lançando-as fora? Talvez alguém diga "sim" de manhã, quando os olhos estejam vermelhos e a culpa do excesso de bebida da noite anterior esteja ainda sobre si. Contudo, o que irá acontecer ao anoitecer, quando alegres companhias voltarem a cercar o homem e a bebida a borbulhar no copo? Estaria disposto a tornar-se são e renunciar àquilo que arruína seu corpo e sua alma? "Ah, não." Muitos dizem: "Ah, eu gostaria de ficar são", mas não falam absolutamente com sinceridade, e "volta o cão ao seu vômito, e a porca lavada volta a revolver-se no lamaçal" (2Pedro 2:22).

Ficar são envolve a produção de autenticidade no homem. Há pessoas que não toleram falar a verdade. Para elas, dois deve sempre significar 20 a seus olhos, as faltas dos outros são crimes, e as virtudes de qualquer um, exceto as suas e de seus favoritos especiais, estão sempre tingidas de vício. Possuem um julgamento malicioso em relação aos outros, têm inveja de qualquer coisa que seja honrável nas outras pessoas. E você, o que diz? Você está disposto a ficar são e, de agora em diante, nada falar senão a verdade, para Deus e para os homens? Acho que, se a única coisa a ser dita fosse a verdade, muitas bocas agora loquazes teriam pouco a dizer, e muitos homens definitivamente recusariam, caso fossem suficientemente honestos para o assumir, a bênção de se tornarem perfeitamente autênticos.

O mesmo acontece com a questão do perdão. Um homem que fica são deve perdoar até setenta vezes sete. Se você não consegue perdoar uma injúria, sua alma está doente. Quando se ressente fortemente de uma ofensa, você pode ficar doente por breve tempo; mas, se o ressentimento resiste permanentemente, você passa a ter uma doença crônica dentro de si. Algumas pessoas estão tão longe de até mesmo pensar em perdoar que seriam capazes de orar pedindo para só viver e morrer em função de gratificar sua paixão de vingança; seguiriam uma pessoa que lhes tivesse injuriado por todo este mundo e até pelo outro, a ponto de serem mesmo condenadas com ela se pudessem ter a satisfação de vê-la ardendo nas chamas do inferno. Para muitos, "doce é a vingança", e é inútil um homem dizer "eu quero ficar são" se ele ainda cultivar a maldade ou guardar dentro de si uma disposição vingativa para com o próximo.

Queres ficar são?

Eu poderia passar por diversos vícios e virtudes para mostrar que a pergunta de Jesus não é uma simples pergunta como alguns podem julgar. Existem homens, por exemplo, afligidos por um temperamento avarento e ganancioso. Se se tornassem sãos, passariam a ser generosos, benignos para com os pobres, estariam prontos a dar de seus recursos à obra do Senhor. Mas será que desejariam ficar sãos se pudessem decidir por si mesmos esta manhã? Não. Pois consideram a generosidade uma fraqueza e a caridade uma total insensatez. "Que proveito há em se ganhar dinheiro para dá-lo a outras pessoas?", alegam eles. "Qual a vantagem em alguém obtê-lo senão guardá-lo e retê-lo para si? Sábio é o homem que pode acumular o mais que possa e repartir o mínimo possível." Esse tipo de homem não quer ficar são. Ele considera sua mão paralisada e seu coração petrificado como sinais de boa saúde. Considera-se, também, a única pessoa inteligente e mentalmente saudável da redondeza, embora sua mente fechada e a fome de sua alma sejam visíveis a todos. Ele é, quase sempre, o próprio esqueleto e a anatomia da doença, mas mesmo assim acredita ser o protótipo da pessoa saudável.

Quem admira suas próprias falhas evidentemente não deseja livrar-se delas. "Que bela catarata tenho no meu olho", diz um. "Que maravilhoso edema este aqui no meu braço", diz outro. "Que agradável arqueamento tenho nas minhas pernas", declara um terceiro. "Que graciosa corcunda trago nas minhas costas", diz mais outro. Os homens, evidentemente, não falam assim a respeito das doenças do seu corpo; caso contrário, os consideraríamos loucos. Todavia, frequentemente se gloriam de suas vergonhas e se regozijam de suas iniquidades. Todas as vezes que você encontrar um homem que possua um defeito que ele mentalmente eleva à condição de virtude, você tem aí exatamente um homem que não quer ficar são e que zomba da visita do grande médico, mesmo que este o espere à porta. Pessoas assim são comuns em toda parte.

Deixe-me frisar agora que, quando um homem se torna são, não apenas as virtudes morais deverão transbordar nele, mas também as graças espirituais, pois o homem sadio o é tanto no caráter externo como no espírito. O que acontece, então, a um homem que se torna são em seu espírito? Eu respondo. Lembram-se daquele fariseu, no Evangelho, que agradecia a Deus por ser tão bom quanto deveria ser e muito melhor que a maioria das pessoas? Se aquele homem ficasse são, mas não no espírito, ele nunca poderia dizer como o publicano: "Deus, sê propício a mim, o pecador!" (Lucas 18:13); e, se lhe perguntassem se gostaria de trocar de lugar com o publicano, ele responderia: "Por que deveria fazer isso? Ele é um miserável, vil e corrupto. A linguagem que ele usa é muito própria para ele e fico feliz por ele a usar. Seria muito degradante para mim se tivesse de fazer a mesma confissão que ele faz; não preciso fazê-la". O homem que não deseja ficar espiritualmente são é porque já se julga completamente são. Aquele que se torna são em espírito renuncia a si mesmo. Paulo estava espiritualmente são ao admitir que não tinha como sua justiça "a que vem da lei, mas a que vem pela fé em Cristo, a saber, a justiça que vem de Deus pela fé" (Filipenses 3:9). Ao considerar sua justiça própria "como refugo para que pudesse ganhar Cristo" (Filipenses 3:8) e ser achado nele, mostrou ser um homem são em espírito. Os homens em geral consideram, de maneira doentia, a sua justiça própria suficientemente boa, revestindo-se dela como uma cobertura exterior e concluindo serem suficientemente bons e corretos para irem para o céu. São tomados de uma tal febre de orgulho que deliram, sonhando com uma bondade sua imaginária, ao mesmo tempo que chamam a verdadeira bondade de fingimento e hipocrisia.

Aquele que é espiritualmente são é um homem de oração habitual. Está acostumado a sentir gratidão constante e, assim, revela seu agradecimento a Deus continuamente. É um homem de consagração permanente. Tudo o que ele faz, o faz para Deus, buscando apenas a glória de Deus em sua atividade. Sua mente está voltada para as coisas não vistas e eternas. Seu coração não está escravizado pelas coisas visíveis, pois sabe que são vaidade. Se perguntássemos a várias pessoas se sabem que o pleno significado da frase "Você quer ficar são?" é o de que "De agora em diante, você quer se tornar uma pessoa de oração, de louvor, uma pessoa santa que serve a Deus?", creio que a maioria, até mesmo de nossas congregações cristãs, se pudesse falar honestamente, diria: "Não; nós não queremos ficar sãos. Queremos ir para o céu, sim, mas não queremos isso, não. Desejamos fugir do inferno, sim, mas não praticar toda essa espécie de rigor 'puritano' que vocês chamam de 'santidade'. Não, não, primeiro nós queremos nos deliciar mais um pouco como pecadores e depois, sim, irmos para o céu como salvos. O veneno é doce demais para ser abandonado; mas não desprezamos também o antídoto depois. Tomaremos alegremente o café da manhã com o diabo e jantaremos com Cristo. Não temos pressa de nos tornarmos puros; o nosso gosto pelo presente nos leva em outra direção".

II

Tendo explicado essa questão, prossigo, enquanto as forças me permitem, para destacar, em segundo lugar, que essa pergunta pode gerar diversas respostas. Portanto, é mais que necessário que seja feita e respondida.

1. Em primeiro lugar, existem alguns aqui cuja única resposta a essa pergunta pode ser chamada de *resposta nenhuma*, ou seja, não querem nem ouvir nem considerar qualquer coisa a respeito desse assunto. "Queres ficar são?" "Bem, quer dizer, sim e não — não sei exatamente o que dizer. Não quero ficar pensando agora sobre essa pergunta; sou muito jovem e tenho ainda muito tempo pela frente para pensar nessas coisas. Sou um homem de negócios e tenho mais o que fazer do que me preocupar com religião. Sou rico e próspero, não vão querer que me preocupe com essas coisas, que só pessoas pobres e de mente rude devem fazer." Ou, ainda: "No momento estou muito doente, e a atenção que eu preciso concentrar na minha saúde não dá para eu me ocupar dessas questões teológicas". Perceba que qualquer desculpa é logo

forjada para não se pensar naquilo realmente necessário. A pobre alma é por demais preciosa para todos, contudo é a coisa menos estimada.

Como alguns de vocês brincam com sua alma; como vocês brincam com seus interesses imortais! Eu mesmo já fiz isso. Se lágrimas de sangue pudessem expressar meu arrependimento por ter agido dessa maneira, eu as verteria com alegria, pois a perda de tempo provocada por um longo desprezo aos interesses de nossa alma é coisa muito séria, uma perda de tempo que nem mesmo a misericórdia pode nos restaurar, nem mesmo a graça de Deus pode nos devolver. Jovem, como eu gostaria que tudo isso estivesse em sua mente. Quão sinceramente eu gostaria que essa pergunta fosse vista por você como algo importante, sim, urgente e da maior importância para você, de modo que não mais despreze uma indagação religiosa nem afaste do seu espírito a amorosa pressão que o Espírito Santo pode colocar sobre você. Quem dera você se tornasse sábio o suficiente para desejar o mais nobre desenvolvimento da vida espiritual e a destruição de tudo o que é pernicioso ao seu bem-estar. Tenha consideração, eu oro, pela principal e mais importante pergunta. Não a menospreze. A hora da morte pode estar muito mais perto do que você imagina; o amanhã, no qual você espera considerar essas coisas, pode não chegar. Quero colocar diante de você, mais uma vez, o seguinte: se há alguma coisa que deva ser postergada, que seja algo pelo qual você possa esperar em segurança; se há alguma coisa a ser preterida, que não seja eterna, espiritual, mas, sim: "buscai primeiro o seu reino e a sua justiça" (Mateus 6:33).

Existem pessoas que se preocupam com questões religiosas, que não fogem delas, mas, ainda assim, à pergunta "Queres ficar são?" sua resposta não é muito sincera. Tempos atrás, talvez, estivessem realmente motivadas. Ao ouvirem um sermão, costumavam valorizar cada palavra proferida. Suas orações eram insistentes, e seus anseios espirituais eram grandes. Todavia, não obedeceram a um mandamento: "Creia em Cristo e viva". Acostumaram-se à miséria da descrença, à permanência sob o fardo do pecado, que insistem em carregar, embora exista um Salvador que deseja livrá-las do fardo. Agora, sua resposta à pergunta não é nem uma coisa nem outra. Gemem baixinho: "Como eu gostaria de querer! Eu realmente gostaria; mas meu coração está insensível".

Ainda que a dor pouco venha me afligir,
Não sou capaz nem de uma dor sentir.

Ou, então, "Eu quero — mas para mim é difícil dizer isso". Veja em que estado você se colocou. Possa Deus ajudá-lo agora a fazer um esforço desesperado, com toda a sua vontade, em seu favor. Que o Espírito, que a tudo desperta, abençoe esta palavra apaixonada em seu coração, e você possa dizer: "Oh, sim, das profundezas do meu desespero, do poço no qual não há água, eu clamo a ti, meu Deus. Do ventre do inferno, eu desejo libertação. Sim, quero eu ser salvo e hei de ser. Oh, dá-me a graça de que eu possa ficar são". Que nenhum de vocês possa continuar a ser contado entre aqueles que praticamente não dão resposta alguma a essa pergunta.

2. Em segundo lugar, existem muitos que dão *resposta evasiva* à pergunta. É a esses que desejo agora falar.

"Queres ficar são?" Anseio, meus queridos ouvintes, por lançar esta pergunta a todo aquele que não é convertido; mas já prevejo que, de muitos, não receberei resposta diferente. Provavelmente, haverá alguém dizendo: "Como posso saber se sou ou não um dos eleitos de Deus?" Amados, não é esta a pergunta. Esta pergunta não pode ser respondida agora, no atual estágio do processo; será respondida aos poucos. Mas por que razão você toca nesse assunto, a não ser para fechar seus olhos à séria pergunta que o texto levanta? Você quer ou não ficar são? Venha não se esquive da pergunta; venha até ela e a enfrente. Está disposto a se reconciliar com Deus, a obedecê-lo, ou não? Diga sim ou não, mas o diga com clareza. Se você deseja ser um inimigo de Deus, amar o pecado e a injustiça, então diga isso. Você terá sido honesto consigo mesmo e logo verá a si mesmo debaixo da verdadeira luz. Mas, se deseja realmente ser purificado do pecado e santificado, diga isso também. Não será coisa muito grande a ser dita, nada do que você deva se orgulhar. É nada mais do que um desejo, e isso nada tem que ver com glória.

"Bem", diz outro, "não tenho força para abandonar o pecado". Novamente, terei de dizer: a pergunta não é esta. É importante fazer distinção entre vontade e poder. Deus lhe dará o poder, esteja tranquilo, à medida que lhe der a vontade. O poder não existirá enquanto não houver vontade. Ao surgir à vontade, por menor que seja, surge algum poder; e então, quando a vontade se torna intensa, o poder se torna intenso também. Eles se erguem e caem sempre juntos. Mas essa não é a questão. Não lhe perguntei "o que você pode fazer?", mas, sim, "o que você gostaria de ser?" Gostaria de ser santo? Está, honesta e francamente, ansioso por ser liberto ainda hoje do poder do pecado? Esta é a pergunta, e eu realmente oro para que você, pelo amor de sua alma, olhe para o seu coração e responda a esta indagação diante dos olhos de Deus.

"Mas eu fiz muitas coisas ruins no passado", alega alguém, "e meus pecados de tempos passados me assombram". Embora eu fique feliz de que você tenha noção de seu pecado, quero lembrar-lhe, mais uma vez, que a pergunta não é essa. A questão não é quão doente você esteja, mas quão disposto a ficar são está. Sei que você é pecador, talvez até muito pior do que você mesmo acha que é. Por mais imundo que o seu pecado possa ser a seus olhos, ele, na verdade, é dez vezes mais sujo aos olhos de Deus. Assim, por natureza, você é um pecador totalmente perdido e condenado. Mas a pergunta agora é: *Queres ficar são?*, e não: "Você quer ter perdão de seus pecados passados e ser liberto da pena do pecado?" Não. Claro que isso irá acontecer. Mas, neste momento, você deseja ser liberto da concupiscência, que tem sido o seu prazer, e dos pecados que lhe têm sido os mais estimados? Você gostaria de ser liberto dos desejos de sua carne e de sua mente, dessas coisas das quais seu coração parece insaciável? Gostaria de se tornar aquilo que os salvos são que Deus é: santo, separado do pecado? É esse o desejo do seu espírito ou não?

3. Devo prosseguir agora para observar que existe uma grande quantidade de pessoas que *praticamente dizem "não"* a essa pergunta. Não fogem da pergunta, mas dizem honestamente "não". Ou melhor, devo modificar essa palavra. Tenho dúvida se elas honestamente dizem "não", pois, na verdade, dizem "não" com suas atitudes. "Eu gostaria de ficar são", declara alguém; mas, assim que o culto do Senhor acaba, volta para o seu pecado. Quem diz que gostaria de ser curado de sua doença, mas cede imediatamente, mais uma vez, àquilo que causou sua doença, só pode estar sendo desonesto ou insensato. Comer certos alimentos, digamos, faz que ele fique doente. O médico lhe diz que não mais faça isso; ele responde que sim, que deseja ser curado. Contudo, volta logo, mais uma vez, para os alimentos que causam a sua doença. É ou não um falso, um mentiroso? Aquele que diz que desejaria ficar são e brinca com seu velho pecado, não estará mentindo para si mesmo e para Deus?

Quando alguém deseja ficar são, costuma frequentar os lugares onde a cura é ofertada. Existem alguns, no entanto, que raramente vêm à casa de Deus, ou talvez venham apenas um domingo ou outro, de vez em quando ouvem o evangelho; ou então frequentam certos lugares chamados de lugares de adoração, mas onde o evangelho não é pregado, onde a consciência nunca é atormentada, onde as exigências da lei de Deus e as promessas do evangelho de Deus nunca são plenamente enfatizadas. Todavia, ficam bastante contentes em ter ido até ali e acham que fizeram bem, tal como um homem que, estando doente, não vai propriamente ao médico, mas a qualquer outro lugar onde haja suposta ação de cura, embora nenhuma cura jamais tenha realmente ocorrido por lá. Essa pessoa não deseja, na verdade, ficar sã; se o desejasse, não agiria desse modo.

Mais uma vez, quantos ouvem o evangelho, mas não ouvem com atenção! Uma notícia que venha da bolsa de valores será lida com os dois olhos;

haverá uma queda ou uma subida das ações. Um artigo comentando o rumo atual do comércio — como é devorado pelas mentes, como sugam rapidamente sua mensagem e, então, vão e praticam aquilo que deve ser feito. Basta, porém, que o sermão comece a ser pregado, e o ministro já é logo julgado pela maneira que prega — como se alguém lendo uma carta manuscrita estivesse interessado em que as letras maiúsculas não estão bem caligrafadas ou o ponto da letra "i" não caiu exatamente em cima da letra; ou, ainda, se um homem de negócios lendo um artigo sobre o comércio pudesse simplesmente criticar seu estilo, em vez de se concentrar em procurar entender seu significado e agir ou não de acordo com aquela explanação. Como podem as pessoas ouvir e achar que a coisa mais importante é dizer depois se gostaram ou não do sermão? Como se o pregador enviado por Deus devesse ficar preocupado se você gostou ou não do seu sermão! Pois, de fato, seu objetivo não é satisfazer seu gosto pessoal, mas salvar sua alma; não é receber sua aprovação, mas ganhar seu coração para Jesus e levá-lo a reconciliar-se com Deus. É difícil pensar se se deve ou não gostar da pergunta "Queres ficar são?" Nenhum paciente precisa gostar do bisturi do cirurgião. O cirurgião que conscientemente remove uma carne esponjosa ou rapidamente impede que uma ferida piore não pode esperar apreço e admiração por sua faca enquanto o paciente ainda a sente. Tampouco o pregador, ao declarar fielmente a verdade, espera dos presentes que o elogiem ou sua aprovação. Se suas consciências o aprovam, isso, sim, é o suficiente.

    Ah, meus ouvintes, vocês têm para nós, geralmente, ouvidos desatentos, ouvidos críticos, tudo, menos ouvidos dispostos à prática, o que só serve para provar que, afinal, embora encham nossas casas de oração, não estão interessados em ficar sãos. Muitos recebem o evangelho do mesmo modo que um paciente recebesse um livro sobre cirurgia e se distraísse com um conhecimento superficial dessa arte, não para descobrir o que poderia estar realmente ligado ao seu caso, muito menos para remover sua doença. É isso que vocês fazem também com a Bíblia. Vocês a leem como um livro sagrado, sim, mas sem ter grande interesse em seu conteúdo. Quão pouco vocês carregam consigo de um profundo desejo do coração de encontrarem Jesus, de se reconciliarem com Deus e serem libertos da ira divina por vir! Existem pessoas, portanto, que, tanto faz ouvir como não ouvir, dizem logo: "Não queremos ficar sãos".

Existem muitos, além disso, que não desejam ficar sãos porque o ato de serem feitos sãos envolveria a perda de sua posição atual na sociedade. Não querem abdicar de seus ganhos pecaminosos ou de suas companhias ímpias. A fé, segundo pensam, os envolveria em algum tipo de perseguição, e eles não gostariam de ser vistos com desprezo, fosse como um batista, um metodista, um presbiteriano. Não gostariam de arcar com a tremenda dificuldade de percorrer uma estrada pedregosa que possa levar ao céu. Preferem até ir para o inferno, contanto que a estrada que os leve até lá seja plana e agradável. Acham ser melhor estar perdido com a aprovação dos tolos do que estar salvo sob o escárnio dos ímpios. Julgam inconveniente ser gracioso, enfadonho ser piedoso, desonroso ser devoto e que é tolice ser correto. Ficariam plenamente satisfeitos em receber a coroa da glória sem luta, a recompensa sem a prestação do serviço. Desfrutariam assim da doçura da saúde da alma, sem terem de se juntar aos miseráveis e imundos. Pobres tolos!

Graças a Deus, existem alguns que podem dizer "sim, sim, eu quero ficar são", e é sobre eles que vou falar a seguir.

III

Uma resposta afirmativa sincera à pergunta leva a concluir que uma obra da graça está sendo iniciada na alma.

Se qualquer dos meus ouvintes puder sinceramente dizer "sim, meu grande desejo é ser liberto do pecado", meus queridos amigos, fico imensamente feliz com o privilégio de lhe ter falado esta manhã. Sim, você pode dizer: "Isso não é medo de punição; pois o pecado é punição suficiente para mim. Se eu fosse para o céu continuando a ser o pecador que sou, então não seria céu para mim. Quero ficar limpo de todas as minhas faltas, sejam de pensamento, palavras ou atos; e, se eu puder ser perfeito mesmo sendo doente ou pobre, serei perfeitamente feliz". Se o Senhor fez que você desejasse a santidade, já existe no seu coração o embrião da graça, a semente da vida eterna. Brevemente você estará se regozijando por haver nascido de novo e ter passado da morte para vida. Você deve estar dizendo: "Quem me dera pudesse ver isso concretizado, quem me dera pudesse sentir essas coisas!" Na verdade, não creio que uma pessoa destituída da graça possa ter desejo sincero, honesto e intenso de santidade. Assim, se você deseja usufruir da alegria e da paz que daí resultam, devo lhe dizer, com toda a sinceridade, o que Jesus disse ao pobre homem em Betesda: "Toma o teu leito e anda". Ouça, portanto, a palavra do Senhor, esta manhã. Confie nele agora, imediatamente, confie na obra completa de Jesus Cristo, punido na cruz, como nosso substituto, pela culpa do homem. Confie nele e você será uma alma tanto alegre quanto salva. "Por acaso tenho poder para crer em Cristo?", pode alguém perguntar. Eu respondo: "Sim, você tem poder. Eu não diria a todo homem 'você tem poder de exercer sua fé', pois o desejo da vontade é morte para o poder moral. Contudo, se você está disposto, tem o direito, o privilégio, o poder de crer que Jesus morreu por você, de crer que Deus o levou a desejar a santidade, preparada para você. O instrumento por meio do qual isso vai agora se realizar em você é a sua fé. "O mesmo Espírito que opera em você o querer está efetuando agora o realizar, segundo a sua boa vontade" (Filipenses 2:13). Então, olhe para Cristo e seja salvo. Oro para que alguns de vocês possam alcançar esta manhã a paz perfeita, ao olharem para Cristo.

"Eu desejo a santidade", diz você. Sim, e ela pode parecer uma coisa estranha, mas, verdade seja dita, enquanto você procurar santidade em si mesmo, nunca a encontrará; mas se você olhar para fora de si mesmo, na direção de

Cristo, a santidade chegará a você. Nesse exato momento, o próprio desejo que você terá virá a você procedendo dele. É o início do novo nascimento de sua alma. Oro para que você olhe para fora, para bem distante de seus melhores desejos, na direção do Cristo na cruz; este será o momento da sua salvação.

Pode parecer pouco ter um desejo, mas esse desejo que descrevi não é pouca coisa; é muito mais do que a natureza humana já produziu por si mesma, e somente Deus, o Espírito eterno, pode implantá-lo. Estou persuadido de que uma fé viva e salvadora sempre caminha com ele e, mais cedo ou mais tarde, chega à superfície, trazendo consigo alegria e paz.

IV

Por fim, se esta pergunta for respondida de forma negativa, devo lembrar, corre-se o perigo da presença dos mais temíveis pecados.

Gostaria de não ter de pregar sobre este último ponto, mas preciso fazê-lo, por mais doloroso que seja. Existem alguns aqui, como em toda parte, que não estão dispostos a ficar sãos. Você, meu amigo não convertido, espero que não possua esta disposição. Se não, enfrente isso agora, eu oro, ou terá de enfrentar tal situação em breve. É simples. Se você prefere a si mesmo, em detrimento de Deus; se você prefere agradar a si mesmo em vez de agradar-lhe; se prefere o pecado à santidade — olhe para isso com atenção e de maneira justa. O pecado tornou-se sua própria escolha, sua opção intencional. Você se acha pecando agora e frequentemente, e o faz e o fará, temo eu, e continuará a fazê-lo, se a graça de Deus não o impedir Encare essa questão, pois no leito de morte, quem sabe, em breve, você a verá sob a luz da eternidade. Há de confirmar, então, que preferiu os prazeres desta vida ao céu; preferiu a diversão e o deleite, a justiça própria, o orgulho e a vontade própria, em alguns anos passageiros, à glória e à bênção de obedecer perfeitamente a Cristo e de estar em sua presença eternamente, para sempre. Quando você morrer — ou melhor, quando passar a viver em outro estado —, você irá maldizer a si mesmo por ter feito a escolha errada que fez. Quando estiver agonizante, moribundo, mas não salvo, um pensamento surgirá em sua mente: "Oh, não estou aqui a contragosto nesta condição de não salvo, mas, sim, porque, tolamente, não quis ficar são, não quis ser um crente em Cristo, quis ser um insensato pecador impenitente. Ouvi várias vezes o evangelho e o tive diante de mim, mas deliberadamente o passei para trás e assim permaneci naquilo que sou; e agora morro não perdoado e não santo, e isso por uma tola escolha minha". Lembre-se: nenhum homem espiritualmente doente pode entrar no céu. É preciso tornar-se são; caso contrário, será excluído da glória. Não podemos ingressar no Santo dos Santos sem que sejamos santos. Você, ó alma não curada, se permanecer como está jamais poderá se colocar na presença de Deus. Você escolheu, de maneira deliberada, nunca ser admitida nos átrios do paraíso.

Além disso — e como isso vai atingi-lo em breve (quão cedo eu não sei, nem você) —, não podendo entrar no céu, não tendo sido eleito para entrar no céu, restará apenas outra coisa, ou seja, ser lançado fora da presença de Deus, nas chamas eternas de sua ira. O fato de você perecer por seu próprio consentimento certamente será um dos aguilhões do inferno. Você irá clamar: "Eu escolhi isso, eu escolhi isso. Que tolo eu fui, pois desejei isso". O que é o inferno? É o pecado plenamente desenvolvido. Quais serão seus pensamentos no inferno? "Eu escolhi isso, essa coisa que me envolveu em uma miséria para a qual nunca pude ver qualquer saída; é uma morte da qual não pode haver libertação. Devo morrer para Deus, para a santidade e para a felicidade e existir para sempre nessa morte eterna, nessa punição eterna; e tudo porque desejei ter isso, porque é resultado de decisão do meu próprio livre-arbítrio."

Por favor, encare isso, eu lhe peço. Este parece ser o mais terrível elemento de toda a situação do pecador perdido. Se, ao ser lançado no inferno, eu pudesse dizer "estou aqui por causa de um decreto de Deus e por nenhum outro motivo", então poderia encontrar alguma coisa com a qual robustecer o meu espírito para suportar a penúria da minha condição de perdido. Mas se no inferno eu for compelido a sentir que a minha ruína é uma coisa provocada única e tão somente por mim mesmo, e que eu pereci por causa do meu próprio pecado, por minha rejeição pessoal a Cristo, então o inferno é realmente um inferno. Estas chamas, foram elas acesas por mim mesmo? Esta prisão, é ela uma construção feita por mim? Esta porta tão firme é a minha própria barreira? Então, tudo o que restava de consolação será retirado da minha alma para sempre.

 Contudo, meu querido ouvinte, espero que você diga "eu realmente desejo ficar são". Então, deixe-me lembrá-lo, mais uma vez, que o único lugar para encontrar a realização desse desejo é ao pé da cruz. Coloque-se ali e espere pelo grande redentor. Já existe alguma vida em você, e o Salvador vai aumentá-la. Coloque-se diante da cruz, de onde são derramadas suas preciosas gotas de sangue. Creia que ele derramou esse sangue por você e que você é salvo. Vá então até ele, você, que deseja ficar são. Jesus também assim o deseja. E lhe diz: "Quero; sê limpo" (Lucas 5:13).

5

Crês tu no Filho do Homem?

*Soube Jesus que o haviam expulsado; e achando-o perguntou-lhe:
Crês tu no Filho do homem?*

(João 9:35)

OS olhos do Senhor Jesus estão sempre sobre os seus escolhidos, e ele sabe de todas as situações que lhes sobrevêm. "Soube Jesus que o haviam expulsado" (João 9:35). Jesus havia feito muito por esse homem para que pudesse esquecê-lo. A lembrança daqueles a quem a graça realiza sua obra permanece, como está escrito: "Almejarias a obra de tuas mãos" (Jó 14:15). Que sejamos confortados por isso: se algo acontecer que nos cause tristeza, Jesus sabe e agirá de acordo.

Nosso Senhor buscava aquele que fora expulso da sinagoga. Sem que ele lhe tivesse pedido, Jesus lhe abrira os olhos. Sem que Jesus tivesse sido procurado, ele é quem procurou o homem que havia curado, em um momento de dificuldade. Não foi fácil, certamente, encontrá-lo, mas nosso Senhor é muito paciente e eficiente na busca de suas ovelhas perdidas e perseverou até conseguir achá-lo. Se nós, a qualquer momento e por qualquer motivo, formos lançados fora de Cristo por incrédulos ou religiosos cheios de orgulho, o Senhor irá nos encontrar, mesmo que não o possamos achar. Bendito seja o seu nome!

O objetivo do nosso Senhor era prestar a esse homem realmente um serviço. Ele fora expulso da sinagoga e precisava de conforto. Contudo, mais que confortá-lo, seria bem melhor para ele levá-lo para frente e para o alto na vida espiritual. Assim, a maneira escolhida por nosso Senhor para confortá-lo foi lhe fazer uma pergunta-chave, que levaria a uma sondagem do seu coração e iria sugerir um grande avanço espiritual. Não seria certamente a maneira que você e eu normalmente seguiríamos nesse caso, mas os planos de Jesus não são os nossos, nem seus pensamentos são os nossos pensamentos. A sabedoria justifica seus métodos próprios. Quando alguém enfrenta um problema na alma, a melhor atitude é levá-lo a olhar para sua própria condição diante de Deus, assim como, especialmente, para sua fé; pois, ao constatar que se acha exatamente no meio da mais importante questão para o ser humano, isso lhe servirá de garantia de um verdadeiro manancial de conforto. Temos certeza de que nosso Senhor fez uso do melhor meio para levar esse homem a uma confiança bem embasada quando indagou: "Crês tu no Filho do homem?" (João 9:35).Por meio dessa pergunta, Jesus o ajudou a realizar um considerável avanço na fé, pois, embora o pobre homem tivesse crido em Jesus na medida de sua compreensão, seu conhecimento dele era escasso. Agora, aprenderia que aquele que abriu seus olhos era o próprio Filho de Deus. Esta é a fé que a pessoa de nosso Senhor merece que tenhamos, mas que muitos nunca lhe dedicam e, por falta disso, deixam de usufruir do grande poder de sua graça. O homem fora expulso da sinagoga e, assim, colocado debaixo da maldição da igreja judaica. Contudo, a confiança no Filho de Deus logo removeria qualquer perturbação interior que pudesse sentir por causa disso. Aquele que desfruta do favor do Filho de Deus não treme diante da reprovação do Sinédrio.

Oh, que o Senhor possa confortar muitos nesta manhã enquanto coloco diante de vocês esta pergunta pessoal: "Crês tu no Filho do homem?". Aos jovens e idosos, ricos e pobres, dirijo este solene questionamento. Não se trata de uma inquirição perturbadora sobre um assunto confuso, mas tão somente de uma pergunta simples e urgente que diz respeito a todos aqui presentes; não um problema profundo ou intrincado — como uma questão de livre-arbítrio ou de predestinação, de pré-milenarismo ou pós-milenarismo, mas, sim, uma questão prática, premente e atual, referente a qualquer pessoa em sua vida diária e neste exato momento. Imagine cada um de vocês que eu esteja agora colocando minha mão sobre seu ombro, olhando-o bem nos olhos e indagando, com toda a franqueza: "Crês tu no Filho do homem?". Não é uma pergunta que se pudesse possivelmente levantar durante uma forte controvérsia, pois ela não tem que ver senão com a própria pessoa, com você mesmo e somente com você. Independente da discussão que possa gerar, ficará confinada a você, dentro do seu coração. Relaciona-se apenas a você, tanto assim que é colocada, no verbo, no singular: "Crês tu no Filho do homem?". Foi o próprio Senhor Jesus quem a fez àquele homem. Considere, portanto, que é o próprio Jesus que a faz diretamente a você hoje, esta manhã, a você mesmo, não à sua esposa, ao seu esposo, à sua irmã ou ao seu amigo.

I

Começarei abordando essa questão, com a ajuda do Espírito Santo, com o comentário de que *esta pergunta precisa ser feita*. Não deve ser considerada como obviamente respondida só pelo fato de você pensar que crê no Filho de Deus. "Oh, sim, eu sou cristão", diz alguém. "Nasci em um país cristão, fui levado à igreja desde bebê, batizado e até crismado, reafirmando o credo. Acho que, certamente, isso é prova suficiente de minha fé!" Ou então, possivelmente, você diga: "Minha mãe me levava às reuniões de sua igreja antes mesmo que eu soubesse andar e, desde então, jamais abandonei os caminhos do não conformismo"[1]. Tudo isso pode ser verdade, mas não é a questão. "Crês tu no Filho do homem?" é uma pergunta espiritual e fundamental que não pode ser deixada de lado. Você poderá responder: "Mas meu caráter moral tem sido sempre correto. Nos negócios, cumpro todas as minhas obrigações e estou sempre pronto a ajudar qualquer instituição de caridade". Fico feliz em ouvir tudo isso. Ainda assim, não toca no assunto que temos aqui neste instante. A indagação vai mais a fundo do que sua conduta externa. Ouça mais uma vez: "Crês tu no Filho do homem?".

Há muitas pessoas de moral elevada, amáveis, generosas e até mesmo religiosas que não creem no Filho de Deus. Perdoe-me, mas não posso deixar que você se esconda na multidão; tenho de apontar para você com santa veemência, em uma ênfase tal que até me possa esquecer da cortesia por um instante, e lhe perguntar, para o seu bem: "Crês tu no Filho do homem?".

Embora esse homem tenha sido rigorosamente obediente, nosso Senhor não deixou de lhe fazer esta pergunta. Pode estar falando a alguns de vocês que digam: "Eu tenho sido plenamente obediente às normas da religião. Tudo o que sei ser uma ordem de Deus em sua Palavra, tenho cumprido cuidadosamente". Está bem; mas não foi isso o que aconteceu com aquele homem cego? O Salvador colocou lodo sobre seus olhos e lhe ordenou que fosse ao tanque de Siloé, para se lavar e retirar o lodo. E o homem fez exatamente o que lhe fora mandado fazer. Não foi a outro tanque, mas, exatamente, ao tanque de Siloé. Não procurou se livrar do lodo de seus olhos de qualquer outro modo senão pela lavagem no tanque. Foi inteiramente fiel e obediente a Cristo, e, mesmo assim, o Senhor lhe indagou: "Crês tu no Filho do homem?" Nenhuma observância de natureza exterior, por mais cuidadosamente que seja executada, irá superar a necessidade desse questionamento: "Crês tu no Filho

---

[1] Os "não conformistas" foram reformadores na Inglaterra que desejam uma reforma religiosa melhor e mais pura na Igreja da Inglaterra (Anglicana).

do homem?" Acredito até que alguns de vocês possam não ter sido muito rigorosos em cumprir determinadas ordenanças exteriores e, sob esse aspecto, julguem-se um tanto culpados; todavia, mesmo que tivessem sido rigorosamente exatos, nenhuma observância exterior, por mais bem realizada que fosse, poderia eximi-los da pergunta "Crês tu no Filho do homem?".

Acresce, ainda, que aquele homem *havia passado por uma experiência incomum e notável*. Ele chegou até a declarar: "Uma coisa sei: eu era cego, e agora vejo" (João 9:25). Jamais poderia, evidentemente, esquecer a longa noite escura que vivera durante toda a sua infância, sua juventude e até então em sua vida adulta. Todos aqueles anos sem nenhum raio de luz para alegrá-lo! Para ele, dia e noite eram a mesma coisa. Encontrava-se em total pobreza, em meio a uma noite lúgubre, em que nunca pôde aprender a fazer outra coisa senão mendigar. Quando a água refrescante do tanque tocou seus olhos e removeu o lodo, a luz do sol brilhou intensamente sobre aquela antiga noite tão longa, e ele enxergou! Passou, portanto, por uma mudança radical, e, ainda assim, o Salvador lhe perguntou: "Crês tu no Filho do homem?" Você também, meu caro ouvinte, pode já ser um homem mudado e, no entanto, é possível que não seja ainda realmente um crente no Filho de Deus. Você, minha querida irmã, pode ser uma mulher bastante diferente da que costumava ser, e é possível que sua experiência seja bastante tocante e até mesmo digna de ser registrada; todavia, essa pergunta deverá ser feita a você também! Qualquer que tenha sido sua experiência, meu irmão, minha irmã, não deixe de fazer agora um autoexame. Não alegue: "Eu não preciso fazer essa pergunta a mim mesmo. A experiência que tenho estabelece inteiramente minha posição. Não sou tão imaturo a ponto de precisar olhar para dentro de mim mesmo ou ter dúvida com relação à minha fé. Um caso como o meu é livre de qualquer suspeita". Não fale assim, simplesmente porque nosso Senhor, que conhecia totalmente a mudança que se havia operado naquele homem, ainda assim lhe indagou: "Crês tu no Filho do homem?" Posso, portanto, tomar a liberdade de fazer, até à melhor e mais notável pessoa aqui presente, essa mesma pergunta pessoal: "Crês tu no Filho do homem?".

Além de ter recebido a visão física, aquele homem *alcançou certo grau de fé no Senhor Jesus*. Se percorrermos o capítulo, veremos que ele demonstra algum tipo de fé em Cristo enquanto ainda não de todo curado, do contrário não teria ido a Siloé remover o lodo dos olhos. Quando passou a enxergar, não duvidou que Jesus o havia curado, mas reconheceu o fato. Declarou também sobre o Senhor: "É profeta". Foi mais longe ainda, ao dizer mais tarde: "Se este não fosse de Deus, nada poderia fazer" (João 9:33). Creu, enfim, até o ponto em que sua luz lhe permitiria crer, o que mostra, no entanto, que a semente da fé já fora lançada nele. Contudo, insistimos, nosso Senhor Jesus Cristo ainda lhe perguntou: "Crês tu no Filho do homem?".

É bem possível também, amados, que nenhum de vocês tenha sido atacado de ceticismo. É possível que nenhum de vocês tenha sequer examinado alguma vez o fundamento de sua fé, porque jamais tenha sido tentado a suspeitar desse fundamento. Têm aceito o evangelho desde a infância ou a juventude como uma verdade clara e, assim, crido nele sem se abalar. Dou graças a Deus que isso tenha acontecido a vocês. Ainda assim, responda: você crê em Jesus Cristo como o Filho de Deus? Para você, Jesus é Deus? Confia nele inteiramente como alguém capaz de fazer de tudo e qualquer coisa por você? Ele seria capaz, para você, de "salvar perfeitamente os que por ele se chegam a Deus" (cf. Hebreus 7:25)? Se assim não for, que o Senhor o ajude a dar esse passo mais elevado; pois, sem este passo, você não terá recebido de fato o verdadeiro Cristo de Deus. Não adianta muito, no caso, dizer: "Oh, sim, eu creio em Cristo, o mais nobre dos exemplos; creio em Cristo, o mais instrutivo dos profetas". Não. Você acredita nele como *o Sacrifício*, como *o Sacerdote*, *o Salvador*, *a Salvação*? Reunindo tudo isso em uma única questão: Crê nele *como o Filho de Deus*? Crê no Filho de Deus conforme revelado nas Sagradas Escrituras?

Crês tu no Filho do Homem?

Aquele homem, além disso, *falou corajosamente a favor de Cristo*, como podemos ver nesse capítulo de João. Já disse alguém que "ele falou como um troiano"; pois eu diria: "como um espartano". Ele foi inteligente, astuto, perspicaz, não dando margem a se continuar inquirindo-o. Os letrados doutores da lei nada eram, comparados ao mendigo cego cujos olhos haviam sido abertos. Ele se levantou em defesa do homem que lhe dera a visão e não permitiu que nenhuma acusação fosse lançada contra Jesus. Suas declarações foram breves, mas completas. Suas respostas foram irrefutáveis. Quem poderia imaginar que um mendigo cego desse pudesse montar um argumento tão lógico da forma que ele o fez? Todavia, a esse sábio e ousado confessante, o Salvador indagou: "Crês tu no Filho do homem?". Ah, meu amigo, um pregador pode ser capaz de apresentar o evangelho de maneira bastante clara e reforçá-lo com argumentos dos mais fortes. Contudo, até mesmo no seu caso a pergunta precisa ser lançada: "Crês tu no Filho do homem?".

Alguns de vocês certamente conhecem ou já ouviram falar de um fato que é narrado em um dos livros de Krummacher. Eu mesmo já quase o havia esquecido, mais creio que é mais ou menos assim. Um pregador fez um sermão solene em um domingo, e na segunda-feira um de seus ouvintes o procurou e disse: "Pastor, se o que disse no seu sermão for verdade, o que será *de nós*?" Se ele tivesse dito "o que será de *mim*?", o pregador teria explicado o evangelho com mais detalhes e da maneira usual. Mas a pessoa usou a palavra "nós". Quase inconscientemente, o visitante havia dito: "Pastor, se essas coisas forem assim, o que *nós* faremos?" Foi o Senhor quem o fez usar esse pronome plural, para despertar o pregador, que não era convertido, mas achava que o fosse. Que nós, que falamos em nome de Deus, também possamos ouvir o Senhor nos falar! Conheço um bom pregador e aprecio muito o fato de que, um dia, enquanto ele pregava como já o fazia há anos, foi salvo por meio de aplicação pessoal do seu próprio sermão. É ministro da Igreja da Inglaterra; no entanto, na verdade, mal conhecia o Senhor. Enquanto pregava, o Senhor aplicou com poder em seu coração uma verdade do evangelho, que o afetou de tal modo que aquele homem passou a falar com a expressão da convicção natural de um ser renovado. Um metodista que estava sentado na plateia, percebendo então o que acontecera, exclamou: "O vigário se converteu! Aleluia!", e todas as pessoas irromperam em exortações de louvor. O próprio pregador uniu-se à alegria de todos e, juntos, cantaram a doxologia. "A Deus, supremo benfeitor, vós, anjos e homens, dai louvor". Que grandiosa misericórdia é essa com que o próprio garçom da festa do Senhor é alimentado! Acaso não deveriam aqueles que levam o bálsamo de cura ao doente poderem também ser curados? Não tenho vergonha de falar no nome do meu Senhor nem de defender sua causa ante os seus inimigos. Pelo contrário, eu me lembro sempre de que poderia fazer tudo isso e, ainda assim, não conhecer o rei de quem tenho sido um arauto. Ó amigos, quão terrível seria expulsar demônios em seu nome e ainda ser ele um desconhecido para mim! Eis por que fazemos, portanto, esta pergunta: "Crês tu no Filho do homem?"

Aquele homem foi ainda mais longe do que isso: *sofreu por Cristo*. Foi expulso da sinagoga por ter dado testemunho do poder de Jesus. Apesar dessa sua meritória atitude, veio a ouvir a pergunta de Jesus: "Crês tu no Filho do homem?". Você, meu caro amigo, pode ter sido ridicularizado por seus parentes em razão de sua religiosidade; pode ter deixado uma situação cômoda em troca de sua determinação em ser sincero, equilibrado e puro. Pode ser até que, neste exato momento, esteja sob a disciplina de alguma igreja de coração frio porque foi mais direto do que era esperado. Contudo, por mais que eu aprecie realmente sua fidelidade, você deve me desculpar se insisto demais com você em nome do Senhor e indago, como Cristo fez àquele homem: "Crês tu no Filho do homem?". Uma coisa é sermos heróis para os demais, e outra, sermos heróis de verdade na câmara secreta de nossa própria alma. Você pode ser ousado em sua confissão, mas crê, de fato, no Senhor Jesus? Sua ousada confissão pode ser apoiada por sua vida? Espero que você não seja,

CRÊS TU NO FILHO DO HOMEM?

por exemplo, um Defensor da Fé nos moldes de Henrique VIII, que usava o título, mas de modo algum era digno dele. Então, meu amigo eloquente, você vive como fala? Sente o mesmo que desejaria que eu sinta? "Crês tu no Filho do homem?"

Até o final da minha fala, amigos, vocês hão de verificar que não terei deixado que ninguém escape dessa pergunta pessoal. Meu respeitável amigo, que tem sido oficial nesta igreja por mais tempo que qualquer outra pessoa, não se recuse a fazer essa pergunta a si mesmo. Minha amada irmã em Cristo que tem dirigido uma classe de estudo bíblico por vários anos ou tem sido tão útil nas classes da escola dominical — nenhuma de vocês deverá se recusar a responder a esta pergunta: "Crês tu no Filho do homem?". Devo ousar fazer também a pergunta a outro ministro. Meu amado pai em Cristo, de quem não sou digno de desatar a correia da alparca, devo perguntar até mesmo a você, como faço, igualmente, a pergunta a mim mesmo: *Crês tu, tu mesmo, verdadeiramente, no Filho do homem?*

Essa questão deve ser levantada, e levantada para todos, porque muitas são as pessoas hoje em dia que não creem no Filho de Deus. Muitas pessoas ficariam profundamente ofendidas se lhes negássemos o direito ao título de cristão —, mas não conhecem, na realidade, o Filho de Deus. Essas pessoas são capazes de admirar um homem que lhes pregue um sermão mostrando que podem ser cristãos sem crer que Jesus é Deus. Jamais pregarei um sermão assim, a não ser que haja perdido a razão. Contudo, coloco diante desta atual era descrente a pergunta vital: "Crês tu no Filho do homem?" Se você não crê assim, sua fé está longe daquela que Cristo gostaria que você tivesse. Você precisa, então, dar mais atenção a esse aspecto, para que não venha impedir você de entrar na glória. Com um Salvador não divino, você terá, quando muito, uma religião não salvadora. O que me diz disso? Vai crer no Filho de Deus ou seguir com a multidão que não vê nele nada mais que um bom homem?

Acho que todo mundo aqui seria capaz de dizer: "Não precisa se desculpar meu caro pregador, por fazer essa pergunta, pois é uma pergunta que devemos fazer a nós mesmos". Realmente, sei que é assim. Mas quem vive uma vida tão pura a ponto de nunca ter de abordar esse assunto? Já ouvimos pessoas criticarem a letra de um hino que diz:

Há algo que conhecer desejo,
Dúvida que me assola aonde vou:
'Amo o Senhor a quem não vejo?
Sou dele de fato ou não sou?'.

No entanto, se existe alguém que jamais tenha tido uma dúvida que o assolasse com relação à sua verdadeira condição de cristão, então ficaria muito preocupado quanto a essa pessoa. Um de nossos poetas disse muito bem:

Aquele que nunca duvida do seu estado
Talvez o perceba com um mortal atraso.

Existem muitas coisas ligadas a todos nós de que devemos nos lamentar. Isso nos leva a fazer perguntas como: "Será a minha fé uma fé que trabalha pelo amor e purifica a alma? Creio realmente no Filho de Deus?" Por vezes, regozijamo-nos em uma certeza absoluta de nossa fé em Cristo, e "o Espírito mesmo testifica com o nosso espírito que somos filhos de Deus" (Romanos 8:16). Em outras ocasiões, porém, somos atormentados por grandes questionamentos de coração, e nenhuma pergunta nos causa certamente maior angústia do que esta: *Creio realmente no Filho de Deus?* Ai de nós se, depois de tudo o que confessamos, da nossa experiência e do nosso empenho, tenhamos, afinal, nada mais do que algo que pode ter o nome de fé e aparência de fé, mas de cuja vida nos vemos destituídos em nossa alma. Sim, a pergunta feita por Jesus, nesse texto bíblico, é uma questão que tem de ser necessariamente levantada.

II

Em segundo lugar: *a pergunta pode ser respondida*. Tenho certeza de que pode ser respondida; caso contrário, o Senhor não a teria feito. Ele nunca deixou de ser prático a ponto de sair pelo mundo fazendo perguntas aos homens sobre eles mesmos que não pudessem receber uma resposta. "Crês tu no Filho do homem?" é uma pergunta à qual você pode dar uma resposta, se desejar — "sim" ou "não". Quero conduzi-lo, então, ao aspecto prático dessa questão.

Seria certamente a coisa mais triste do mundo se ela não pudesse ser respondida. Supondo que fôssemos condenados a viver em um estado de dúvida perpétua quanto a sermos crentes no Senhor Jesus, isso envolveria nos encontrarmos em estado de constante ansiedade. Se eu não tivesse a certeza de estar ou não sob o favor de Deus, cairia em condição de plena tristeza. Lembro-me de ter ouvido um ministro cristão dizer um dia, em público, que nenhum homem pode ter a certeza de ser salvo. Fiquei então pensando se o que ele tinha a pregar seria digno de ser pregado, pois, se não podemos saber que somos salvos, não podemos ter certeza de que estamos em paz com Deus. Isso é o mesmo que correr riscos a todo momento. Não pode haver paz na mente de um homem se não sabe que é salvo. É como um navegante receoso de que o seu barco pudesse estar fora de rota e viesse repentinamente a bater contra uma rocha ou um banco de areia, mas sem saber se isso de fato aconteceria ou não. Ele não teria descanso até fazer suas medições e descobrir sua posição em relação aos riscos do mar, a fim de poder chegar a salvo ao porto desejado. Continuar sem saber se o rumo tomado era o correto seria estar constantemente sob temor e cortejar o perigo. Deixar sua fé em questionamento é arriscar um ponto vital. Quem deixa essa questão tão crucial sem exame torna sua consciência profundamente abalada.

Existe uma possibilidade de saber com certeza se você crê no Filho de Deus. Por acaso eu disse *uma* possibilidade? *Milhares* já alcançaram essa certeza. Você pode saber que crê no Filho de Deus tão certamente quanto sabe que existe a rainha da Inglaterra ou que você mesmo existe. E isso pode ser alcançado sem que você caia no fanatismo ou na pressuposição. Muitos entre nós estão tão habituados à fé no Senhor Jesus que não poderíamos questionar a existência de fé em nosso próprio coração, do mesmo modo que sabemos com certeza que nosso coração está batendo. Mesmo essas pessoas tão firmes. no entanto, não evitam um exame. Para elas, quanto mais questionamento, melhor, pois sua esperança tem fundamento seguro e profundo. Elas podem dar a razão da esperança que têm em si. Tão certa quanto a certeza matemática é a certeza do crente no Senhor Jesus, porque "sabemos em quem temos crido, e estamos certos de que ele é poderoso para guardar o nosso depósito" (2Timóteo 1:12). Há crentes em nosso Senhor Jesus que têm passado cerca de trinta anos sem uma dúvida sequer de sua fé nele porque essa fé tem sido exercitada diariamente.

O irmão pode responder à pergunta "crês?" porque está crendo neste exato momento. Está crendo de maneira clara e intensa. Aqueles que habitam na luz da face do Senhor e sentem o Espírito Santo dentro deles, dando testemunho juntamente com seu espírito, estão, sem dúvida, de posse de sua fé. Se sentimos um amor abrasador por Deus, repúdio cada vez maior pelo pecado, vontade de lutar contra o mal que está no mundo e ter algo da semelhança com Cristo, podemos seguramente deduzir que esses frutos nascem da raiz da fé. Por causa da obra do Espírito Santo sobre nossa vida e nosso coração, sabemos que estamos certos de que cremos em Jesus como Filho de Deus. Espero estar falando a muitos nesta manhã que desfrutam desta segurança e sabem que já passaram da morte para a vida.

Crês tu no Filho do Homem?

Para alguns, é somente uma questão de consciência. Como posso saber que vivo, respiro, fico em pé e ando? Não posso explicar-lhe como chego à certeza quanto a tudo isso, mas estou bem certo de que vivo, respiro e assim por diante. Na verdade, o poder de questionar o fato já implica isso. Do mesmo modo, o cristão pode ter certeza de que crê que Jesus é o Filho de Deus e, embora não seja capaz de dar uma prova lógica disso, pode ter consciência em sua própria alma de que realmente é assim. Está correto em sua segurança, pois a própria capacidade de estar ansioso em relação à graça é uma evidência da graça. Se você tiver algum questionamento quanto a ter sido crente ou não nestes últimos vinte anos, não fique lutando com essa pergunta: passe a crer de uma vez, tendo o Senhor como seu ajudador. Volte seus olhos para a cruz e se entregue totalmente a Cristo neste exato momento. Então, você há de crer, e seu ato brilhará como a sua própria prova. Diga do fundo do seu coração:

Tal qual estou, sem esperar
Que possa a vida melhorar,
No teu poder vou confiar.
Ó salvador, eu venho a ti.[2]

Vindo a Jesus dessa forma, você saberá que veio e, continuando a vir, ficará cada vez mais certo de que a ele chegou. Não deixe que o passado seja a questão principal em sua vida, mas firme-se, sim, no presente imediato. Que o Espírito Santo derrame sobre você o fogo sagrado, de tal modo que você sinta de imediato suas labaredas. Diga "eu agora creio no Filho de Deus", que é a melhor maneira de responder à pergunta sobre a sua condição.

Todavia, se você precisa de mais ajuda ainda para resolver essa questão, *existem marcas e evidências de fé verdadeira* com as quais pode testar

---

[2] Terceira estrofe do hino 300 do *Hinário para o culto cristão* (HCC).

prontamente a si mesmo. Se você se perguntar "creio no Filho de Deus?", responda então, primeiro, a outra pergunta: Cristo é realmente precioso para você? Para aqueles que creem, ele é precioso. Se você o ama e o valoriza como o que há de mais precioso para você, na terra ou no céu, saiba que nunca poderia ter tal apreciação se não fosse crente. Diga-me, agora: você já passou pela mudança chamada "novo nascimento"? Você passou por um processo que poderia ser descrito como ser retirado das trevas e levado a uma maravilhosa luz? Se isso aconteceu, seu novo nascimento é a mais firme evidência de fé, pois são coisas inseparáveis. Enquanto a fé é uma prova da regeneração, a regeneração é uma prova de que você tem fé no Filho de Deus.

Pergunto ainda: você é obediente a Cristo? Pois a fé opera por amor e purifica a alma. É isso o que acontece com você? O pecado se lhe tornou amargo? Você agora o detesta? A santidade se tornou algo doce para você? Você a busca? Não estou perguntando se você é perfeito, mas se a sua vida toda está caminhando no sentido de buscar ser a melhor pessoa possível. Pode afirmar, de coração, que, se pudesse viver totalmente sem pecado, seria este o maior prazer que poderia ter? Pode também dizer que a perfeição absoluta seria o céu para você? Ah! Isso mostra, então, qual o caminho que sua mente está seguindo. Mostra haver uma mudança de natureza em você, pois nenhum coração não renovado busca a santidade. Seu coração está pendendo para a direção da norma e da soberania perfeitas de Cristo, e estou certo, portanto, de que você crê que ele é o Filho de Deus. Você descansará nele com uma fé viva e verdadeira se tomar verdadeiramente a sua cruz e o seguir. Mais uma vez: você ama a Deus? Ama o seu povo? "Nós sabemos que já passamos da morte para a vida, porque amamos os irmãos" (1João 3:14). Você ama a Palavra de Deus? Alegra-se em sua adoração? Você se curva obedientemente como ovelha ante seu cajado de pastor, para que possa tomar do cálice que transborda e dizer "seja feita a tua vontade"? (Mateus 6:10). Essas coisas provam que você tem fé em Jesus. Olhe bem para elas!

Mas, supondo que, depois de superados todos os questionamentos e testes, você ainda diga: "Senhor, essa é uma pergunta muito séria e exige grande cuidado. Ainda não estou tranquilo com relação a ela", siga, então, aquele que fora cego e o seu método. Quando perguntado "Crês tu no Filho do homem?", ele se voltou para o Senhor que assim lhe indagava e respondeu com outra pergunta. *Na verdade, podemos sempre buscar ajuda em Jesus*, de modo que, então, ele indagou: "Quem é Senhor, para que nele creia?" (João 9:36). Volte-se, então, no momento de sua aflição, e clame: "Senhor Jesus, eu imploro que tu me ensines a te conhecer melhor para que eu possa ter mais fé em ti". Vá a Jesus para obter fé nele. Por outro lado, *há certas grandes verdades das quais a fé se alimenta*. Para estar certo de que você tem fé, é muito bom pensar nessas verdades. Que o Senhor se agrade especialmente em revelar a si mesmo a você, para que possa conhecê-lo e, assim, crer nele! Ó alma, você não estará mais em dúvida se perceber essas coisas gloriosas em relação ao seu Senhor! Saiba quem ele é, o que ele é e o que faz; isso irá capacitá-lo a crer em Jesus como o Filho de Deus. Do mesmo modo que, durante o Império Romano, os homens estavam acostumados a "apelar a César" quando muito pressionados e atribulados em julgamento, você pode e deve apelar ao próprio Cristo e descansar seguro de que nele encontrará libertação. Se a sua fé se oculta de você mesmo, saiba que não é oculta dele. Se você não consegue invocá-la mediante pensamentos da obra da graça em você, volte então sua mente para o seu Salvador e a Trindade no céu, e a fé se lhe abrirá como as flores se abrem sob a luz e a força do sol. A pergunta pode ser respondida!

III

Em terceiro lugar, *a pergunta deve ser respondida — e o deve ser prontamente*. Se eu pudesse, concentraria todos os meus pensamentos nessa investigação, tão profundamente relacionada com cada pessoa: "Crês tu no Filho do homem?". Responda a esta pergunta com a sua própria alma. Não sou um padre confessor — seja você um confessor para si mesmo. Que cada homem pronuncie o seu próprio veredicto no tribunal de sua consciência. Responda, como se estivesse na presença de Cristo, pois, tal qual o homem da narrativa, você está em sua presença agora. Responda por si mesmo diante do Deus que sonda os corações e a tudo controla. Mas responda também aos homens, pois o seu Salvador merece esse testemunho de você. Não tenha vergonha de dizer francamente: "Eu creio no Filho de Deus". É um fato que não pode nem deve ficar escondido em um canto. Lembre-se de que nosso Senhor, nas Sagradas Escrituras, coloca sempre a confissão junto à fé como parte do plano de salvação. Você nunca encontrará em parte alguma da Palavra de Deus algo como, por exemplo, "aquele que crer e tomar a ceia do Senhor será salvo", mas o que você encontra é "Quem crer e for batizado será salvo" (Marcos 16:16). Por que o batismo assume tanta importância nesta declaração? Porque é parte de uma fórmula ordenada de confissão aberta de fé no Senhor Jesus Cristo. A passagem é paralela àquela que diz: "Se com a tua boca confessares a Jesus como Senhor, e em teu coração creres que Deus o ressuscitou dentre os mortos, serás salvo" (Romanos 10:9). Não seria isso justamente o mínimo que Cristo poderia esperar de uma fé, que seja proclamada, contanto que realmente exista? Ou você irá ter uma fé covarde e escondida daquele que o redimiu com seu sangue? Vai oferecer uma fé inerte àquele que intercede sempre por você? Àquele que abriu seus olhos, você vai dar uma fé que não ousa olhar face a face os outros homens? Não, nada disso! Fale, e fale bem alto, para que o mundo saiba exatamente o que aquele que morreu no Calvário é para você pessoalmente e para o mundo todo e no que você crê que ele é: o Filho de Deus. A pergunta deve ser respondida, sim, e respondida diante dos homens e prontamente. Não delongue mais; apresse-se em cumprir a ordem do seu Senhor.

A pergunta deve ser respondida imediatamente porque *é de fundamental importância*. Se você não crê no Filho de Deus, em que situação se encontra? Você não está vivo para Deus, pois "o justo viverá da fé" (Gálatas 3:11). Você não está firme, pois está escrito: "Tu pela tua fé estás firme" (Romanos 11:20). Não pode trabalhar para Deus, pois é a fé que trabalha, por amor. Onde está a sua justificação dos pecados, se você não tem fé? "Somos justificados pela fé." Onde se acha a sua santificação? O Senhor não disse "são santificados pela fé em mim"? (Atos 26:18). Sem fé, onde está a sua salvação? "Crê no Senhor Jesus e serás salvo" (Atos 16:31). Sem fé, você não poderá ser ou fazer nada aceitável ao Senhor, pois "sem fé é impossível agradar a Deus" (Hebreus 11:6). Sua situação é muito ruim e em breve estará pior mais ainda, a menos que você possa dizer, a tempo: "Eu creio que Jesus Cristo é o Filho de Deus e confio nele como aquele que é tudo para mim". Quem não crê no Senhor Jesus está sob condenação já no presente, pois "quem não crê, já está julgado" (João 3:18). Essa pergunta, portanto, tem de ser respondida prontamente, a não ser que você fique satisfeito em permanecer sob a ira divina, em viver perdido, sem estar reconciliado com Deus. Enquanto você está sentado aqui, está à mercê do risco da ira divina, que com toda a certeza virá. É possível alguém ficar tranquilo desse jeito?

Lembre-se: você está perdendo seu tempo enquanto for ignorante em relação à sua fé. Se não crê em Jesus, está vivendo os seus dias na morte, como alienado de Deus. Se ainda tem dúvida de que crê no Filho de Deus, não há dúvida alguma, no entanto, de que você está perdendo conforto e felicidade. Se você anda pra lá e pra cá neste mundo sem conhecimento de sua própria salvação, sem a certeza de sua aceitação da parte de Deus, está perdendo a capacidade de poder honrar o nome do Senhor por meio de uma simples conversa descontraída. Encontra-se em uma posição inconsistente e inconveniente. Se realmente não crê em Jesus Cristo como o Filho de Deus, está longe da vida eterna. A tudo isso, você vem à casa do Senhor e se une declaradamente à igreja em adoração a ele, ao mesmo tempo que lhe nega o princípio essencial da verdadeira adoração, sua fé nele.

Ah, meu querido amigo! Se você não crê que Jesus Cristo é o Filho de Deus, a esperança de que venha a fazê-lo a cada dia se esvai. Quanto mais alguém se detém no estado em que está, mais provável é que continue a vida toda nele. Quando os homens há muito estão acostumados a cometerem o mal, acontece justamente o que o profeta clama sobre eles, ao dizer: "Pode o etíope mudar a sua pele, ou o leopardo as suas malhas?" (Jeremias 13:23). É muito triste alguém ter ouvido o evangelho por muito tempo em vão. Se você não atende nem mesmo aos apelos do Calvário, o que restará então? Pecadores endurecidos em relação ao evangelho são, infelizmente, pecadores realmente endurecidos. Alguns têm sido descrentes do Senhor Jesus Cristo por cinquenta anos ou mais, e temo que vão morrer na descrença; e depois? O legado que lhes cabe é terrível. "Se não crerdes que eu sou, morrereis em vossos pecados" (João 8:24). Palavras tremendas! "Morrereis em vossos pecados" (João 8:24). É isso o que vai acontecer, com toda probabilidade, a muitos. Sim, certamente é isso o que acontecerá a você também, a não ser que creia no Filho de Deus.

Responda, portanto, a essa pergunta imediatamente. Não se atrase nem mais uma hora. Se a resposta não for satisfatória, seu caso poderá ser alterado e curado, se tratado a tempo, prontamente. E aquele que ainda não creu no Filho de Deus pode fazê-lo agora. Ainda há tempo para isso. Não menospreze a prorrogação dada pela misericórdia. Sobre você brilha a luz de outras pregações, mas seu longo sofrimento ainda não acabou. O evangelho ainda está sendo pregado a você, o que significa que o dia da esperança ainda não acabou. Se a Bíblia ainda está aberta diante de você, as portas de misericórdia também estão, assim como para todos aqueles que queiram entrar por elas mediante a fé. É por esse motivo que oro agora para que você creia no Filho de Deus. Pode ser que você não viva para ver outro dia do Senhor; aproveite, portanto, esta oportunidade de hoje. Em breve, poderá chegar a nós uma notícia sobre você, do mesmo modo que tem chegado em relação a outros: "ele morreu", "ela se foi". Uma vez que a eternidade pode ser moldada pelo dia de hoje, oro para que você se levante. Volte-se para a sua fé em Jesus, pois, se estiver correta, tudo o mais estará bem. Se falta alguma coisa nela, no entanto, tudo o mais estará faltando.

IV

Encerro, assim, abordando o meu quarto ponto: *se respondermos à pergunta, ela pode ser da maior importância para nós.*

"Crês tu no Filho do homem?" Suponhamos que a pergunta seja respondida de forma negativa. Se você for levado a ter de dizer, com tristeza, "não", que assim seja. Mas olhe para a verdade nos olhos. Isso fará que você desperte para a causa de sua falha se você souber onde ela está. Outro dia, uma pessoa que veio se unir à igreja cristã, me disse: "Eu estava trabalhando na sala e, de repente, um pensamento me veio à minha mente: 'Você não é uma mulher salva'. Não consegui me livrar daquela ideia. Fui para a cozinha, mas ela me seguiu. Parecia que eu ouvia a água e o fogo repetirem essa espécie de acusação: 'Você não é uma mulher salva'. Fui fazer uma refeição e mal podia comer meu pão por causa desse pensamento sufocante e que me assustava: 'Você não é uma mulher salva!'". Não demorou muito e essa mulher buscou o Senhor e se tornou salva pela fé em Cristo Jesus. Oh, quem dera pudesse colocar essa ideia em algumas mentes, esta manhã! Se você é alguém ainda não salvo, se não crê ainda no Filho de Deus, está no fel da amargura e preso aos laços de iniquidade. Eu gostaria até de fazer que o lugar onde você está sentado aqui ficasse cada vez mais incômodo, e que a sua própria casa se tornasse desconfortável, de tal modo que você pudesse clamar: "Deus, por favor, deixa-me me arrastar até minha casa, colocar-me ao lado da minha cama e clamar por misericórdia!" Eu gostaria, na verdade, que você estivesse debaixo de uma emergência ainda maior e se voltasse para o Senhor da misericórdia imediatamente, instantaneamente. Você o faria respondendo corretamente a essa pergunta, sentindo que a resposta não poderia ser "não". Supondo, então, que você seja capaz de dizer "sim", essa pergunta terá feito um grande serviço, pois trará a você grande paz. Se deixar esse assunto ainda em dúvida, se verá grandemente perturbado por ele. Somente quando se decidir positivamente poderá descansar. A paz, então, como um rio, fluirá em sua alma, e você poderá dizer:

>Eu quero crer e nisso eu creio:
>Jesus morreu em meu lugar.
>Na cruz, derramou o seu sangue
>Pra do pecado me livrar.

Saiba que Jesus Cristo é seu e que você nele irá se alegrar. Você jamais poderá alcançar seguramente a paz até estar seguro quanto à sua resposta a essa pergunta.

Tendo feito isso, procure fazer alguma coisa em favor de Jesus que demonstre sua gratidão pela salvação. Só terei um coração inclinado para a obra santa depois que souber que sou salvo. Ao perceber que seus negócios estão em risco, o homem sábio para e pensa neles; mas, se estão em segurança, o homem pode se voltar para atender aos interesses de seus parentes e amigos. Quando estou seguro de que sou salvo e de que nada mais é necessário que eu faça em relação a isso, pois Cristo já fez tudo, então pergunto: o que poderei fazer por aquele que fez tanto por mim? Onde está o adulto, o jovem ou a criança com quem eu possa falar sobre meu Salvador? Irei buscar os perdidos para contar-lhes sobre a salvação presente. Talvez eu nunca tenha ousado falar à minha esposa ou aos meus filhos sobre a vida eterna; mas, agora que a possuo, e sei que a possuo porque creio no Filho de Deus, começarei a instruir minha família nessa boa doutrina. Sim, a diligência se intensifica a partir da certeza.

Que grande ajuda à certeza será na hora da tribulação! Há uma grande aflição se aproximando; mas se você pode dizer: "Sei que creio em Jesus Cristo, o Filho de Deus", então pode enfrentá-la com tranquilidade. É uma operação cirúrgica? Você ficará tranquilo e se entregará ao bisturi do médico; venha a vida ou a morte, você se acha para isso tranquilo. É uma grande perseguição que precisará enfrentar amanhã? Você não a temerá, mas, sim, crendo em Jesus, levará sua cruz. Está ficando mais velho e pensando em quando poderá morrer? Isso não importa; você sabe que estará simplesmente indo para o lar, uma vez que crê no Filho de Deus: ele nunca deixará que uma alma creia nele em vão; nunca lançará fora um pobre coração que nele confia. Que força sua fé lhe dará! Você será então um verdadeiro herói, enquanto, no passado, era hesitante e receoso. Agora que sabe e tem certeza de que crê no Filho de Deus, não temerá mais mal algum. Acredito que isso irá inflamar você de zelo santo e louvor. Você talvez já tenha dito: "Não sei como posso ser tão inerte! Vou à casa de Deus e não sinto o poder da Palavra! Tenho medo até de que nem seja propriamente um cristão". Pode ser. Na verdade, enquanto durar esse temor, você será insensível à verdade; mas, a partir do momento em que souber que crê no Filho de Deus e tiver certeza de sua salvação, seu coração baterá em outro ritmo, e a música das esferas superiores tomará posse do seu peito. Não é de admirar que você possa então afirmar, como Toplady:

Sim, até o fim resistirei,
Que assim garante o Senhor.
Mais feliz no céu eu cantarei
Pois ali verei meu Salvador.

Você começará a desfrutar da alegria dos céus ao ganhar a compreensão da certeza celestial. Assim movido de gratidão e cheio de alegria, o resultado será sua grande preocupação doravante pelos que não creem ainda no Filho de Deus. Passará a olhar os descrentes com tristeza e apreensão. Mesmo que sejam ricos, você não dará mais valor ao ouro deles, porque é isso justamente, e você sabe, que lhes cega os olhos. Mesmo que sejam muito inteligentes, você não vai mais endeusar sua capacidade humana, porque o que importa é que vejam a luz eterna, ainda oculta aos seus olhos. Você dirá a si mesmo: "Eles podem ter toda a riqueza e inteligência do mundo, mas eu tenho muito mais para dar-lhes: o Filho de Deus". De fato, ao ter Cristo, você possui muito mais do que um Alexandre, o Grande, possuiu ao conquistar o mundo; ele e outros conquistaram a terra, mas infelizmente não ganharam o céu, pois nada sabiam a respeito de crer ou ter esperança no Filho de Deus.

Quanto a isso, na verdade, você pôde fazer mais do que a um anjo cabe fazer, pois um anjo não tem a alma perdida para precisar crer no Filho de Deus, nenhum pecado a ser lavado no sangue do Salvador. Você creu e confiou em Jesus, foi lavado em seu sangue e está limpo do seu pecado. Vá para casa e cante meu irmão. Vá para casa e diga aos seus parentes, amigos e vizinhos que Jesus é o Filho de Deus e que é plenamente capaz de a todos salvar. Vá para casa e passe a levar alguns pobres pecadores a Jesus. Vá para casa e nunca mais descanse até que possa dizer a Deus: "Aqui estou eu e as almas que me confiaste. Todos nós cremos no Filho de Deus". Que a paz esteja com todos vocês! Amém.

6

Crês isto?

> Disse-lhe Marta: Sei que ele há de ressurgir na ressurreição, no último dia. Declarou-lhe Jesus: Eu sou a ressurreição e a vida; quem crê em mim, ainda que morra, viverá; e todo aquele que vive, e crê em mim, jamais morrerá. Crês isto?
>
> (João 11:24-26)

DISSE o Salvador a Marta: "Eu sou a ressurreição e a vida; quem crê em mim, ainda que morra, viverá; e todo aquele que vive, e crê em mim, jamais morrerá. *Crês isto?*" (João 11:25). Quando o crente se sente triste, pode ter a certeza de que receberá consolo exatamente adequado à sua situação. Para cada fechadura que Deus cria, ele providencia uma chave. Assim como toda folha de grama recebe sua gota de orvalho, também toda dor tem seu conforto. Não duvido de que para cada dor que atormenta este arcabouço mortal exista um paliativo entre as ervas do campo, e para cada doença, um remédio no maravilhoso laboratório divino; basta buscá-los. Quanto a nós, crentes no Senhor Jesus Cristo, podemos descansar certos de que, se a dor excessiva nos sufoca, é quase sempre por falha nossa. O problema surge de uma fraqueza em nossa fé, pois, se ela fosse forte como deveria, experimentaríamos "prazer nas fraquezas, nas injúrias, nas necessidades, nas perseguições, nas angústias por amor de

Cristo" (2Coríntios 12:10). Descobriríamos que quando abundantes são as tribulações, abundantes são também as consolações em Cristo Jesus.

Portanto, é bom quando somos grandemente abalados, não para olharmos propriamente para a aparente causa do problema, mas, sim, para a condição do nosso coração. É importante nos questionarmos de que necessita nossa fé e o que pode estar impedindo que nos apossemos da consolação oferecida para a presente dor. Com frequência acontece ser imperfeita a nossa fé devido à estreiteza do nosso conhecimento. O homem não pode crer naquilo que desconhece. Meu caro e sofrido amigo, existe sem dúvida uma promessa nas Escrituras que se enquadra com perfeição no seu caso. Se assumida com fé, ela poderá alegrá-lo imediatamente. Mas você nada sabe a respeito de sua eficácia ou porque talvez nunca a tenha lido até agora, ou então, a tendo lido, nunca parou para nela meditar e considerar seu significado.

Desse modo, você está abalado sem necessidade, pois o alívio está a seu alcance e é de fácil aplicação. Pode ser que você ainda não tenha aprendido toda a gama de doutrinas do evangelho, coisa que também o priva de conforto. Você se apropriou de uma parte vital da revelação, aquela relacionada com a salvação, mas ainda desconhece outra parte, que diz respeito ao fortalecimento e ao estímulo. Tem-se alimentado do pão necessário da casa de Cristo, mas não dos frutos deliciosos do seu pomar; conheceu os campos, mas não passeou junto às árvores para provar de seus frutos. A fé não pode crer no que desconhece, e, portanto, você tem perdido alimento farto, cheio de tutano, e vinhos refinados, extraídos de parreiras protegidas das intempéries, os quais poderiam ser a sua força e alegria. Todos nós cresceríamos em consolação se crescêssemos em graça e no conhecimento do nosso Senhor e Salvador Jesus Cristo. Então faríamos uma avaliação mais inteligente da preciosidade das verdades que ele nos tem revelado.

A fé pode ser imperfeita por ignorância, mas também por falta de uma percepção clara da pessoa de Cristo. Foi o que aconteceu no caso de Marta:

ela não sabia o suficiente sobre seu Senhor para perceber o poder dele de ir ao encontro de sua dor. Diz o apóstolo Pedro: "Crescei na graça e no conhecimento de nosso Senhor e Salvador Jesus Cristo", considerando o conhecimento de Jesus, como é, de fato, a percepção mais importante que o crente pode obter. Se formos apenas em parte instruídos quanto ao nosso Senhor, somente em parte seremos confortados. Ó costumeiros pranteadores, vocês não têm em alta conta o seu Salvador. Ainda não fazem ideia bastante ampla do seu amor por vocês e de seus planos de infinita sabedoria ao permitir que venham a ser afligidos.

Se o Senhor Jesus fosse melhor conhecido por nós, nossas aflições se tornariam mais leves; nosso coração até se regozijaria nelas. Se ao menos te conhecêssemos, ó Cristo bendito, e se as mesmas provações permanecessem conosco perderiam a sua obscuridade ante teu sorriso, e chegaríamos até a nos regozijar nelas, por ministrarem a nossa comunhão contigo em teus sofrimentos. Conhecendo Jesus, a dor perde seu aguilhão; e até o gosto amargo da morte, com certeza, passa a pertencer ao passado.

Não se deve imaginar que todo verdadeiro crente em Cristo seja um crente perfeito. Marta cria em Jesus de verdade, mas não com perfeição. Não sei quantos aqui têm, ou pensam ter, fé perfeita. Pessoas assim necessitam aprender bem pouco com o sermão desta manhã; felizmente, até, nem precisam dele. Mas os que dentre nós têm uma fé imperfeita — e desconfio que isso se refere à maioria de nós — podem vir a aprender muito da pergunta dirigida pelo Salvador a Marta: "Crês isto?" Possa o Espírito Santo fazer que assim seja. Pensemos então em ouvirmos seus lábios amorosos nos questionando agora: "Crês isto?" Queremos acreditar em toda a verdade e receber em nossa mente toda a doutrina que o Espírito Santo tem revelado. Aperfeiçoaremos então nosso discipulado, e não é este um de seus privilégios? "Quando vier, porém, aquele, o Espírito da verdade, ele vos guiará a toda a verdade." Ansiamos por crer em tudo o que esteja dentro do raio de ação do nosso conhecimento espiritual, pois assim a nossa fé, abarcando todo o espectro da verdade divina, poderá se considerar completa para toda emergência e poderosa em todo conflito. Submeta-se, então, a um escrutínio do fundo do seu coração que lhe avalie a fé e ouça Jesus dizer, por seu Espírito: "Crês isto?"

I

Nosso primeiro assunto será: "Você crê nesta doutrina em particular?" Neste momento, não vou sugerir que uma doutrina supere outra, mas apenas aconselhá-los a fazer essa pergunta diante de cada verdade revelada. Vocês, crentes, têm fé nas Escrituras como um todo. São capazes de declarar com a maior ousadia que, desde a primeira palavra de Gênesis até a última do Apocalipse, vocês creem em tudo o que está escrito no livro inspirado. Ora, a questão é extrair dessa massa genérica de fatores de fé, ou que se supõe que assim seja, cada item em separado, examiná-lo em detalhe e então dizer de coração e com consciência: "Eu creio nisto". É fácil falar de um modo geral e mais fácil ainda pensar que temos uma grande fé, quando, na verdade, talvez tenhamos pouca ou nada que valha a pena. Talvez depositemos o tesouro da verdade dentro de um saco cheio de buracos, de modo que o perdemos com a mesma facilidade com que o descobrimos. Podemos inventar que envolvemos em nossos braços o conjunto total da verdade revelada; no entanto, se empreendermos uma análise mais tranquila de nossa alma, talvez acabemos descobrindo que muita coisa está nos escapando, por meio de um processo de questionamento e dúvida que dificilmente ousamos reconhecer. As coisas em que cremos e nunca aplicamos são como a terra do preguiçoso, que nunca é arada nem cultivada. Ninguém chamaria tal lugar de lavoura; como, então, chamamos tal crença de fé? Ora, algumas verdades ensinadas na Palavra não são conhecidas nem por vários mestres. Não podemos crer no que desconhecemos: é o mesmo caso aventado na pergunta do apóstolo: "E como crerão naquele de quem não ouviram falar?" Se não enxergamos o significado superficial, aquele que está ao alcance da mão, não se pode dizer que creiamos, de fato, no sentido real da palavra.

Marta, quando nosso Salvador a questionou, já expressara sua fé em certas grandes verdades. Disse ela: "Senhor, se tu estiveras aqui, meu irmão não teria morrido" (João 11:21). Marta cria no poder do Salvador de curar os enfermos. Acreditava que, enquanto seu irmão respirasse, o poder de Cristo poderia mantê-lo vivo, pois estava convencida de que Jesus era mestre sobre a enfermidade, capaz de substituir o sofrimento pela saúde. Isso era digno de sua fé, mas não bastava. Nosso Senhor dispôs um fato a mais para ela e então perguntou: "Crês isto?". Para que cresçamos em conhecimento e exercitemos uma fé proporcional é que devemos fazê-lo.

Em seguida, Marta creu que, embora seu irmão estivesse morto, tamanha era a eficácia da oração de Cristo que o Senhor poderia fazer qualquer coisa, ela não sabia bem o quê, para consolar os que choravam: "E mesmo agora sei que tudo quanto pedires a Deus, Deus to concederá". Tinha fé na intimidade de Jesus para com o Pai em oração, em grau ilimitado. Confiava nele como poderoso intercessor, alguém que bastava falar com o Altíssimo para que seu pedido fosse, sem dúvida alguma, respondido. Uma medida de fé bastante recomendável, e quisera eu até que a tivéssemos tanto. Tamanha fé era de fato admirável — mas não suficiente para o necessário conforto de Marta. Por isso, Jesus a coloca diante de um fato ainda mais honroso para si mesmo, acrescentando: "Crês isto?".

Marta também expressou sua firme convicção da certeza da ressurreição em geral: "Sei que ele há de ressurgir na ressurreição, no último dia" (João 11:24). Aprendera isso, sem dúvida, nas Escrituras e mediante crença generalizada entre os hebreus ortodoxos. Também podia ter aprendido essa verdade fundamental nos ensinamentos do próprio mestre e salvador. Nessa grande doutrina fundamental, mostrava-se crente fiel. Ainda não tinha visto, no entanto, a ressurreição à luz de Cristo, nem percebera a ligação deste com o Senhor. Ainda não aprendera o bastante, portanto, que lhe pudesse sustentar a consolação ante perda tão pesada para ela. Pois fica claro que Marta se consolava bem pouco com a existência daquela citada ressurreição distante e genérica. Ela precisava que a ressurreição e a vida se mostrassem bem próximas de seu dia a dia, se tornassem um fato presente em sua existência. Nosso Senhor lhe indica então a verdade, que, relativa a si próprio, atenderia plenamente a esse propósito, quando revela: "Eu sou a ressurreição e a vida; quem crê em mim, ainda que morra, viverá; e todo aquele que vive, e crê em mim, jamais morrerá. Crês isto?" Ali estava um poço cheio de consolação do qual ela jamais bebera; porque, tal como Agar no deserto, Marta nunca havia constatado o grandioso poder da providência divina. Cristo lhe aponta essa maravilhosa fonte e pergunta se ela está apta e se quer desse poço beber.

Por Deus, meus queridos amigos, eu gostaria que todos nós, que nos autodenominamos cristãos, de vez em quando abríssemos a Bíblia e recitássemos as grandes doutrinas em ordem, atentos, parando em cada uma delas e indagando ao nosso coração e mente: "Crês isto?". Tome-se, por exemplo, a grande doutrina e uma das mais básicas de nossas crenças, da eleição pela graça. "Porque os que dantes conheceu, também os predestinou para serem conformes à imagem de seu Filho" (Romanos 8:29). "Bendito seja o Deus e Pai de nosso Senhor Jesus Cristo, o qual nos abençoou com todas as bênçãos espirituais nas regiões celestes em Cristo" (Efésios 1:3); "como também nos elegeu nele antes da fundação do mundo, para sermos santos e irrepreensíveis diante dele em amor" (Efésios 1:4); "e nos predestinou para sermos filhos de adoção por Jesus Cristo, para si mesmo, segundo o beneplácito de sua vontade" (Efésios 1:5). Meditemos nesses textos e consideremos seu significado expresso; e então cada um pergunte ao seu próprio coração: "Crês isto?". Alguns crentes em Cristo não querem saber de aceitar essa doutrina e até a chamam de "horrível", enquanto outros referem-se a ela como algo tão misterioso e pouco prático que nem deve ser pregado em público. Eu convidaria tais pessoas a encararem essa doutrina com toda a sinceridade e ver se creem nela ou não. Ou então que peguem uma caneta e risquem da Palavra de Deus todas as passagens que a ensinam abertamente. Não gostariam da ideia, é claro, mas é justamente o que fazem. Quando um homem tem medo de determinada doutrina ou se envergonha dela, não é preciso nem suspeitar que evidentemente não crê no que ela diz.

Atentemos para outra verdade grandiosa: "Sabendo, contudo, que o homem não é justificado por obras da lei, mas pela fé". Justificados, pois, pela fé, tenhamos paz com Deus, por nosso Senhor Jesus Cristo. Quem crê nele não é julgado" (Gálatas 2:16). O perfeito perdão do crente, o poder de justificação completa da justiça de Cristo para aqueles que creem, é ensinado abertamente na Bíblia. "Crês isto?" Se você crê, então por que passa todos os dias de sua vida chamando a si mesmo de "miserável pecador", quando não o é mais, mas, sim, santo, lavado no sangue do Cordeiro, feliz filho de Deus? Por que fala de seu pecado como se não tivesse sido perdoado e de si mesmo como se ainda fosse um dos "filhos da ira, como também os demais", se já foi justificado em Cristo Jesus e aceito entre os amados? Olhe para a verdade das Escrituras e para sua conduta, e então diga para si mesmo: "Crês isto?".

Suponha que você leia nas Escrituras sobre a íntima união de Cristo com seu povo: "Eu neles, e tu em mim, para que eles sejam perfeitos em unidade; Eu sou a videira; vós sois as varas". Ao deparar com passagens como essas, pergunte ao seu próprio coração: "Crês isto?". Você — você crê que todos os que vivem em Deus, em Cristo, são um com Cristo? "Crês isto?" Se sim, por que então se angustiar com a possibilidade de Deus aceitá-lo ou não, uma vez que você já está em Cristo e com Cristo? Por que achar que, no final, poderá vir a perecer, se você já é um com ele? Acaso Cristo iria perder os membros do seu corpo? Aconteceria de os órgãos de seu corpo místico irem morrendo e desaparecendo, uns após os outros? Ele não disse "eu vivo, e vós vivereis" (João 14:19)? Então? "Crês isto?"

Pode ser que alguns irmãos considerem determinada doutrina elevada demais, ou misteriosa, ou quase boa demais para ser verdade. Nada disso tem importância. A questão principal é: "Ela foi revelada?" "Crês tu nos profetas, ó rei Agripa?" (Atos 26:27), perguntou Paulo. "Sei que crês." A mesma questão eu proponho a cada um de vocês — se você crê nos profetas e apóstolos, por que não em uma a uma de todas as grandes verdades que Deus revelou por intermédio deles? Se crê que foram reveladas, por que então lançar qualquer dúvida sobre elas, afirmando serem isso, aquilo ou aquilo outro? Nem lhe perguntarei se você crê em minha afirmação, ou de teólogos e estudiosos, mas volte-se para o próprio Livro infalível, veja o que ali está escrito e então se pergunte: "Crês isto?". À medida que deparar com uma e outra afirmação da lei divina, não a ataque nem contra ela levante objeções frívolas. Tampouco a distorça, nem tente ver se algum comentarista eminente não extraiu dela até a alma. Antes creia, no momento mesmo em que a conhecer. E, se for incapaz de fazê-lo, detenha-se perante Deus até consegui-lo. Peça a Deus que o ilumine, até poder, sem hesitação, responder à pergunta do Salvador, "Crês isto?", como o fez Marta: "Sim, Senhor".

Como essa consulta à Bíblia, bem administrada e calando fundo no coração, aumentaria a amplitude de nossa fé! Como fortaleceria nossa capacidade de compreendermos e nos apropriar das verdades nela contidas! Como nossa alma se enriqueceria! De que forte alimento poderá se nutrir nossa confiança interna se pudermos entesourar, pelo menos, cada migalha de verdade revelada. Examine as Escrituras; tome o ensinamento da Palavra de Deus em detalhe, versículo por versículo, palavra por palavra, e pergunte à sua alma: Crês isto? Peça uma unção do Espírito para que compreenda todas as coisas e entenda, com todos os santos, qual a altura e a profundidade do amor de Cristo e conheça de fato esse amor, que dá conhecimento. Ganharemos muito, quanto a esse nosso primeiro ponto, se cada um de nós catequizar conscientemente a própria mente, questionando-se: "Você crê nessa doutrina da Palavra, em particular?".

II

Seremos rápidos ao abordarmos o nosso próximo item. *Você crê bem distintamente nessa determinada doutrina?* Constatamos com frequência, principalmente entre membros de determinadas igrejas, uma grande ambiguidade no que diz respeito à fé que professam. Não os julgo com rigor, somente observo que já nos têm procurado convertidos egressos de algumas comunidades cristãs, que não nomearei, os quais creem no evangelho, mas se parecem muito com o sujeito da velha anedota. Quando lhe perguntaram: "Em que você crê?", ele respondeu: "Creio no que a minha igreja crê". "Mas em que a sua igreja crê?", questionaram-no, então. "Minha igreja crê no que eu creio", ele retrucou. "E em que você e a sua igreja creem", prosseguiram interrogando-o. Ao que ele respondeu: "Nós dois cremos na mesma coisa". Impossível ir, além disso, com ele. Mas esse tipo de fé não é bastante comum hoje em dia? Muitos dos ditos cristãos têm essa fé cega e pouco mais. Essa fé meio tola em não se sabe o quê fica bem em patetas, mas não em seres normais e racionais. Deixemos então de lado aqueles que têm mente de escravo ou são frívolos demais para pensar por si mesmos. Quanto a nós, enquanto tivermos olhos, não admitiremos andar de olhos vendados. Achamos que o homem deve pensar por si mesmo. Mande lavar suas roupas fora se quiser, mas a meditação você deve fazer em casa. Não há como alcançar a terra da verdade, a menos que você abra caminho próprio meditando no ensino do Senhor. Você pode crer ou não no que *eu* lhe digo, como quiser. Mas eu lhe peço: não aceite minhas palavras por nenhum outro motivo senão que, segundo seu próprio julgamento, elas estão de acordo com a mente de Deus, conforme revelada na Lei sagrada. Deus deu a cada homem um julgamento, uma consciência, um entendimento. Aquele que tais coisas possui é obrigado a utilizá-las. A luz não é concedida a todos em porção igual; daí o uso de guias para quem não conta com grande conhecimento. Todavia, cada um deve contemplar a luz com os próprios olhos; não se pode enxergar as coisas por procuração. Alguns homens aprendem muito mais que outros por experiência própria, sendo, portanto, colaboradores úteis. Ainda assim, a experiência da graça de homem algum poderá substituir a própria experiência da graça de cada um de nós: cada um precisa sentir e conhecer a vida divina em sua própria alma. Assim como a comida tem de ser mastigada e digerida pela pessoa individualmente, em benefício do sustento de seu corpo, assim também a verdade tem de ser objeto de leitura, meditação, aprendizado e digestão no interior de cada ser, em prol do sustento de sua própria alma. A igreja de Roma diz: "Sustente uma fé que seja implícita à igreja". Excelente princípio para o sacerdócio, permitindo abranger todo um esquema em um minuto. Nós, porém, afirmamos exatamente o contrário e o instamos a não crer em uma única palavra que qualquer de nós, ou todos nós, pastores e pregadores, lhe dirigimos, se for contrária à Palavra de Deus. Leia a Palavra por si mesmo e examine as Escrituras para ver se tais coisas são ou não são exatamente assim, pois assim fizeram os antigos irmãos de Bereia, honrados justamente por isso. Você também o será, ao assumir a dignidade de sua condição de homem e, com a ajuda de Deus, usar de seu próprio senso e entendimento, mas orando pela ministração do Espírito para que venha a conhecer a verdade.

Nosso Salvador coloca determinada verdade diante de Marta em termos precisos. Deixando de lado a ideia vaga e genérica de ressurreição em que ela cria, lhe diz: "Eu, este que está aqui na sua frente, sou a ressurreição e a vida. Crês isto?" Você crê em uma doutrina expressa desse modo e formato, assim tão claro? Então, depois de lhe dar uma lição nítida e bem definida, ele indaga: Crês *isto*?" Jesus coloca perante seus olhos mentais não uma imagem imaterial, obscura, um espectro da verdade, mas uma afirmação sólida, substancial, de que ele próprio era a ressurreição e a vida, que levantava os mortos dentre os mortos e mantinha vivos os vivos que nele cressem. E pergunta: "Crês isto?".

Muita gente vislumbra as doutrinas sob uma luz difusa, um tanto enevoada, e é nessa "visível escuridão" que exercita uma espécie discutível de fé. Desse modo, jamais encontra conforto na verdade. Precisamos crer na verdade revelada ao vê-la em sua forma pura, clara, bem definida e exata, tal como a apresentam as Escrituras. Por exemplo, roubam metade do deleite que traz a doutrina da expiação quando a declaram indistintamente. Milhares de cristãos acreditam em uma espécie genérica de expiação, apenas um meio de reconciliação, algo assim como uma propiciação geral empreendida por Cristo, a qual, de um jeito ou de outro, nos leva a Deus. Contudo, amados, prefiro que vocês creiam que Jesus levou "ele mesmo os nossos pecados em seu corpo sobre o madeiro". "O Senhor fez cair sobre ele a iniquidade de todos nós." Crês isto? "Aquele que não conheceu pecado, Deus o fez pecado por nós; para que nele fôssemos feitos justiça de Deus" (2Coríntios 5:21). "Crês isto?". Leia Isaías 53. Ali, você encontra a substituição exposta com maior clareza. Sim, leia o capítulo de Isaías inteiro e se detenha em versículos como o 11: "Ele verá o fruto do trabalho da sua alma, e ficará satisfeito; com o seu conhecimento o meu servo justo justificará a muitos, e as iniquidades deles levará sobre si". Então pergunte a si mesmo: "Crês isto?". A vida, a alma, a doçura e o amor da expiação encontram-se na substituição do pecador culpado pelo Salvador inocente, carregando sobre si o castigo total pelo pecado, um real pagamento da nossa dívida. Agora sei que estou limpo, porque ele, em meu lugar, fez justiça, honrou a lei, glorificou a Deus. "Crês isto?". Caro amigo, peça a Deus que lhe dê graça para que você creia no que Cristo ensinou, e no que profetas e apóstolos têm falado do modo exato como Deus pretende que você venha a crer.

Não de um modo aleatório, irreal, mas de todo o seu coração, alma e mente, aceitando a Palavra pelo que ela diz, em todos os seus versos e formas expressamente delineados. Dê uma resposta rápida, objetiva e verdadeira à pergunta: "Crês nessa verdade, distinta e clara?" Responda: "Sim, Senhor".

III

Iremos agora um pouco mais além. Em terceiro lugar, queremos saber: "*Você crê nesta difícil verdade*?" Certas verdades são difíceis de entender. Têm pontos que quase fazem claudicar a fé, até a fé assumir seu verdadeiro caráter, deixando de ser diminuída pelo raciocínio carnal; mas devemos crer nessas verdades. Não foi fácil para Marta entender como o Senhor Jesus poderia ser a ressurreição e a vida se, ao mesmo tempo, seu irmão estava morto. Não era uma verdade fácil para ela, tampouco o é para nós. Como Aquele que morreu pode ser a vida? Como pode Aquele cujos membros ainda estão no sepulcro ser a ressurreição? Como pode o Filho do homem ser dotado de um poder tão maravilhoso a ponto de a ressurreição e a vida dependerem inteiramente dele? Como? Tomamos conhecimento do fato, mas não o compreendemos. Na verdade, não há problema se não o pudermos compreender desde que tenhamos como suficiente o que nos é revelado, mesmo que para a mente racional seja um mistério imensurável.

De fato, foi difícil para Marta crer que o Senhor era a vida, pois a ideia lhe parecia contrária à sua experiência. "Ainda que morra, viverá": isso ela conseguia esperar que fosse possível no caso de Lázaro. Contudo, o Senhor dissera: "Todo aquele que vive, e crê em mim, jamais morrerá" (João 11:16). Como podia ser verdade? Pois Lázaro vivera e crera em Jesus; contudo, morrera. A experiência humana de Marta era contrária à declaração de Cristo, o que lhe parecia dificultar a fé. Eis por que, então, o Senhor lhe perguntou: "Crês isto?".

Crês isto?

Acontece, meus irmãos, que, quando nos tornamos cristãos, deixamos de levar em conta as dificuldades de crer, considerando as Escrituras como autoridade divina e nos submetendo implicitamente a seu ensino. Pelo menos, é o eu que tenho feito. A Bíblia e o Espírito Santo estão para mim como a igreja está para o católico romano. Com base nisso, nenhuma dificuldade poderá ser tão grande quanto as que eu tenho superado. Creio, antes de mais nada, que Deus estava em Cristo; que Aquele que fez os céus e a terra desceu à terra e tomou para si a natureza humana; que nasceu de uma virgem em Belém, teve por berço uma manjedoura e se alimentou, como qualquer criança, do seio de sua mãe. Crendo nisso, sou capaz de crer em qualquer coisa. Uma vez que aceito Deus encarnado como homem, nenhuma dificuldade há de abalar minha fé. O discurso de Marta — "Eu creio que tu és o Cristo, o Filho de Deus, que havia de vir ao mundo" (João 11:27) — provou sua prontidão em crer em tudo mais o que Jesus pudesse afirmar e fazer. A encarnação, antes de mais nada, é um mistério tão profundo que outros ensinamentos se tornam simples diante dela e tão grande que homem algum que nele não crer poderá ser considerado cristão. "E, sem dúvida alguma, grande é o mistério da piedade: Aquele que se manifestou em carne", diz Paulo. Regozije-se na luz desta que é a verdadeira estrela da manhã da esperança para nós — que Deus tenha tomado em união consigo mesmo a nossa natureza humana — e você estará pronto para receber toda a luz. Basta eu saber que Deus afirma que algo é verdadeiro para que seja o suficiente para mim. Posso não concordar em tudo com as palavras de uma velhinha crente que conheço, mas concordo com seu espírito quando ela deposita sua fé implícita nas Escrituras do modo mais puro e desarmado possível. Se alguém tenta ridicularizá-la por acreditar que um grande peixe engoliu Jonas, ela retruca: "Meu bem, se a Palavra de Deus dissesse que Jonas é que engoliu o grande peixe, eu ainda assim iria crer". Irmãos prostrem-se diante do pronunciamento de Deus. Não diante dos ditames ou dogmas do homem, ou do que diz o padre, o bispo, o pastor, o pregador ou o filósofo. Diante de Deus, que não pode errar, nós prostramos nossa alma. Nele você deve depositar sua fé implícita. Diga Deus o que quiser, a nós nos cabe crer. Isso não apenas em um ou em vinte casos, mas em tudo. "Crês isto?" — seja o que for "*isto*". Sim, nós cremos, se ensinado pelo Espírito Santo de Deus por meio das Escrituras infalíveis. Se sua fé não atinge esse alto padrão, acabará lhe sucedendo o mal. Nosso Senhor disse certa vez a seu grupo de seguidores: "Se não comerdes a carne do Filho do homem, e não beberdes o seu sangue, não tereis vida em vós mesmos" (João 6:53). "[...] Porque a minha carne verdadeiramente é comida, e o meu sangue verdadeiramente é bebida" (João 6:55). "Quem come a minha carne e bebe o meu sangue permanece em mim e eu nele" (João 6:56). O que veio a acontecer depois? Continue a leitura. "Muitos, pois, dos seus discípulos, ouvindo isto, disseram: Duro é este discurso; quem o pode ouvir? Por causa disso muitos dos seus discípulos voltaram para trás e não andavam mais com ele". Diziam eles: "Como pode este dar-nos a sua carne a comer?" (João 6:52). Concluindo que tal coisa seria inconcebível, eles abandonaram o Mestre. Pretendemos, por acaso, imitá-los? O Senhor Jesus Cristo, bem no início do seu ministério, nos prepara para crer em coisas difíceis. Determina que calculemos o custo disso, bem como de tudo mais. Ou seja, embora acreditemos em determinados mistérios, existem muitos mais que desconhecemos ainda, os quais em seu devido tempo demandarão nossa fé. Jesus advertiu a Nicodemos, quando lhe falou sobre nascer de novo e isso o abalou: "Se vos falei de coisas terrestres, e não credes, como crereis, se vos falar das celestiais?" (João 3:12). Como se a regeneração, a qual de fato se reveste de caráter celestial, fosse apenas uma verdade comum comparada com aquilo mais em que Nicodemos ainda teria de crer! Se Nicodemos dissesse: "Bom mestre, eu consigo ir até aqui, mas quero ficar no meu entendimento e não me aventurar muito além", então o Rei dos judeus e Filho de

Deus o deixaria ir, pois não há como ser seu discípulo quem não queira ou não possa receber todas as suas palavras e nelas crer, sejam quais forem.

"Crês isto?", então? Nessa difícil verdade? Apresento o problema com muita sinceridade para alguns de vocês, pois pode ser que neste exato momento você pode estar enfrentando algum problema de falta de fé em determinada promessa ou doutrina que lhe pareça mais difícil. Todavia, há uma promessa que diz: "Quando passares pelo fogo, não te queimarás, nem a chama arderá em ti" (Isaías 43:2). "Crês isto", embora todas as coisas possam parecer se consumir no calor da sua aflição pessoal? Pode ser que você esteja sob uma nuvem particular de densa escuridão. No entanto, Jesus declara: "Eu sou a luz do mundo; quem me segue, de modo algum andará em trevas, mas terá a luz da vida" (João 8:12). E ainda: "Vim ao mundo, para que todo aquele que crê em mim não permaneça nas trevas" (João 12:46). "Crês isto?" Você é capaz de afastar qualquer impossibilidade, afirmando que assim será simplesmente porque Deus o afirma? Sua fé consegue saltar por cima do raciocínio carnal? As atuais circunstâncias e deduções do seu próprio julgamento podem ser afastadas com um simples aceno de mão, enquanto você diz "seja Deus verdadeiro, e todo homem mentiroso"? Se assim é, você tem a fé que o conforta e abençoa; se não, tal como Marta, você se lastimará de sofrimento e dor, pois ainda não creu na verdade que é capaz de libertá-lo e alegrá-lo.

IV

Em quanto lugar, você crê nessa verdade como ligada a Jesus? Acabei de chamar sua atenção para o fato de Marta crer que haveria uma ressurreição. "Sim", disse Cristo, "mas eu sou a ressurreição; "Crês isto?" Uma coisa é acreditarmos em uma doutrina; outra coisa é acreditarmos nessa doutrina como algo incorporado à pessoa de Jesus Cristo. "Crês isto?" Aí está a consolação: está em acreditar na verdade tal como você a encontra naquele que é a verdade. Marta foi conclamada a crer primeiro no poder pessoal de Cristo. "Os mortos ressuscitarão." "Verdade, Marta; mas você crê que *eu* os farei ressuscitar, que é por meu intermédio que os mortos viverão? Sim, que eu sou a ressurreição e a vida. Você crê nisso?" Mas ela precisava acreditar mais ainda: no poder presente de Jesus; guarde bem isso. "Mesmo agora", disse Jesus, "*eu sou* a ressurreição e a vida; aquele que vive, e crê em mim, viverá, jamais morrerá". Uma coisa, portanto, é crer que Jesus *terá* o poder, no último dia, de levantar os mortos; e outra, o que cremos: que ele é, *mesmo agora*, a ressurreição e a vida. Oh, a glória de crer no poder pessoal e no poder presente de Cristo! Jesus, o EU SOU, nos diz: "*Eu sou* a ressurreição e a vida".

Mais ainda: Marta foi chamada a crer na união de Cristo com seu povo; a crer que os cristãos são um com ele, a ponto de compartilharem de sua vida. Libertos de sob o poder da morte, livres do seu poder, a ele nunca mais se submeterão. Em Cristo, os mortos vivem, e os vivos não morrem. "Mas eu não entendo isso", poderá dizer alguém, "pois vejo todo dia morrerem boas pessoas". Você vê, na verdade, o que imagina ser a morte. Acontece que essas pessoas não morreram propriamente, mas, sim, passaram desta vida para uma vida superior. A essência da morte jamais toca os crentes — eles vão "deste mundo para o Pai". Partem para "estar com Cristo, porque isto é ainda muito melhor", mas não *morrem*. A morte como sanção penal, em seu significado mais profundo, não chega mais perto daqueles por quem Jesus suportou a morte na cruz; a morte dele, substitutiva, representa a morte da morte para nós. "Crês isto?"

Agora, vamos, que cada um de nós diga se de fato crê que Cristo Jesus tem todo o poder nos céus e na terra. Será que o adoro realmente como Deus acima de tudo, bendito para sempre? Capaz de fazer infinitamente mais do que peço ou mesmo penso? Quando me coloco diante de Deus em oração, creio em Cristo a ponto de me lembrar de sua promessa "e tudo quanto pedirdes em meu nome, eu o farei?" (João 14:13). Não o Pai, mas *ele*: o próprio

Cristo, segundo ele mesmo afirma, é que lhe dará todas as coisas. Você tem esse conceito, essa ideia do seu Senhor, sabendo que é capaz de fazer todas as coisas por você agora e que, em resposta à sua oração, poderá lhe conceder uma bênção e livrá-lo de todo e qualquer problema? "Crês isto?" Se não, você não tem ainda uma ideia exata ou completa de Cristo, pois ele é Senhor de tudo. "Tu és o rei da glória, ó Cristo", e, como tal, cremos em ti, confiamos em ti, encontramos consolo no teu poder pessoal e presente!

V

Passemos agora para o quinto item: *Você acredita que essa verdade se aplica à sua própria vida agora mesmo?* Era esse o problema de Marta e em que ela falhou. Ela acreditava em que todos ressuscitariam; mas Jesus, na prática, lhe diz: "Crês que eu sou a ressurreição e a vida? Porque, se assim for, sou capaz de erguer teu irmão do túmulo agora mesmo. "Crês isto?" Veja bem: às vezes recebemos grandes verdades e, no entanto, somos impedidos de poder assumi-las por causa de verdades menores. Talvez seja porque a grande verdade não tenha uma relação prática conosco naquele momento, enquanto a verdade vigente, embora menor, tem aplicação imediata em nossa vida e condições. Duvidamos e abrimos mão, assim, da maior promessa, da mais necessária ao nosso consolo e alegria. Veja: Marta crê que todos ressuscitarão; logo, a ressurreição de uma só pessoa seria mais fácil. Ela duvida que Lázaro possa ressuscitar hoje porque ele está dentro de um túmulo e, no entanto, crê que milhões de milhões se levantarão um dia de dentro da terra. Sem dúvida, isso acontece devido a um distanciamento temporal e físico. Sentimentos muito particulares devem ter operado na mente de Marta, pois a ressurreição geral é uma dificuldade maior. É difícil crer que Lázaro pode ressuscitar, ele que está morto há quatro dias? Bem, então será muito mais difícil crer que podem ser restaurados os corpos mortos há muitíssimos anos. Contudo, Marta crê que os mortos irão se levantar na ressurreição no último dia, não só os que cheiram mal, mas inclusive aqueles cujos corpos se desfizeram pela decomposição e foram espalhados pelos quatro ventos até os confins mais distantes da terra. Ela crê no milagre em larga escala, mas, descendo ao fato particular de uma pessoa que morrera havia apenas quatro dias, não consegue acreditar. Crê que haverá uma ressurreição geral de todos os tipos de pessoas. Todavia, visto que se pode crer nisso, mais fácil seria esperar que um dos amigos prediletos de Cristo ressuscitasse agora. Jesus amava Lázaro; com certeza, ele o chamaria do túmulo.

Marta professou fé na verdade, mas titubeou diante de verdade maior, pois esta seria aplicável a si mesma. Eu lhes peço: vejam se vocês não trilham com frequência o mesmo caminho. Lá está uma pobre alma crendo que Jesus Cristo é capaz de nos purificar de todo pecado. Bem, meu amigo, você não crê que ele possa purificá-lo dos seus? É essa a questão fundamental, pois todos os pecados de milhões de pessoas são muito mais e maiores do que apenas os seus. Se Jesus pode levar embora o pecado de muitos, e de todos, sem dúvida alguma pode levar os seus. "Crês isto?" Você é capaz de confiar nele para o seu próprio benefício? Você, que é crente, crê que todas as coisas colaboram para o bem daqueles que amam a Deus? Que todos os seus infortúnios, grandes e pequenos, estarão operando para o seu bem? Que até aquela incômoda dor de dente pode cooperar para seu bem? Que aquela ofensa de ontem foi para o seu próprio bem? Que a lamentável morte do seu filho pode contribuir para o seu bem? Você sabe ser mais fácil acreditar que os acontecimentos de somente um dia contribuirão para o seu bem do que crer que todas as coisas do mundo, a vida inteira, o farão. Todavia, pode ser também que suas atuais provações o estejam abalando muito, por isso confessa suas apreensões. Então, tem fé em tudo, exceto naquilo capaz de confortá-lo? Dispõe de tudo, menos do necessário ao momento em particular que está vivendo? Que pena! Que tristeza! O carpinteiro que precisa fixar um prego e dispõe de todas as ferramentas, menos, justamente, do martelo! Que fazer? De que lhe servem todas as demais ferramentas? Se você consegue crer em tudo, menos na verdade capaz de encorajá-lo no presente instante, está se privando da consolação e da força de Deus. Você crê que a promessa lhe foi dada para este dia exato? O Senhor disse: "Nunca te deixarei, nem te desampararei" (Hebreus 13:5). "Crês isto?" "Por baixo estão os braços eternos." "Crês isto?" "De ferro e de bronze sejam os teus ferrolhos, e como os teus dias, assim seja a tua força." Crês isto? A Palavra de Deus é como a árvore da vida, que frutifica todo mês. Que bênção colher o fruto dessa árvore no mês justo, quando está bem maduro e mais saboroso. Ela diz: "Deleita-te também no Senhor, e ele concederá o que deseja o teu coração" (Salmos 37:4). Se você fizer isso, ele ouvirá sua oração e lhe dará da luz que transmite seu rosto. "Crês isto?"

VI

Último ponto: *você crê nessa verdade na prática?* Marta responderia talvez que sim, mas seus atos não o comprovavam. Ela colocou sua crença na Palavra do Senhor, ao declarar: "Sim, Senhor, eu creio que tu és o Cristo, o Filho de Deus, que havia de vir ao mundo". Contudo, não a ponto de agir propriamente com base nessa sua fé. Coleridge explica: "As verdades, dentre todas, mais tremendas e misteriosas e, ao mesmo tempo, de interesse universal, são com grande frequência consideradas tão verdadeiras que perdem todo o seu poder de verdade, permanecendo acamadas no dormitório da alma, lado a lado com os equívocos mais desprezados e desacreditados". Até que ponto é real a afirmação de que não há pessoas melhores que a crença que professam? E por quê? Pelo mesmo motivo de que tantas pessoas são piores do que a crença que professam: sua crença está adormecida, é inoperante. Tais pessoas creem, mas é como se não cressem. Trata-se de um arremedo muito pobre de fé. Suponhamos que há uma casa em chamas aqui em Londres, que eu saiba do fato e o conte a vocês e que vocês acreditem. Mas o que lhes importa? Ninguém aqui moverá um dedo para apagar o fogo. Ah, mas se vocês vissem o caminhão dos bombeiros entrar na *sua* rua e achassem que o incêndio, afinal, poderia ser na *sua* casa, garanto que ficariam assustados e apreensivos na mesma hora. Sua convicção chegaria logo a se tornar pessoal. Seria uma preocupação real. Assim, há certas verdades que não nos parecem dizer respeito, pelo menos "por enquanto". São importantes, sim, mas não agem sobre nós mais do que se fossem simples ficção. Marta diz crer em Jesus como a ressurreição e a vida; no entanto, que atitude prática, na verdade, ela tomou? Cristo ordena aos espectadores que tirem a pedra do sepulcro, e ela, todavia, intervém, explicando: "Senhor, já cheira mal" (João 11:39). Teme as terríveis consequências de ser mostrado o corpo do irmão em pleno estado de decomposição — apesar de à entrada do túmulo se encontrar justamente Aquele que é a ressurreição e a vida! Ah! Marta, onde está a sua fé no Senhor? Você afirma crer em Jesus como a ressurreição e a vida, mas de fato teme ainda que seu irmão não se levante, muito embora esteja ali nada menos que o Todo-poderoso para ressuscitá-lo!

Marta, porém, não é bem idêntica a você e a mim? Acreditamos que Deus ouve a nossa oração; por isso, oramos. Todavia, basta o Senhor atender aos nossos pedidos para nos surpreendermos! Já vi filhos de Deus saírem correndo atônitos para contar aos amigos: "Fantástico! Oh, que coisa mais maravilhosa aconteceu comigo! Fiz uma oração, e Deus me ouviu". Espantoso Deus fazer o que disse que faria, não? Essas pessoas descrevem tais experiências em livros como sendo maravilhas das maravilhas e os intitulam *Respostas incríveis à oração*. Meus irmãos é *incrível* sentirmos frio quando a temperatura desce abaixo de zero? Destacamos como estranho o calor admirável dos raios de sol em pleno verão? Será digno de nota que o fogo da lareira de nossa casa que nos aqueça as mãos estendidas, no inverno? Deus é extraordinário por declarar que ouve as orações nossas e o faz? Uma oração respondida deve ser lembrada, sem dúvida, com gratidão; mas, ao mesmo tempo, deve ser para nós como a coisa mais natural do mundo o fato de nosso Pai celestial cumprir o que promete a seus filhos. Grande espanto seria Deus prometer e não cumprir. É fantástico, sim, que Deus haja prometido ouvir sua oração; mas nada há de mais em, tendo prometido, honrar a sua palavra.

Irmãos, grande parte das vezes não nos mostramos nada práticos em outras questões também. Somos capazes de aprender diversas verdades em relação às quais deixamos de agir e nos perguntarmos, em nosso coração: "Crês isto?". Ao sair daqui esta manhã, e ao colocar minha mão no ombro de um crente desanimado que também esteja saindo e lhe perguntar: "Você crê no seu Deus?", que eu não ouça coisas como: "Eu estou tão cansado em espírito, pregador, que posso cair e perecer a qualquer momento". O Senhor disse que "dá força ao cansado, e aumenta as forças ao que não tem nenhum vigor" (Isaías 40:29) . "Crês isto?" Posso me aproximar, então, de outro crente, que vejo suspirando e choramingando devido à pobreza, e a ele lembrar: "Deus disse que 'não negará bem algum aos que andam na retidão'. "Crês isto?" Qual será sua resposta? Como ele reconciliaria seu desconforto e sua murmuração com a crença na promessa de consolação?

Irmãos, repassemos essas questões em nossa alma. Chamamos a nós mesmos de *crentes*, mas será que o somos de fato? Se duvidarmos das preciosidades divinas, uma após a outra, quando elas se apresentarem a nós em detalhes, onde está nossa fé? Supliquemos ao nosso Deus que nos conceda graça para podermos individualizar uma doutrina, uma promessa exata e, com segurança, declarar: "Senhor, eu creio *nisso*, e *nisso*, e *nisso*, porque confio em tudo que anunciaste em tua Palavra. Sei que acontecerá exatamente conforme tudo o que disseste". Deus os abençoe, amados, e esteja com vocês por amor de Cristo. Amém.

7

Por que sois tão tímidos? Ainda não tendes fé?

E então lhes perguntou: Por que sois assim tímidos? Ainda não tendes fé?

(Marcos 4:40)

NA manhã do último domingo, a música aqui na igreja foi executada em um tom mais alto. Buscávamos grande fé em nome do Senhor. Ocorreu-me que talvez eu possa ter desencorajado alguns dos mais frágeis e, portanto, seria apropriado dar sequência àquele sermão. Pretendo me empenhar por encorajar aos irmãos de fraca fé que a exercitem até que sua fé se fortaleça. Também quero convidar aqueles que ainda não têm fé alguma que se lancem na direção da confiança em Deus como uma criança.

Com essa breve introdução, passemos ao nosso assunto.

Não me admira que os discípulos achassem que tinham muita fé em Jesus, seu Mestre e Senhor. Passavam o dia todo com ele, ouvindo-o ensinar e crendo até, algumas vezes, mesmo quando nem haviam compreendido bem o seu ensino. Reuniam-se depois em torno dele, em um grupo privado, para ouvir sua explicação completa do que havia dito, sentindo-se muito gratos por serem favorecidos com tal exposição, em que o Senhor se tornava seu preceptor particular. Nem questiono se cada um deles se considerava um crente firme em Jesus, nem se poderia tolerar a si mesmo alguma dúvida. Na verdade, porém, meus irmãos, nenhum de nós faz a menor ideia de quão escassa é nossa fé. Quando chega a hora da provação, a pilha de grãos procedentes da debulhadeira se transforma em uma quantidade ínfima ao passar pela peneira.

No texto em estudo, vemos que, após um dia de tranquilo serviço dos discípulos com Jesus, surge uma tremenda tempestade, pondo à prova a fé daqueles que o acompanhavam. Foi tão pouco o que se viu de fé e confiança nele que Jesus até lhes indagou: "Por que sois assim tímidos? Ainda não tendes fé?" Em nenhum outro momento, podemos ter fé maior do que no momento da provação. Tudo aquilo que não resiste a uma prova não passa de mera confiança carnal. A fé no tempo bom não é fé; só é fé verdadeira em Jesus Cristo aquela que consegue confiar nele quando não é capaz nem de rastreá-lo, que crê nele mesmo quando impossibilitada de vê-lo.

Essa tempestade era uma provação especial para os discípulos, por isso tão severa. Estavam acostumados a ser atirados de um lado para o outro do barco, naquele mesmo lago. Dessa vez, porém, os elementos haviam sido como que incitados a provocar extremo tumulto: os ventos se abateram sobre as águas com toda a sua força e fúria. Uma guerra da natureza se travou contra a fiel embarcação em que viajavam. Tribulação mais pesada que de costume é um teste sério à fé. Quando parece que somos provados acima da medida comum, o fraco só faz é tremer, e até o forte cai de joelhos aos brados de "Creio! Ajuda a minha incredulidade" (Marcos 9:24).

A tempestade foi ainda mais árdua porque os alcançou justamente quando cumpriam seu ministério discipular. O mestre lhes havia dito que atravessassem o mar. Não se tratava de uma viagem de passeio; nem estavam seguindo a sugestão de um irmão que os chamara a pescar. Em vez disso, estavam sendo guiados por uma ordem do grande comandante. Agiam de modo correto e, no entanto, sofriam grave problema. Fatos como esse deixam sempre perplexos os homens bons. Ouvi um crente, certa vez, dizer: "Eu prosperava mais

Por que sois tão tímidos? Ainda não tendes fé?

antes de ser cristão do que tem acontecido depois que me converti. As coisas eram mais fáceis para mim antes de eu conhecer o Senhor. Como pode ser isso? Justamente o meu empenho em fazer o que é certo e permanecer íntegro me parece que se tem tornado a causa da minha mais dura provação". Isso não é novidade sobre a terra. Todo filho de Deus terá de nadar contra a corrente. Sem luta, não haverá de conquistar sua coroa.

Colaborou mais ainda para lhes provar a fé o fato de a tempestade lhes ter sobrevindo encontrando-se o próprio Jesus no barco. Se o Senhor estivesse ausente, eles talvez ainda tivessem entendido. Mas acontece que ele estava bem ali, junto com eles, na embarcação! Como podia o mar ser assim tão turbulento para com eles estando o próprio Cristo no barco? Se o crente está fora da comunhão com Cristo, geralmente compreende-se as coisas lhe vão mal. Mas, se anda constantemente em amizade e até proximidade consciente com o Senhor, e mesmo assim é provado, transtornado, o que pensar disso? Eis o teste da fé. "Pois o Senhor corrige ao que ama, e açoita a todo o que recebe por filho" (Hebreus 12:6). Esquecemos dessa palavra e fantasiamos que as provações possam significar ira divina, quando, na verdade, devem ser sinais e testes de amor.

Aos discípulos, deve ter parecido, ainda, uma tempestade inoportuna, já que acompanhavam Jesus diversas outras pequenas embarcações, todas apanhadas de surpresa pela procela. Costumamos ficar sempre ansiosos por aqueles que vêm ouvir o evangelho para que nada os indisponha contra ele, e os discípulos, também, talvez temessem que aquele tempo ruim acabasse por afastar de Cristo os ouvintes, que, não fosse isso, poderiam vir a se converter. Ao depararem os ouvintes com uma tempestade dessa tão pouco depois de terem começado a remar junto a Jesus, poderiam, quem sabe, considerá-lo como um outro Jonas e achar melhor evitar doravante o pregador da Galileia. Sei quanto gosto de ver fazendo tempo bom durante os cultos ao ar livre, assim permanecendo até que o povo retorne às suas casas, e tenho a impressão de que os discípulos sentiram a mesma coisa. Não queriam que seu Senhor fosse visto, como se acreditava naquela época, como uma daquelas aves cujo voo fugidio significa tempestade certa, ou seja, como símbolo de "mau agouro". Vocês sabem como a superstição era forte naqueles dias. Estivéssemos você e eu lá, pediríamos, certamente: "Senhor, permite-nos ter uma calmaria, para que quem veio contigo nesses barcos possa voltar para casa com tranquilidade. Faze que as tuas pregações maravilhosas junto ao mar continuem cada vez mais agradáveis, de modo que da próxima vez que vieres a essa margem, possam as pessoas se reunir em quantidade ainda maior para te ouvir". Algumas vezes, circunstâncias que nos parecem estranhas em uma provação podem torná-la para nós mais difícil de suportá-la. A provação nunca é realmente bem-vinda, mas por vezes pode se tornar especialmente desagradável.

Vejam só meus irmãos, como os discípulos saíram da tempestade! Haviam se comportado bem no início da provação, mas em pouco tempo já se encontravam em terrível condição. Vemos um pássaro de plumagem brilhante, ostentando no peito metade das cores do arco-íris, exibindo-se sob a luz do sol, e lhe admiramos a beleza. Em pouquíssimo tempo, no entanto, os céus despejam chuvas abundantes e sem dó. A partir de então, nosso bravo pássaro assume forma bastante diversa. Encharcado e sujo de lama, busca um abrigo humilhante. Assim somos nós, geralmente, depois de severa provação. Pavoneamo-nos na carne, até sermos provados. Então nossas penas murcham e se apegam a nós, abaixamo-nos, escondemo-nos, até que o mestre venha nos advertir: "Por que sois assim tímidos? Ainda não tendes fé?" (Marcos 4:40).

Essas duas perguntas do Senhor, estudaremos esta manhã, no intuito de delas podermos extrair o melhor proveito espiritual. Possa o Espírito de Deus assim o permitir!

Em primeiro lugar, analisemos o texto como *a exclamação de piedade*: "Por que sois assim tímidos?" A seguir, como *a censura do amor*: "Ainda não

Por que sois tão tímidos? Ainda não tendes fé?

tendes fé?" Por fim, procuremos considerá-lo como *a indagação da sabedoria*: "*Por que* sois assim tímidos? *Ainda* não tendes fé?" Que essa nossa meditação tripartite traga ricos benefícios a todos!

I

Tomemos inicialmente, então, a inquirição de Jesus como uma *exclamação de piedade*. O querido mestre, ao despertar do sono como se à sua volta reinasse uma brilhante manhã de verão, apesar de ser escura a noite e se encontrar em meio a uma terrível tempestade, olha admirado para seus discípulos, achando-os tão estranhamente diferentes de si mesmo. Pergunta, então, com toda a tranquilidade de seu espírito corajoso: "Por que sois assim tímidos?" Teve piedade deles nessa ocasião, creio eu, por vários motivos.

Primeiro, pelo fato de *os temores daqueles homens os tornarem tão diferentes dele*. Eram seus discípulos muito próximos, e seria de esperar, portanto, que se comportassem o mais possível como o mestre. Se aprendiam diariamente com ele era para que colocassem em prática as lições de seu exemplo. Jesus se mantinha constantemente seguro, intrépido e tranquilo e esperava que sua paz já os tivesse contagiado a ponto de lhes causar efeito semelhante. O tempo todo demonstrava coragem e sossego, por isso mesmo transmitia coragem e sossego àqueles que dele se aproximassem. No entanto, os homens que agora o acompanhavam no barco estavam como que perdendo a bênção. Ele perguntou, portanto, compadecido: "Por que sois assim tímidos?" Admirava-se não do fato de sentirem temor diante do tufão, mas teve pena, sim, de sentirem medo *a ponto de agir como se não tivessem fé*. Ainda não se pareciam muito com ele, apesar de o grande propósito de todo o seu ensinamento fosse fazê-los iguais ou quase iguais a ele.

Quantas vezes nosso mestre bendito deve olhar para nós, queridos amigos, com grande piedade! Imagino que lamente por nós, pelo fato de, mesmo estando com ele há tanto tempo — e alguns dentre nós já começam até a ficar de cabelos brancos em seu serviço —, permanecermos ainda tão longe de sua glória. Estamos destinados a nos moldarmos à sua imagem, mas o processo está sendo lento. Depois de lhe copiar a grafia, a nossa grafia própria continua altamente desajeitada e feia, formada em grande parte de rabiscos e garranchos. Cada uma das páginas do nosso caderno da vida encontra-se cheia de erros, emendas e borrões. O grande Professor não pode deixar de ter dó de seus pobres alunos. Como é possível, por exemplo, que sintamos tantos temores e receios a toda hora, enquanto nosso Senhor e Mestre se mantém tão seguro e tranquilo? É essa a nossa imitação de Cristo? As dúvidas, os alarmes, as angústias e as desconfianças constantes de Deus que revelamos diariamente são coisas que um verdadeiro e sincero seguidor de Jesus deveria demonstrar?

Ele teve dó daqueles homens também porque *aquela situação os deixava diferentes até deles mesmos*. Eram homens arrojados e, no entanto, seus temores agora os acovardavam. Eram pescadores, homens curtidos na sua faina diária e acostumados com o mar bravio, mas se poderia imaginá-los até meros homens da cidade ou do campo caso se lhes observasse os atuais temores. Fora como crianças assustadas que haviam clamado: "Mestre, não se te dá que pereçamos?" Embora não se pudesse considerá-los homens sábios perante o mundo, naquele exato instante, no entanto, se revelavam no limite de uma estreita capacidade mental. Na verdade, geralmente, quando temos medo, como nos tornamos tolos em nosso modo de pensar, falar e agir! Como seria bom se a fé nos firmasse! No entanto, a descrença nos faz cambalear e oscilar de um lado para o outro. Poderíamos resistir à tempestade se não abríssemos mão da nossa confiança em Deus; mas, fracassando nesse ponto crucial, tornamo-nos moles e líquidos como água. Como caem os poderosos! Ó meu Deus, os filhos de Efraim, armados e munidos de arcos, recuam no dia da batalha! Aqueles que um dia serviram de modelo de coragem se acovardam quando a fé falha.

Por que sois tão tímidos? Ainda não tendes fé?

Pais em Israel agem como bebês na graça quando sua fé se enfraquece! Nosso Senhor sofre por nós ao ver que caímos tão baixo que, em vez de sermos como ele, não somos nem mais como nós mesmos.

Jesus, ainda, teve piedade dos discípulos porque *o medo que sentiam os tornara muito infelizes*. O terror transparecia no semblante deles. Ficaram certamente brancos como papel ao constatar que o barco não podia mais ser esvaziado da água que entrava sem cessar e que se enchia e enchia cada vez mais, a uma velocidade constante, começando a afundar. O que teria provocado tamanho pânico? O medo da morte? Seus temores, na verdade, lhes causavam sofrimentos ainda maiores do que a morte por si mesma conseguiria provocar. Muitas vezes, experimentamos mil mortes em uma. A morte nada é se comparada ao medo de morrer. Toda a agonia da morte se baseia em sua previsão como certa. A morte, em si mesma, é na verdade o fim de toda agonia! Ela não é a tempestade, mas a completa extinção dos elementos responsáveis pela perturbação. Por meio da morte, a alma passa ao descanso desta vida. O infortúnio dos apóstolos estava, assim, em seus temores.

Sei de cristãos que enfrentam sofrimentos terríveis pelo mesmo motivo. Conheço um homem que mora onde moro e ocupa o púlpito que ocupo que precisa confessar seus próprios erros neste dia. Ele poderia desfrutar de paz constante, não fosse pelo fato de que, no cuidado e na obra de sua grande igreja e suas várias afiliadas, ele olhar para as dificuldades e as necessidades do momento e para a própria debilidade, abrindo assim as portas para a invasão do medo. Amados, não podemos ser dotados dessa timidez infantil. Lutemos por uma posição corajosa. Quebremos os ovos do temor quando ainda chocando no ninho de nossa descrença. Nossos sofrimentos são na maioria de fabricação caseira, forjados na fundição da nossa falta de fé e com o martelo dos nossos falsos augúrios. O Senhor nos perdoe! Jesus tenha dó de nós por corrermos o risco de sermos dilacerados por temores desnecessários, deixando de usufruir a alegria de uma fé descansada.

Mais ainda, o mestre teve pena deles porque *seus temores os tornaram rudes*. Os discípulos foram um tanto agressivos no tratamento dado ao mestre que dormia. Se pelo menos tivessem parado para pensar, concluiriam: "Não, não o despertemos! Ele teve um dia muito cansativo. Os cuidados do mundo repousam sobre ele. É um homem de dores, experimentado nos sofrimentos. Deixemo-lo descansar. Melhor sofrermos do que incomodá-lo". Mas, se precisavam despertá-lo, não poderiam ter dirigido a ele palavras mais apropriadas? "Mestre, não se te dá que pereçamos?" foi, de fato, uma petulância, quase uma maldade. Para um coração terno como o do Senhor ser ferido, bastaria ouvir isso. Nossa descrença tende a fazer de nós pessoas rudes. Não somos geralmente muito ternos com os outros quando algum problema nos aflige.

Permitam-me divagar um pouco agora a respeito do amor compassivo. Comecemos por reconhecer que os discursos ácidos, em geral, costumam proceder de um coração entristecido. Pode-se tomar a linguagem mesquinha como um dos sintomas da doença, mas devemos ter mais dó do enfermo do que nos irritarmos com o discurso ofensivo. Não vale a pena dar grande importância ao que diz aquele que sofre, pois certamente ele mesmo, em breve, lamentará tê-lo dito. Se conhecêssemos a verdadeira razão de muitas palavras duras, nossa compaixão, sem dúvida, impediria até a nossa raiva momentânea. Nosso Senhor preferiu, assim, sabiamente, não tomar conhecimento da petulância dos apóstolos; pois não questionou "Por que sois assim tão rudes?", mas, sim, em vez disso, perguntou: "Por que sois assim tímidos?" Em todos esses casos, procuremos curar a grosseria mediante o amor em dobro.

Ouvi falar ontem de um velho pastor, galês, homem sábio e de espírito generoso, que foi magoado por um diácono grosseiro e mal-educado — e diácono, quando resolve ser rude, consegue causar danos terríveis. Esse diácono era, além de tudo, perverso. Gostava de atormentar o idoso cavalheiro de toda forma possível. Até que um dia, depois de ter dito coisas horrorosas, mais

Por que sois tão tímidos? Ainda não tendes fé?

amargas do que de costume, o diácono adoeceu. O pastor, muito paciente, logo foi visitá-lo. No caminho, comprou umas belas laranjas e as levou. "Irmão Jones", disse ele chegando à casa do diácono, "sinto muito vê-lo adoentado. Trouxe algumas laranjas para você". O irmão Jones se espantou sobremaneira com atitude tão gentil e não teve muito o que dizer a esse respeito. Sendo assim, o ministro continuou, sempre muito delicado: "Acho que comer uma dessas frutas o reanimaria. Vou descascá-la para você". E assim fez, descascando a laranja, ao mesmo tempo que conversava em tom bastante amável. Em seguida, partiu a fruta, entregando ao enfermo um pedaço tentador, do modo mais gracioso possível. O homem de espírito amargo comeu e chegou a se comover um pouco. O momento de oração a Deus foi também muito agradável. O irmão Jones começou a melhorar em mais de um sentido. Uma terceira pessoa, que conhecia tudo a respeito do diácono, incluindo sua fama de mal-humorado, encontrou enorme dificuldade para acreditar que o pastor agira daquela maneira com alguém que se lhe opunha o tempo todo, difamando-o de maneira bastante degradante. Inconformada, essa pessoa procurou depois o ministro e lhe perguntou: "O senhor foi mesmo visitar aquele homem tão cruel como é o velho Jones?" "Oh, fui sim", ele respondeu. "Senti-me na obrigação de fazê-lo." "E levou laranjas para ele?" "Isso mesmo, levei laranjas, sim. Fiquei contente em fazer isso." "E o senhor sentou-se ao lado da cama e descascou uma laranja para ele?" "Sim, descasquei uma laranja para ele. Fiquei satisfeito em ver como ele gostou. Porque, minha irmã, aprendi que, quando um homem sofre de temperamento muito ruim, uma laranja é coisa muito boa para lhe dar de comer. De qualquer forma, no meu caso, foi bom."

A lição aqui é a seguinte: se pretende curar uma pessoa de sentimentos ruins, seja gentil ao extremo para com ela. Encare os discursos rudes e petulantes como sintomas de uma doença para a qual o melhor remédio não é mais uma dose de amargor, mas uma laranja. Por outro lado, amados, se, em vez de laranjas, vocês têm se servido desses discursos rudes, não o façam mais. Parem com essa timidez; ou seja, deixem de ser medrosos do mal, para que consigam deixar de ser tão mal-humorados. Nosso bendito mestre não encontrou falha na indelicadeza de seus discípulos, mas atacou a raiz do mal silenciando seus temores. Por isso, lhes disse: "Por que sois assim tímidos? Ainda não tendes fé?" (Marcos 4:40). Aqui se percebe a piedade do nosso Senhor. Gostaria de poder saber proferir essas palavras do modo que ele as disse, e então vocês se maravilhariam com a admirável ternura que elas contêm.

II

Em segundo lugar, vemos que essas palavras foram ditas também como *censura do amor*. Havia a intenção de que carregassem em si uma gentil repreensão ao coração descrente daqueles homens.

A descrença dos discípulos naquele barco foi dolorosa para o Senhor Jesus. Em vez de nele crer como deveriam, magoaram seu perfeito amor pelo fato de duvidarem dele. Como podiam ter imaginado que Cristo deixaria que se afogassem? Ele estava na mesma embarcação que eles! Julgavam então que, apesar de tudo, ele não passava de um mero imitador da Divindade e que o barco poderia naufragar com ele a bordo? Amados, batamos no peito, arrependidos, se soubermos ter algum dia causado uma pontada no coração do nosso querido Senhor, que entregou sua vida para nos salvar. Ele não pode ser alvo de dúvidas: isso seria pura blasfêmia, até crueldade. O mínimo que podemos fazer é chamar de "superfluidade perversa" duvidar daquele cuja vida e morte são coroadas de provas infalíveis do seu imutável amor para conosco.

Nosso Senhor questionou os apóstolos desse modo não propriamente porque a descrença deles o ofendesse, mas, sobretudo, porque *nada tinha de razoável*. A coisa mais irracional no ser humano é duvidar de Deus. Fé é razão

Por que sois tão tímidos? Ainda não tendes fé?

pura. Pode parecer um paradoxo, mas é verdade absoluta: nada é mais racional do que crer na palavra de Deus — o Deus que não pode errar nem mentir.

O medo dos discípulos açoitados pela tempestade era inteiramente irracional porque contrariava tudo aquilo em que eles próprios criam. Eles acreditavam, de fato, em que Jesus fora enviado por Deus em missão gloriosa. Como essa missão se cumpriria, então, se ele se afogasse? Se naufragassem, Jesus também naufragaria, pois estava a bordo da mesma embarcação. A fé que tinham em sua missão divina não deveria ter mantido a esperança deles no pior momento da tempestade? Meus irmãos, não sejamos incoerentes naquilo em que cremos. Não neguem o seu próprio credo, por menor que pareça, pois isso é irracional.

Mais ainda, o temor daqueles homens estava em franca oposição às experiências que acumulavam. Tinham visto seu Senhor operar milagres, alguns dos quais envolvendo-os diretamente. Haviam contemplado provas do seu poder e divindade, bem como de seu cuidado para com eles. Isso não se aplica também ao nosso caso? Alguma vez o Senhor falhou conosco? Não nos tem ajudado até o dia de hoje? Ousaria você negar toda a sua experiência passada? Tudo em que você crê e tem crido acerca de Deus não passa de ficção? Será que até hoje você esteve sob a influência de uma enorme ilusão? Você, crente avançado em idade, como pode duvidar? Com tantos Ebenézer em sua história, dos quais vale lembrar com renovada gratidão, você deveria se elevar acima de todo medo.

O temor dos discípulos era, enfim, completamente incoerente com tudo o que já haviam observado. Tinham testemunhado Jesus curar doentes e alimentar multidões. Não sei bem quantos de seus milagres já haviam sido operados diante deles, mas com certeza o suficiente para que tudo que tinham visto os constrangesse a crer que ele fosse capaz de salvá-los até do perigo e da morte. Como então puderam duvidar? Quanto a nós, não temos também visto o suficiente do dedo de Deus para nos mantermos confiantes no dia da tribulação? Se não cremos, não ousemos pôr a culpa em necessidade de evidência. Desconfiar é irracional porque contraria toda a experiência do nosso coração e a observação dos nossos olhos.

Ainda mais, a descrença contrariava o próprio bom senso deles. Algumas pessoas têm o bom senso em altíssima conta. Fazem bem, pois ele é o mais raro de todos os sentidos. Seria razoável da parte dos discípulos pensar que Jesus, sendo capaz de prever o futuro, haveria de levá-los para o interior de um barco sabendo de antemão que uma tempestade os faria naufragar? Que um líder tão bondoso os conduzisse até o meio do mar da Galileia para que viessem a se afogar? Ou então que ele, tão favorecido por Deus, seria abandonado pelo Pai para perecer antes de completar sua missão? Que Jesus se deitaria para dormir se os seus discípulos corressem perigo de fato? Que o rei de Israel, que eles sabiam ser a luz do mundo, estava destinado a morrer afogado? Raras vezes, a nossa descrença, meus irmãos, mereceria figurar na lógica de qualquer raciocínio. Nossos temores com frequência demonstram uma imensa tolice. Quando os superamos e olhamos para trás, enchemo-nos até de vergonha por termos sido tão tolos. Nosso Senhor censurou-lhes a descrença porque ser irracional.

Mais ainda, a descrença dos discípulos merecia censura porque *procedia de uma visão restrita a respeito do Senhor Jesus*. Tanto assim que, quando depois viram a maravilha que ele havia operado, comentaram, espantados, entre si: "Quem, porventura, é este, que até o vento e o mar lhe obedecem?" Já não deviam conhecer a resposta de antemão? Se tivessem se lembrado disso, teriam sido, por acaso, esmagados pelo medo? Que tenhamos Jesus sempre na mais alta conta! Tê-lo em alta conta seria, na verdade, impossível. Basta o tomarmos por tudo o que ele é de fato e, se o tivermos como Deus verdadeiro, nele descansaremos e diremos adeus às nossas dúvidas e aos nossos temores. Se Jesus passar a ocupar desde agora posição maior em nossa estima, nossa vida há de ser bem mais grandiosa.

Por que sois tão tímidos? Ainda não tendes fé?

Jesus censurou os amigos por *saber que tão grande falta de fé como a deles os desqualificaria para sua vida futura*. O barco é o símbolo da igreja de Cristo, sendo a tripulação os próprios apóstolos. A tempestade, por parábola, seriam as perseguições que a igreja haveria de suportar. Ao se mostrarem medrosos por causa de uma tempestade no insignificante mar da Galileia, os tripulantes do barco provavam que não estavam prontos ainda para as tremendas tempestades espirituais que nos anos seguintes iriam abalar a igreja nascente, misturando terra e inferno em terrível confusão. Pedro, Tiago, João e os demais teriam de conduzir o barco da igreja de Deus por mares de sangue e permanecerem firmes junto ao leme em meio aos furacões do engano. A timidez seria, então, um triste mal, que os incapacitaria para a importante tarefa que os aguardava. Jesus lhes poderia ter dito: "Se vocês fogem ante os soldados de infantaria, e eles os cansam, o que farão quando obrigados a enfrentar a cavalaria? Se esses ventos e ondas foram fortes demais para vocês, como reagirão quando tiverem de travar combate contra principados, potestades e hostes espirituais da iniquidade nas regiões celestiais? Se causas naturais destroem sua paz, até que ponto as influências espirituais não irão perturbá-los?"

Irmãos, as provações do momento presente podem nos servir, frequentemente, de campo de treinamento para enfrentarmos conflitos posteriores mais graves. Nunca saberemos o que ainda temos pela frente a suportar. As adversidades de hoje são uma escola preparatória para aprendizado mais elevado. Se não agirmos com coragem agora, o que faremos no futuro? Se devido a algum pequeno desconforto de ordem doméstica estivermos prontos a desistir de tudo, que faremos, como Deus indaga a Jeremias, "na soberba do Jordão"? Se um pouco de esforço e fadiga nos abate, como reagiremos quando o suor da morte pingar sobre a nossa testa? Meus irmãos em Cristo, ouçamos com atenção quando nosso Senhor nos repreende com amor. Desembaracemo-nos de nossos medos e decidamos que não mais os teremos, por sua graça, mas, sim, confiaremos inteiramente no Senhor. Oh, entreguemo-nos, como uma criança, à tranquila esperança e ao descanso seguro do amor de Deus, que jamais pode falhar!

Passei rapidamente sobre um terreno em que poderia ter me demorado um pouco mais, e com proveito, mas tão somente porque desejo dar uma palavra mais densa a vocês neste terceiro ponto, a seguir.

III

Podemos, enfim, ver as palavras de Jesus como *uma inquirição dotada de sabedoria*. É sempre bom sondar a dor até o fundo, se houver alguma esperança de se lhe descobrir a causa e poder vencê-la. Se você tiver medo, poderá superá-lo simplesmente removendo-se sua causa. Se ficar evidente que não há motivo algum para sentir medo, deixará de temer. Se descobrir que existe, sim, uma boa razão para o temor, poderá então saber como lidar com ela. Minhas palavras aqui talvez sejam curtas demais, como em um telegrama. Estudem melhor o assunto, então, por favor, em suas horas de folga.

"Como é possível que vocês não tenham fé alguma?" — foi essa a indagação de Jesus.

Seria por necessidade de conhecimento? Se os discípulos conhecessem melhor Jesus, talvez não tivessem mostrado tanto medo, mas demonstrado uma fé firme. É o que acontece com alguém aqui presente? Você tem sido mal ensinado no evangelho? Só conheceu até agora metade das doutrinas? Tem uma visão nebulosa a respeito da aliança da graça e da salvação relacionada com a pessoa do Senhor? Se assim é, o caminho mais rápido para aumentar a fé, no seu caso, será ler mais a Bíblia, estudá-la com maior atenção e ouvir o evangelho com maior frequência. Venha aos cultos noturnos durante a semana; mantenha mais comunhão particular com Cristo. Gaste três, quatro, cinco vezes mais tempo com a devoção e chegue mais perto do seu Senhor,

Por que sois tão tímidos? Ainda não tendes fé?

rogando ao Espírito Santo que o conduza a toda a verdade. Você terá investido seu tempo admiravelmente bem na conquista de mais conhecimento se vier a se descartar de seus temores e fortalecer sua fé. Lembre-se da palavra: "Apega-te, pois, a Deus, e tem paz, e assim te sobrevirá o bem" (Jó 22:21). Aprenda mais sobre Jesus e, quando o conhecer melhor, os principais motivos de seus temores serão afastados.

Ou *seria por necessidade de pensar*? Será que aquela boa gente sabia das coisas, mas se esquecera? Falharam por não terem raciocinado como deveriam? Foram superficiais em sua maneira de pensar? Será também por esse motivo que você tem tido tanto temor e tão pouca fé? Você, afinal, é um ancinho, em vez de ser uma pá ou mesmo uma escavadeira? Satisfaz-se em roçar a superfície do solo quando há pepitas de ouro depositadas logo abaixo? É isso, então? Tem pouquíssima ou nenhuma consideração pelo que é eterno e invisível? Seus pensamentos se ocupam o tempo todo de seus negócios desta vida, ficando Deus, portanto, praticamente excluído deles? Você estará sempre usando sua pá para revirar o lixo da ganância e nunca espia pelo telescópio da fé? Os tesouros permanentes estarão para você encobertos, enterrados no meio das coisas temporárias, aparentes e obscuras e dos sentidos? Se assim for, comece a endireitar seus caminhos, meu irmão. Faça isso agora mesmo. Alimente pensamentos mais elevados; pratique mais oração — muito mais oração; faça mais louvor — muito mais louvor; mais meditação, mais investigação pacífica do próprio coração, mais familiaridade com as coisas de Deus. Não acha que poderia encontrar certamente o remédio para os seus temores indo na direção da intimidade santa com a realidade invisível de Deus? Que ela possa ser mais verdadeira para você, e que os problemas desta vida sejam recolocados em seus devidos lugares, como leves aflições que subsistem apenas por um instante e nada mais.

A investigação do motivo pelo qual tememos tanto pode nos levar ainda a outra causa: *será que é porque as nossas provações nos pegam sempre de surpresa?*

Talvez os discípulos considerassem que tudo estava certo, já que tinham Cristo a bordo. Não sejamos tão confiantes assim; mas, sim, estejamos de certo modo atentos a fim de não permitir que aflição alguma nos choque ou surpreenda. Na verdade, o próprio Senhor nos avisou: "No mundo tereis tribulações" (João 16:33). Portanto, se nossos parentes amados morrerem, não nos surpreendamos: poderiam ser eles imortais? Se perder suas riquezas materiais, não se surpreenda — riquezas na terra sempre tiveram asas, portanto não admira que voem! Se qualquer adversidade, enfim, se abater sobre sua vida, não se choque nem surpreenda, porque "o homem nasce para a tribulação, como as faíscas voam para cima" (Jó 5:7). O Senhor nos advertiu justamente sobre isso para que, quando acontecesse, pudéssemos não perder nossa fé. Conte com a possível tribulação, e não será tragado pela surpresa nem se afligirá tanto como se algo estranho e raro lhe tivesse acontecido.

Ou será que eles se encheram tanto de medo *por excesso de autoconfiança*? Confiariam certamente demais na qualidade do barco que possuíam? Ou se sentiriam seguros simplesmente por causa de sua destreza como homens do mar? Com frequência, confundimos nossa dependência do eu, ou de algum outro braço de carne, com nossa dependência do Senhor. Constantemente, homens bons e tranquilos pensam em voz alta: "Disso eu dou conta". Oh, sim, já enfrentamos problemas antes, somos pessoas experientes e perspicazes, capazes, portanto, de cuidarmos do nosso próprio caminho. Irmãos, nunca somos tão fracos como quando nos sentimos os mais fortes e nunca tão tolos como quando imaginamos ser sábios. Quando nos sentimos "em plena forma", logo descobrimos que não atingimos nem a marca mínima exigida para competir. Quando nossa confiança está depositada somente parte em Deus e grande parte em nós mesmos, nossa derrota não está longe de acontecer. O anjo que se postou com um pé sobre o mar e outro em terra firme teria se afogado se não fosse um anjo. Como não somos anjos, tomemos cuidado em pôr os dois pés sobre terra firme da força e da verdade divinas. Se você confiar em

Por que sois tão tímidos? Ainda não tendes fé?

si mesmo, mesmo que no menor grau de confiança possível, um elo da corrente estará sempre fraco demais para suportar o seu peso. De nada adianta ter os outros elos fortes. Não será esse justamente o motivo pelo qual você tem tanto medo, por estar a sua fé misturada à sua autoconfiança?

Ou será que o que os levou ao receio excessivo foi o fato de *estarem concentrados demais na provação que os acometia*? Se tivessem de descrever sua experiência, falariam, sem dúvida, da escuridão, das horríveis "trevas que se poderiam apalpar" (Êxodo 10:21). Teriam levado os ouvintes a escutar, em imaginação, o uivo dos ventos e seus gritos medonhos como relinchos de cavalos selvagens furiosos em luta. Que se visse como o vento se abatia em torrentes desde as colinas, empurrando o barco para baixo como se quisesse submergi-lo! O mar, por sua vez, se ressentindo dessa tentativa, procurava arremessar a frágil embarcação às alturas, balançando-a de um lado para o outro como se em mãos feitas de água, como os pinos nas mãos de um malabarista! A tempestade era por demais feroz, e o barco, frágil demais. Vejam como ele girava no redemoinho!

Imagine, porém, se disséssemos que deveriam permanecer confiantes e calmos naquele instante. Não responderiam, certamente, que não estávamos em sua pele e que não era fácil manter a calma? "Ah!", diz alguém, "tenho mulher e filhos em casa que dependem da minha pescaria. Como posso ficar calmo pensando neles deixados como viúva e órfãos? Um homem não pode se dar ao luxo de morrer afogado se tem uma família para sustentar! É muito bonito falar, mas você não sabe o que é ficar ensopado até os ossos e perto de morrer!" Bem, irmão, talvez não saibamos mesmo. Mas uma coisa sabemos: que quando fixamos o pensamento única e exclusivamente nos ventos, nas ondas, na esposa e nos filhos e tudo o mais, aí, sim, é que ficamos perturbados. Se nos fosse possível colocar à frente de tudo o pensamento mais importante, este, sem dúvida, seria diferente. O pensamento que supera tudo isso é que Jesus está conosco. O vento sopra, mas Jesus está a bordo! As ondas se enraivecem,

Perguntas para a mente e o coração

mas Jesus está a bordo! Os pobres pescadores não perecerão, pois Jesus está a bordo! Se pudessem ter mantido esse fato animador à frente de tudo, teriam banido seu sobressalto e, como o seu Senhor, mantido a calma. Em vez disso, a preocupação com a provação foi demais para a sua fé, de modo que se amedrontaram como crianças.

Será que alcancei meu objetivo? Se vocês não descobriram a causa de seu temor, devo deixá-los para que a procurem por si mesmos. Confio em que conseguirão fazê-lo, destruindo-a de imediato. Não devemos continuar a ter uma fé pequena; mas, sim, glorifiquemos nosso Senhor por meio de firme confiança nele, de modo que nem a tempestade do sofrimento nem a da tentação nos consigam abalar.

Devo concluir levando essa investigação para uma área diferente, com outro propósito. Nesta congregação, há uma quantidade considerável de amigos que ainda não são crentes em Jesus Cristo. Quero saber deles esta manhã por que não têm fé. Ajudem-me, vocês mesmos, nessa investigação, eu lhes peço: por que ainda sentem tanto medo? Um dia haverão de morrer. Quer creiam em Cristo, quer não, vocês também morrerão, e esse final é sempre duro para quem não conta com um Salvador. Quem sabe se até o próximo sábado vocês se encontrarão na "soberba do Jordão"? O que pretendem fazer então, se não tiverem fé em Cristo? Vocês a desejam ter? Fico contente em ouvir isso, mas gostaria de lhes devolver a questão somente para averiguar se esse desejo é sincero, completo e de coração. Você sabe o que deseja? Está determinado realmente a ser salvo? Não estou perguntando se está determinado a escapar do inferno. Isso creio que seja bastante provável, se você tiver juízo. Mas e escapar do *pecado*? Quer ser salvo do poder do mal? Deseja se tornar bom, obediente, leal e puro em vida? Se sim, então eu o lembraria de que a fé em Jesus é a única forma de salvação. Eu insistiria muito com você para desejar ter essa fé imediatamente. Sim, eu o incitaria agora a crer no Senhor Jesus Cristo de todo o coração.

Por que sois tão tímidos? Ainda não tendes fé?

"Eu quero crer", você diz. Então qual é o empecilho? Se não consegue ficar sentado quieto no seu banco e obrigar-se a crer de imediato, existem outros modos de atingir esse objetivo. Se me dissessem, por exemplo, que o rei da Tartária morreu, não sei se creria ou não nisso, porque não sei nada sobre o rei da Tartária, nem mesmo se ele existe. Se quisesse, porém, acreditar na notícia, eu pegaria o jornal e leria sobre o assunto; e decidiria certamente quanto a crer ou não nisso em questão de minutos. Conhecimento e prova levam à crença e à fé. É exatamente a mesma coisa com a fé em nosso Senhor Jesus Cristo. Ela é dom de Deus e obra do Espírito Santo, mas nos chega de certa forma. Pense um instante. *Pense em quem é o Salvador.* Ele é Deus e homem. Desceu à terra com o propósito de salvar pecadores. Você acha que essa Pessoa divina é capaz de salvá-lo? Que ele tem esse poder? Acredita que esse Deus e Homem amoroso o acolherá? Que está disposto a salvá-lo? Nesse caso, confie nele. Em seguida, *considere o que Jesus fez.* Ele levou na terra uma vida de labuta e dores, morrendo na cruz para fazer expiação pelo pecado. Pare e olhe para ele como alguém crucificado pelos homens. "Levando ele mesmo os nossos pecados em seu corpo sobre o madeiro" (1Pedro 2:24). A maior fonte de fé é a contemplação da cruz de Cristo. Fixe os olhos em suas agonias e diga a si mesmo: "Posso crer que por mérito dessa morte extraordinária, suportada por um homem como esse, Deus pode perdoar o pecado com justiça". Creia, então, em seu próprio benefício, e veja seus pecados serem levados embora pela morte de Cristo. Está disposto a *considerar o que Jesus está fazendo agora?* Ele ressuscitou dentre os mortos, subiu aos céus e agora intercede pelos transgressores — por pessoas como você. Confie nele, então. Confie em Jesus por causa do que ele é, do que ele fez e do que está fazendo em prol dos pecadores. Lembre-se de que essa é toda a questão, tanto quanto lhe diz respeito. Você deve aceitar o que o Senhor Jesus apresenta para você. Aceite-o. Sim, tome-o como seu. Olhe aqui. Vou me virar para este amigo atrás de mim e convidar: "Quer segurar minha mão?" Vejam, ele a aceita com liberalidade. Jesus Cristo é tão liberal para com todos os pecadores que sentem necessidade dele quanto minha mão foi para meu amigo. Ele tomou-me a mão sem questionar. E você, não vai aceitar Jesus? Aceite-o agora. Se o fizer, ele será seu Senhor e Salvador, seu para sempre! Aceite sua mão, e ele jamais a afastará do seu alcance. Oh, que você clame agora: "Senhor, eu te aceito!"

Ainda em dúvida quanto à verdade do evangelho? Se tem, quero saber o que você acha a respeito do que pregamos. Nós por acaso o enganamos? O que você pensa da confiança de sua mãe, ou sua irmã, ou sua esposa, em Cristo — ela também está sendo enganada? Aqueles seus parentes ou amigos queridos que morreram felizes no Senhor eram todos enganadores, ou foram enganados? Claro que não. Você sabe que a Palavra de Deus é verdadeira. Então, creia nela. Creia, para seu próprio bem, e ela será tão verdadeira para você quanto tem sido para nós. Tenho certeza de que você não conseguiria negar as Escrituras. Não ousaria afirmar que o evangelho é uma invenção. Ele ostenta a prova de si mesmo bem à nossa frente. A salvação substitutiva do nosso Senhor é uma ideia tão grandiosa que ninguém seria capaz de inventá-la. É evidente, e evidente por si mesma, que se trata de um fato divino. Que Deus seja justo e ao mesmo tempo nos ignore os pecados é uma maravilha que vai além da concepção dos homens. Algo assim só poderia brotar do coração de Deus. Creia nisso, aceite-o como verdade absoluta e entregue-se a essa verdade. Possa o Espírito de Deus conduzi-lo a fazer isso agora!

Se você ainda não está crendo em Cristo, gostaria de saber o motivo. Será porque você crê mais em si mesmo? Se for o caso, deixe de lado essa insensatez. Você não pode confiar em si mesmo e em Cristo ao mesmo tempo. Não há como existir tal combinação! Dependure sua autoconfiança em uma forca alta, como aquela em que Hamã, da história de Ester, foi enforcado, pois autoconfiança, perante Deus, é, antes de tudo, abominação.

Ou talvez seja seu grande pecado que o leve a desesperar do perdão. Não há ocasião para tal incredulidade, pois Deus é abundante em misericórdia, e o

Por que sois tão tímidos? Ainda não tendes fé?

sangue de Jesus nos purifica de todo pecado. Se você tem um grande pecado, lembre-se que para isso existe um grande Salvador. Aquele que nos veio salvar é o Filho de Deus. Dispôs de sua vida por nós e, por isso, tem poder para salvar até o caso mais extremado de pecado. Em vez de duvidar, peço que glorifique a Deus por isso, crendo na grandeza de sua salvação.

Foi um prazer para mim, anos atrás, desfrutar da amizade do sr. Brownlow North. Antes da conversão, era ele um homem mundano e, imagino eu, quase tão leviano e dissoluto quanto costumam ser os homens de seu caráter e posição. Depois que se converteu, North começou a pregar o evangelho com grande fervor, embora sabendo do desprezo dos antigos companheiros, que certamente o consideravam um hipócrita. Um dia, estava para dirigir a palavra a uma grande congregação quando alguém, um estranho, lhe passou uma carta, dizendo: "Leia isso antes de pregar". A carta continha uma descrição de irregularidades de conduta cometidas por Brownlow North no passado, terminando com as seguintes palavras: "Como ousa, estando ciente da verdade celestial, orar e falar ao povo, esta noite, sendo você um tão vil pecador?" O pregador guardou a carta no bolso, subiu ao púlpito e, depois da oração e do louvor, antes de tocar no texto escolhido para aquele evento, mostrou a todos a carta e informou o povo de seu conteúdo. Em seguida, acrescentou: "Tudo o que está escrito aqui é verdade. Esta carta é um perfeito retrato do pecador vil que fui um dia. Ó graça maravilhosa, capaz de avivar-me e ressuscitar-me de tamanha morte em delitos e pecados, transformando-me, como esta noite me apresento diante de vocês, em um vaso de misericórdia, alguém consciente de que todos os seus pecados passados foram limpos pelo sangue expiatório do Cordeiro de Deus! É de seu amor redentor que venho agora lhes falar, rogando a qualquer pessoa aqui presente que ainda não se reconciliou com Deus que esta noite venha com fé a Jesus, para que possa ter seus pecados afastados e seja curado deles".

Que vocês, meus ouvintes queridos, creiam que o Senhor Jesus é de fato Salvador de pecadores de verdade e venham a ele trazendo sobre si todos os seus pecados! Não acalentem a esperança por se considerarem puros, mas, sim, venham a Jesus justamente por serem impuros, necessitando ser por ele purificados. Lancem-se a seus amados pés imediatamente. Tomem como amigo o Amigo dos Pecadores, pois é o que vocês são. Deixem o Salvador ser seu Salvador porque precisam ser salvos. Deus os abençoe, em nome de Jesus! Amém.

8

Por que duvidaste?

Imediatamente estendeu Jesus a mão, segurou-o, e disse-lhe: Homem de pouca fé, por que duvidaste?

(Mateus 14:31)

A DÚVIDA, ao que parece, deve estar condenada a ser eterna companheira da fé. Assim como o pó acompanha as rodas da carruagem, assim também o faz comumente a dúvida, embaçando a fé. Homens de pouca fé estão sempre sendo amortalhados pelo medo; sua fé parece ser forte apenas o suficiente para lhes permitir duvidar. Se não tivessem fé alguma, talvez não duvidassem; mas, como têm essa pequena fé, e por ser pequena, se acham continuamente envolvidos em infelizes conjecturas, suspeitas e medos. No entanto, até outros que já atingiram grande poder e estabilidade de fé estão também, por vezes, sujeitos à dúvida. O portador de uma fé colossal poderá por vezes constatar nuvens de temor flutuando acima do cume de sua confiança. Não é possível ao homem, creio eu, desde que se encontra neste mundo, ser perfeito em coisa alguma, e, de fato, parece ser bastante impossível que venha a ser perfeito na fé. Realmente, às vezes o Senhor parece deixar temporariamente seus filhos, retirar os divinos afluentes de sua graça e lhes permitir começar a afundar, para que possam entender que a fé não é obra deles mesmos, mas, acima de tudo, um presente de Deus, e que é sustentada e mantida viva no coração por pura obra do Espírito Santo.

Penso que Pedro era um homem de grande fé. Enquanto outros duvidaram, Pedro acreditou. Declarou corajosamente que Jesus era o Cristo, o Filho do Deus vivo, e recebeu um elogio do mestre por sua fé: "Bem-aventurado és tu, Simão Barjonas, porque não foi carne e sangue quem to revelou, mas meu Pai, que está nos céus" (Mateus 16:17). Era um homem de fé tão forte que, a uma ordem de Cristo, pôde andar sobre as ondas e sentiu-as como vidro sob seus pés, impedindo-o de cair. Quando, porém, a fé o abandonou e ele, olhando para o vento e para as ondas, começou a afundar, o Senhor o advertiu, amorosamente: "Homem de pouca fé, por que duvidaste?" É como se dissesse: "Ó Pedro, a tua grande fé é um presente meu, e a grandeza dela é obra minha. Não penses que és o autor da própria fé; se o fizeres, tua grande fé poderá desaparecer rapidamente e, como alguém que não tem fé, irás acreditar mais na força do vento e temer mais as ondas, deixando de crer no poder do teu mestre; então, afundarás".

Acho que estou bastante certo em supor que nesta manhã há pessoas aqui cheias de dúvida e medo. Tenho certeza de que todo cristão verdadeiro tem seus momentos de questionamento inquietante. O coração que nunca duvidou é porque ainda não aprendeu a acreditar. Como dizem os lavradores: "A terra que não produziu joio não produzirá trigo". O coração que não consegue produzir uma dúvida ainda não entendeu o significado de crer. Quem nunca duvidou de sua condição pode ser que o faça, talvez, tarde demais. Sim, pode haver aqui alguns tímidos, aqueles que sempre são de pouca fé, como também pode haver os de grande coração, valorosos para com a verdade, mas que vivam uma época de desânimo e escuridão em sua coragem.

Gostaria então de observar, no intento de confortá-los, que o assunto desta manhã irá abordar um princípio muito sábio. Se alguém crê em algo, cabe sempre lhe perguntar: "Por que crê? Que prova tem de que aquilo em que acredita é correto?" Há quem só dê crédito à prova; a parte mais tola da dúvida de muitas pessoas é que não duvidam da prova. No entanto, se lhes indagarmos:

Por que duvidaste?

"Por que duvida?", não conseguiriam responder satisfatoriamente. Apesar de aflitiva a dúvida, porém, o modo mais sábio de removê-la é simplesmente verificando se tem uma base firme. "Homem de pouca fé, por que duvidaste?" Se alguém só crê em algo se disso tiver a prova, antes de duvidar de alguma coisa deveria ter a prova também. Acreditar sem prova é ser crédulo e duvidar sem motivo é ser tolo. Deveríamos ter um fundamento para a nossa dúvida, assim como uma base para a nossa fé. Nosso assunto prossegue, assim, em um princípio ainda mais excelente, dirigido a todas as mentes em dúvida e fazendo-lhes esta pergunta: "Homem de pouca fé, por que duvidaste?".

Vou me empenhar por exortá-los nesse fito, esta manhã. Dividirei meu sermão em duas partes. Na primeira parte, gostaria de me dirigir àqueles que estão em grande dificuldade em relação a *circunstâncias temporais*. São povo de Deus, sim, mas estão sendo extremamente provados, e por isso começam a duvidar. Em seguida, quero me ocupar daqueles submetidos a *questões espirituais*. Há alguns aqui fiéis a Deus, pessoas cheias de vida e ânimo, mas que enfrentam atualmente dúvidas. Também a estes dirigirei a pergunta: "Homem de pouca fé, por que duvidaste?".

I

Primeiro, então, abordemos as *circunstâncias temporais*.

Deus não faz para o seu povo, especialmente, um caminho mais fácil para o céu. Antes de sermos coroados, temos de lutar; antes de podermos ingressar na cidade celestial, precisamos cumprir uma peregrinação de certo modo exaustiva. A fé nos ajuda e dá força nas dificuldades, mas não nos dá direito a escaparmos delas. É em meio à tribulação que herdamos o reino. Todavia, quando cheio de fé, o cristão passa pela aflição com uma canção nos lábios; entra na própria fornalha ardente sem medo algum da chama voraz; ou desce como Jonas às grandes profundezas, destemido, no mar faminto. Enquanto a fé mantém sobre nós sua custódia, o medo é um ser estranho. Contudo, em meio a várias, grandes e dolorosas dificuldades, o cristão pode começar a temer que por fim venha a ser dominado e seja deixado à própria sorte para sucumbir em desespero.

Qual, no entanto, a razão para duvidarmos? Tenho de voltar ao texto e à grande pergunta: "Homem de pouca fé, por que duvidaste?" Aqui, então, cabe investigarmos: por que Simão Pedro duvidou?

Ele duvidou por duas razões. Em primeiro lugar, porque deu mais atenção do que devia às causas secundárias; e, em segundo lugar, porque deu menos atenção do que devia à causa principal. Esta resposta também deve lhe servir, meu irmão temeroso e trêmulo. É esse o motivo pelo qual você duvida: deve estar dando atenção demais às coisas visíveis e bem pouca atenção ao seu grande Amigo invisível, que está no controle de suas dificuldades e logo irá libertá-lo. Veja o pobre Pedro: seu mestre o convida a vir a ele. Na mesma hora, ele se lança ao mar e, para sua própria surpresa, se vê caminhando sobre as ondas. Olha para baixo, e realmente é verdade: seus pés estão sobre uma onda encrespada, mas ele continua ali, caminhando sobre as águas. Anda mais um pouco, e seu caminhar é seguro. "Oh!", pensa Pedro, "mas isto é maravilhoso". Começa a se perguntar então, em sua imaginação, que espécie de homem formidável ele mesmo deve ser que consegue andar assim sobre a superfície das profundezas do mar. Naquele mesmo instante, lhe chega, uivando, um terrível golpe de vento; assobia na orelha de Pedro, que diz consigo mesmo: "Ih!, lá vem certamente uma enorme onda, trazida por essa rajada do vento e, com toda a certeza, vai me afogar!" Tão logo lhe surge esse pensamento, ele vai para baixo, e as ondas começam a encobri-lo. Enquanto tinha os olhos fechados para os vagalhões, e os ouvidos, para as rajadas de vento, mantendo-os abertos para o Senhor, que se mantinha ali diante dele, não afundou; mas no momento em que fechou os olhos para Cristo e os abriu para as ondas, e os ouvidos, para o vento tempestuoso, ele foi abaixo, para a

Por que duvidaste?

profundeza traiçoeira que temia. Poderia ter atravessado léguas no Atlântico, poderia ter até cruzado o Pacífico, se mantivesse seu olhar em Cristo, e nem vento nem vagalhão algum teria retido os seus passos; mas teria submergido também em um pequeno riacho, se passasse, como passou, a olhar para as causas secundárias e se esquecesse do Grande Senhor e Mestre do Universo, que o convidara a caminhar sobre as águas.

A verdadeira razão da dúvida de Pedro foi, portanto, olhar para as causas secundárias e deixar de olhar para a principal. É esse também o motivo pelo qual você duvida. Permita-me sondá-lo um pouco mais. Você, que se encontra desanimado diante de preocupações temporais: qual é a razão para ficar nesse estado? "É porque", explica você, "nunca estive em tal situação antes na minha vida. Onda após onda de problemas vem em minha direção. Perdi até um parente querido e depois outro. E é como se todos os meus melhores negócios estivessem cada vez mais fugindo de mim. Antes, eu tinha uma maré cheia de oportunidades; agora só tenho maré vazante; meu pobre barco quase range sobre o cascalho e vejo que em breve talvez nem haja mais água suficiente para flutuar — o que será de mim e dos meus?"; ou então: "Oh, meus inimigos têm conspirado contra mim em todos os sentidos, para me derrubar e me destruir; oposição sobre oposição me ameaçam. Minha loja precisa ser fechada, a falência é iminente, não entendo o que está acontecendo comigo!" Se não é bem assim, suas dificuldades adquirem outras formas. Você sente, por exemplo, que é chamado a prestar um serviço ao Senhor, que se mostra ou lhe parece eminentemente árduo; que sua força é totalmente insignificante se comparada à tarefa que tem pela frente. Acha que, se tivesse uma grande fé, seria bastante para que pudesse realizá-la; mas, com sua pequena e pobre fé, sente-se completamente abatido. Não consegue ver como poderá cumprir o prometido.

O que é tudo isso senão simplesmente olhar para as causas secundárias? Você está olhando para o seu problema; não para Deus, que lhe deu e conhece como resolver esse problema; você está olhando para si mesmo, não para

Deus, que habita, pelo Espírito, dentro de você e que prometeu ajudá-lo e sustentá-lo para sempre. Ó alma abatida, bastaria ter a mais poderosa dúvida no coração, se ajudasse alguma coisa se concentrar apenas nas coisas visíveis. Quem está próximo do reino dos céus teria motivo para se curvar e morrer se não tivesse nada mais do que os olhos podem ver e os ouvidos podem escutar. Que maravilha então se você, quando ficasse desconsolado, passasse a observar apenas as coisas que são inimigas da fé!

Devo lembrar-lhe, porém, que você deixou de dar atenção a Cristo justamente a partir do momento em que se viu nessa dificuldade. Permita-me então lhe perguntar: você não tem pensado menos em Cristo do que antes? Não estou supondo que você tenha negligenciado suas orações ou tenha deixado de ler a Bíblia; mas pergunto: tem tido alguns daqueles agradáveis pensamentos sobre Cristo que um dia já teve? Já levou suas dificuldades diante dele e disse: "Senhor, a ti, que sabes de todas as coisas e tens todas as soluções, confio tudo isso em tuas mãos"? Deixe-me ainda perguntar: já considerou que Cristo é realmente onipotente e capaz de libertá-lo de qualquer má situação? Que Cristo é fiel e irá libertá-lo porque prometeu fazê-lo? Você não manteve o olhar nas mãos que o tenham oprimido e prejudicado em vez de mantê-lo nas mãos libertadoras dele? Não olhou mais para a pessoa desonesta que o golpeou do que para o coração daquele que conhece tanto você quanto essa pessoa? Lembre-se de que jamais poderá entrar na alegria e na paz enquanto estiver olhando para as coisas visíveis, para as causas secundárias da sua dificuldade. Sua única esperança, seu único refúgio e alegria, devem ser olhar para aquele que reside no santo dos santos. Pedro afundou quando olhou para as circunstâncias exteriores, tal como você. Nunca teria deixado de caminhar sobre as águas, nunca teria começado a afundar, se tivesse olhado apenas para Cristo; tampouco você irá afundar se olhar tão somente para ele.

Permitam-me agora passar a argumentar com aqueles que são pessoas de Deus, mas estão em sérias dificuldades, a fim de que Cristo não as deixe

Por que duvidaste?

afundar. Permitam-me aplacar seu medo com palavras de consolação. Você está na própria condição de Pedro; você é como Pedro: *você é um servo de Cristo*. Cristo é o seu bom mestre, seu Senhor e Salvador. Pedro, quando estava na água, estava onde seu mestre o havia chamado a estar; e você, em sua dificuldade atual, é não apenas o servo de Cristo, mas está exatamente onde Cristo quer que esteja. Suas aflições, lembre-se, não vêm do leste nem do oeste, tampouco sua dificuldade brota do chão. Todo o seu sofrimento lhe é enviado por seu Deus. O remédio que você toma, e deve fazê-lo, é composto no céu. Cada partícula desse amargor que agora enche sua boca espiritual foi dosada pelo médico divino. Não há uma gota a mais de dificuldade em sua dose que Deus não haja escolhido colocar lá. Seu fardo foi antes pesado por Deus e só depois foi você chamado a carregá-lo. O mesmo Senhor que lhe dá a misericórdia também lhe dá reforço e segurança na tempestade mediante a provação; o mesmo Deus que o abençoa com alegria é aquele que o treina na aflição. Você está onde Deus o colocou. Faça-lhe então as perguntas que desejaria fazer: "É possível que Cristo coloque seu próprio servo em uma condição perigosa e o deixe lá para sempre?"; "Tenho ouvido falar de espíritos malignos, em fábulas de tentação aos homens para submergirem no mar; mas Cristo incitaria sua própria gente a ir de encontro às pedras? Ele a seduziria a algum lugar para a destruir?" Claro que não. Se Cristo o chama para o fogo, ele também há de tirá-lo dele; se ordena que você caminhe sobre o mar, lhe permitirá caminhar em segurança. Não duvide. Se você tem andado por si mesmo, poderá sentir medo; mas se é Cristo quem o colocou lá, de lá mesmo ele há de retirá-lo. Deixe que este seja o pilar da sua confiança: você é servo dele, e ele jamais o deixará; você está onde ele o colocou, e ele não permitirá que você pereça. Olhe adiante, então, para além das dificuldades que o cercam; olhe para o mestre, para suas mãos, que controlam todas essas coisas e que hão de abençoá-lo.

Lembre-se, sobretudo, de quem é este que o colocou onde você está. Não é um tirano cruel, que o tenha levado por simples opressão a dificuldades. Não é um rude e austero coração, que o tenha ordenado a passar por essas dificuldades para satisfazer sua vaidade ou extravagância caprichosa. Não; aquele que lhe concede enfrentar as dificuldades é "Cristo, o Filho do Deus vivo". Lembre-se de suas mãos sangrando na cruz, por você e em seu lugar. Não consegue entender que mãos que tombaram assim sangrantes jamais poderiam pender sempre que devam se erguer por sua bênção e libertação? Pense nos olhos dele, que choraram por você na cruz. Acha que olhos que lamentaram assim por você podem se fechar e recusar a ver quando você está em aflição? Pense no coração que foi aberto, por você. Então, um coração que sangrou até o fim da vida para poder resgatá-lo da morte deveria ser duro e impassível quando você se encontra subjugado em sofrimento? É Cristo quem está de pé sobre as ondas, em meio à tempestade, com você. Ele sofre tanto quanto você. Pedro não estava sozinho ao caminhar sobre o mar; seu Mestre estava com ele. Assim é Jesus também para com você hoje: ele está com você em suas dificuldades e sofre *com* você como sofreu *por* você. Não poderá jamais deixá-lo aquele que o resgatou, aquele que está unido a você, aquele que o tem conduzido até aqui, que o tem socorrido até agora, que o ama mais do que ama a si mesmo. Nunca irá desamparar você. Sim, afaste o seu olhar das grandes ondas agitadas; não dê ouvidos à tempestade uivante. Volte seus olhos somente para ele, o seu Senhor amoroso, seu amigo fiel; fixe sua confiança nele, que, mesmo agora, em meio à tempestade, lhe diz, como disse aos discípulos: Sou eu. Não temais! (João 6:20).

Quero oferecer ainda outra reflexão para você que esteja em dificuldades dolorosas por causa de questões temporais: *Cristo o ajudou até agora* — isso não deveria confortá-lo? Ah, Pedro, por que você tem medo de que possa afundar? Já não foi milagre suficiente que você não afundou logo de início? Que poder é esse, que o tem mantido até agora? Certamente não é o seu próprio poder. Você teria ido imediatamente para o fundo do mar, meu caro, se Deus não tivesse sido seu ajudante; se Jesus não o tivesse feito flutuar, Pedro,

Por que duvidaste?

você teria virado, logo, uma carcaça flutuante. Aquele que o ajudou a caminhar enquanto você caminhava certamente poderá ajudá-lo o tempo todo, até conduzi-lo pela mão ao Paraíso, para ser glorificado com ele. Qualquer cristão que olhar para trás, para o seu passado, fica surpreso ao ver o que é e onde está. Toda a vida cristã é uma série de milagres, maravilhas e mais maravilhas, em uma corrente perpétua. Maravilhe-se, portanto, por estar sendo apoiado até agora. E aquele que o manteve até agora não irá preservá-lo até o fim? O que é essa onda que se levanta e ameaça subjugá-lo, se você já suportou ondas maiores do que essa no passado? O que é essa rajada de vento uivante, se o Senhor o salvou quando o vento estava uivando muito mais do que agora? Aquele que o ajudou em tantas dificuldades não o abandonará. Aquele que o tem livrado do leão e do urso não irá nem poderá abandoná-lo agora.

Até agora, os tenho levado a voltar seus olhos daquilo que vocês estão vendo para aquilo que não podem ver, mas em que têm de acreditar. Oh, que eu possa ter êxito, apesar de minhas frágeis palavras, e que mais poderosa ainda seja a consolação de Deus a fluir.

Um ministro de Cristo, que tinha o hábito de visitar aqueles que sabia se destacarem pela devoção, para que deles pudesse aprender um pouco mais, foi chamado por um veterano crente que se distinguia pela santidade. Para sua grande surpresa, ao se sentar junto ao leito onde estava o velho homem, este declarou: "Oh, estou perdido! Pensava que fosse um filho de Deus, mas agora vejo que tenho sido uma pedra de tropeço para os outros. Durante esses quarenta anos, tenho enganado a igreja e enganado a mim mesmo, e agora descobri que sou uma alma perdida". O ministro, muito sabiamente, retrucou: "Ah, então suponho que você gosta muito do som melodioso das músicas do mundo, da bebedeira, dos divertimentos mundanos, que se deleita em profanação e pecado". "Ah, não!", disse o homem, "não consigo suportar nada disso; não consigo suportar pecar contra Deus". "Oh, então", replicou o ministro, "não é provável que Deus o prenda no inferno com homens que você não consegue aguentar aqui. Se você odeia o pecado, Deus não o trancará para sempre com pecadores. Mas, meu irmão", disse ainda o ministro, "afinal, o que o trouxe a tal estado de espírito angustiado?" "Ah, reverendo", disse ele, "estive olhando para distante do Deus da providência; estive olhando para mim mesmo. Consegui economizar umas cem libras e tenho estado doente nesses últimos seis meses. Assim, achei que, se minhas cem libras poderiam ser gastas, teria de pensar no que empregá-las. Acho que terei de ir para um asilo, pois não tenho quem possa cuidar de mim, e tenho pensado em usar nisso as minhas cem libras. Eu sabia que isso aconteceria; mas, depois, fiquei pensando em como o Senhor poderia me prover. Nunca tive dúvida ou medo disso, até que comecei a me preocupar com esses assuntos temporais. O bom era quando eu podia deixar tudo com Deus. Se não tivesse as cem libras, estaria perfeitamente seguro de que ele proveria às minhas necessidades; mas começo a pensar agora que não poderei prover depois à minha própria subsistência. No momento em que penso nisso, meu coração fica apertado e entristecido". O ministro o levou então para além de toda a confiança na força humana. Lembrou-lhe que sua dependência natural de pão e água não estava nas cem libras, mas, sim, no único Deus que é o dono do céu e da terra — e que, enquanto seu pão lhe fosse dado e sua água estivesse garantida, Deus tomaria conta dele, pois assim fazendo estaria apenas cumprindo sua promessa. O homem se sentiu capacitado, em matéria de providência, a se lançar completamente nas mãos de Deus, e assim suas dúvidas e seus medos se apaziguaram; e mais uma vez ele começou a caminhar sobre o mar da dificuldade, sem afundar.

Ó fiel, se você tomar sua vida em suas próprias mãos, logo se verá em dificuldade. Um velho puritano disse: "Aquele que esculpe como estátua a si mesmo logo cortará seus dedos"; e eu acredito nisso. Nunca houve um homem que tomasse seus próprios assuntos da mão de Deus e não ficasse ansioso por levá-los de volta ao Senhor. Aquele que corre adiante da desgraça faz uma caminhada inútil. Se deixarmos todos os nossos assuntos, tanto temporais quanto espirituais, nas mãos de Deus, não nos faltará nada de bom; e, o que é melhor, não teremos preocupação, dificuldade ou pensamento fixo; lançaremos todo o nosso fardo sobre ele, pois ele cuidará de nós. Não há necessidade de dupla preocupação: Deus se preocupar e a criatura também. Se o criador cuida de nós, podemos cantar o dia todo com prazer e felicidade:

Mortais, cessem labuta e sofrimento,
Pois Deus lhes dará todo o mantimento.

II

Na segunda parte desta pregação, quero falar a respeito de *coisas espirituais*. Para o cristão, são essas, geralmente, a causa de mais dificuldade do que todas as suas provações temporais. Em matéria de alma e de eternidade, muitas dúvidas são as que surgem. Eu as dividirei em dois tipos: dúvidas sobre a nossa aceitação atual e dúvidas sobre a nossa perseverança final.

Muitos dos filhos de Deus tornam-se bastante aflitos, preocupados e com dúvidas quanto à sua aceitação atual pelo Pai. "Oh", dizem, "houve um tempo em que eu sabia que era um filho de Deus; estava certo de que eu era de Cristo; meu coração voava até o céu, olhava para Cristo em esperança na cruz, punha toda a minha confiança nele, e um doce, calmo e abençoado repouso enchia todo o meu espírito".

Que bons tempos de paz eu desfrutei outrora;
Quão doce a memória que deles posso ter!
Mas só me deixaram um vazio, ao irem embora,
Que o mundo todo não consegue preencher.

"Agora", diz ainda esse crente em dúvida, "a impressão que tenho é de que nunca conheci o Senhor; acho que me enganei ou que tenho sido um hipócrita. Oh, daria tudo para saber de novo que sou de Cristo, que ele é o meu Senhor amado e sou seu amado servo". Quero lidar com você, alma, do mesmo modo que acabei de discorrer sobre Pedro. Suas dúvidas surgem justamente quando você dá atenção às causas secundárias, e não a Cristo. Vejamos se isso não é verdade. Por que você duvida? Sua resposta certamente deve ser: "Porque tenho consciência de que meu pecado é enorme. Oh, quantos pecados tenho cometido! Quando me acheguei a Cristo, eu *achava* que era o maior dos pecadores; agora, *tenho certeza* disso. Dia após dia, tenho aumentado minha culpa, e desde a minha aparente conversão tenho sido um pecador maior do que antes. Tenho pecado contra a luz e o saber, contra a graça, a misericórdia e a generosidade. Oh, nunca existiu no paraíso de Deus e fora do inferno um pecador assim como eu". Mas, irmão, irmã, você está olhando para as causas secundárias! É bem verdade que você pode ser o maior dos pecadores; tomemos isso como fato consumado e não vamos discutir a respeito. Seus pecados devem ser tão ruins, e tantos também, quanto você diz. Se depender deles, você, de fato, é pior do que pensa. Você pensa ser bastante ruim; mas não é tão ruim em sua própria estima quanto o é na verdade. Para você, seus pecados talvez se pareçam como vagalhões imensos, mas aos olhos de Deus são mais: como montanhas elevadas de que não se vê o cume; se aos seus próprios olhos você parece tão escuro quanto as tendas de Quedar, aos olhos de Deus é mais tenebroso ainda. Todavia, que as ondas sejam altas, e o vento esteja uivando, isso não vou negar; mas, pergunto, o que tem você que ver com isso? A Palavra de Deus não lhe ordena a olhar somente para Cristo? Embora seus pecados possam ser imensos, Cristo é bem maior e muito mais poderoso que todos eles. São de cor escarlata? O sangue de Cristo pode lavá-los até ficarem mais brancos que a neve. Sei que pelos seus pecados você mereceria condenação; mas você faz jus à salvação por causa dos méritos de Cristo. Sim, é verdade: o poço do inferno seria sua herança legítima; mas o próprio paraíso é o seu dote gracioso. O quê? Se Cristo é menos poderoso que o seu pecado? Impossível! Imagine a criatura se tornar mais poderosa que o Criador. O quê? Se a sua culpa predomina mais junto a Deus do que a retidão de Cristo? Como pode pensar tão pouco assim de Cristo a ponto de imaginar que seus pecados possam vencê-lo e subjugá-lo? Ó irmãos, os pecados podem ser como montanhas, mas o amor de Cristo é como o dilúvio: suas águas purificadoras prevalecem muito acima das montanhas do pecado, e os topos são por elas encobertos. Olhar para o próprio pecado e não olhar para o Salvador que o elimina foi, portanto, o que lhe causou tanta dúvida. Você olhou para a causa secundária, e não para aquele que é maior do que ela e que tudo.

"Não, pregador", você talvez conteste; "não é o meu pecado que me aflige; é que me sinto rijo, endurecido; não consigo sentir meu pecado me incomodando, como deveria. Oh, se pudesse ao menos chorar!, pudesse ao menos orar! Só assim, acho eu, poderia ser salvo. Se pudesse sentir um pouco dos temores que sentem os homens de bem, penso que poderia crer. Mas não sinto nada disso. Meu coração parece uma pedra de gelo, duro como granito e tão frio quanto um *iceberg*. Não irá derreter à toa. Posso orar que ele não se deixa influenciar; posso orar, que meu coração parece se manter emudecido; posso até ler ou ouvir a respeito da morte de Cristo que, mesmo assim, minha alma não se comove. Oh, certamente que não posso mais ser salvo!" Ah, isso também é *olhar para as causas secundárias*! Você se esqueceu da palavra que diz: "[...] maior é Deus do que o nosso coração" (1João 3:20)? Você se esqueceu disso? Ó filho de Deus, envergonhe-se por estar buscando conforto e consolação onde jamais poderão ser encontrados! Veja bem onde está buscando sua paz! Nada de paz pode haver em um campo de batalha. Veja bem onde o seu coração está buscando alegria! Não pode existir alegria nessa imensidão seca e estéril de pecado. Volte os seus olhos para Cristo: só ele pode purificar seu coração; só ele pode criar vida, luz e verdade em seu íntimo; só ele poderá lavá-lo até você se tornar mais branco que a neve, limpar sua alma e despertá-la, torná-la viva, sensível e comovida, para que possa ouvir as palavras dele mais simples e obedecer aos seus mandamentos mais sussurrados. Não olhe mais para as causas secundárias; olhe tão somente para a grande causa principal; do contrário, terei de fazer novamente a você a grande pergunta: "Homem de pouca fé, por que duvidaste?"

"Eu ainda poderia crer", diz outra pessoa, "apesar do meu pecado e da minha dureza de coração; mas ultimamente perdi minha comunhão com Cristo, de tal maneira que nem adianta pensar que eu não seja um excluído. Oh, sim, já houve tempo em que Cristo costumava me visitar e me inspirava doces sentimentos de amor. Eu era como a pequena cordeira da parábola do profeta Natã, que "do seu bocado comia, do seu copo bebia, e dormia em seu regaço" (2Samuel 12:3); quantas vezes ele me levou para banquetear em sua casa, e sua promessa para mim era de amor! Que festa eu vivia então! Eu me aquecia à luz do sol de seu semblante. Era verão para a minha alma. Mas agora é inverno; o sol se foi, e a casa de banquetes está fechada. Não há mais frutas na mesa; não há vinho nos odres da promessa; venho ao santuário, mas não encontro conforto; folheio a Bíblia, mas não encontro consolo; caio de joelhos, mas até mesmo um jorro de orações me parece um riacho seco". Ó alma, mas você também está olhando para as causas secundárias! Essas são as mais preciosas de todas as causas secundárias, mas não deixam de ser secundárias; você não precisa nem deve olhar para elas, mas, sim, para Cristo. Lembre-se de que não é a sua comunhão com Cristo que o salva, mas a morte de Cristo; não é a visita reconfortante de Cristo à sua alma que assegura sua salvação, mas é a visita de Cristo ao local de lamentação, ao jardim de Getsêmani. Seu conforto poderia ser mantido enquanto você mesmo o pudesse manter; mas, mesmo quando ele se evapore, acredite no seu Deus. O profeta Jonas, deprimido, se abrigou sob uma planta para dormir, e, quando aquela planta secou, começou a se lamentar. Seria o caso de alguém lhe ter dito: "Jonas! Você perdeu sua planta, mas ainda não perdeu o seu Deus". Assim também, podemos lhe dizer: você não perdeu o amor de Jesus; você pode ter perdido temporariamente a luz de seu semblante, mas não o amor do seu coração; pode ter perdido eventualmente sua doce e graciosa comunhão, mas ele ainda é o mesmo, acredita perfeitamente em sua fidelidade e confiança até na escuridão e o apoiaria em meio a todo vento e tempestade. Não olhe para nenhuma das coisas exteriores; olhe apenas para Cristo — Cristo sangrante, Cristo moribundo, Cristo morto, Cristo ressurreto, Cristo ascendente, Cristo intercessor. É para ele que você deve olhar, somente para Cristo. Olhando-o, você será reconfortado. Não olhe para qualquer outro lado: você começará a afundar, como aconteceu com Pedro; as ondas cairão sobre você, e você terá de clamar: "Senhor, salva-me, ou perecerei".

Para concluir: outras pessoas de Deus têm medo de que nunca serão capazes de perseverar e resistir até o fim. "Oh", diz alguém, "sei que ainda vou acabar desistindo e perecerei; pois veja o coração mau e incrédulo que eu tenho; não consigo viver um dia sem pecar. Meu coração é tão traiçoeiro quanto uma granada explosiva: deixe que apenas uma faísca de tentação caia sobre ele, que explodirá, para minha destruição eterna. Com um coração assim tão inflamável e perigoso quanto o meu, como posso ter a esperança de escapar, se caminho no meio de uma chuva de faíscas?" "E eu?", declara outra pessoa. "Sinto minha natureza como tão totalmente vil e depravada que não posso nem ter esperança de perseverar. Se eu aguentar uma semana ou um mês, já será um grande feito; sujeitar, porém, toda a minha vida a Deus até a morte — oh, isso seria impossível!" Mais gente olhando para as causas secundárias, não é mesmo? Gostaria somente de lembrar que, se alguém olhar para o suposto poder de si mesmo, da criatura, será de fato totalmente impossível que consiga perseverar na graça, mesmo que seja por alguns minutos, que dirá por dez anos! Se sua perseverança depender de você mesmo, está perdido. Pode escrever isso como certo. Se não tiver um mínimo de sua perseverança depositado na graça divina, nunca verá a face de Deus; sua graça desaparecerá; sua vida será extinta; você de fato perecerá se sua salvação depender de si mesmo.

Lembre-se, porém, de que você já foi sustentado na fé durante esses meses ou anos todos. O que o manteve? Foi, evidentemente, a divina graça; e a graça que o sustentou por tanto tempo pode perfeitamente sustentá-lo até por uma centena de anos, por uma eternidade. Aquele que começou em você a sua obra pode continuá-la e há de continuar; caso contrário, seria falso à sua promessa e se negaria a si mesmo.

"Sim, mas eu", argumenta você, "não tenho nem como contar a quantidade de tentações de que sou rodeado; meus amigos todos riem de mim, e sou objeto de chacota só porque sigo a causa de Cristo. Até agora, pude aguentar sua reprovação e zombaria; mas já estão usando de outra estratégia para me afastar de Deus, me atraindo para as diversões mundanas, e sinto que vou acabar não conseguindo resistir nem aguentar. Uma gota poderia ter mais esperança de viver no meio do oceano do que eu de que a graça possa sobreviver em meu coração". Oh, alma, quem a fez viver até aqui e agora? O que a tem ajudado a dizer "não" às tentações? O Senhor, o seu redentor! Você jamais conseguiria fazer isso sozinho, irmão, por tanto tempo, não fosse ele quem realmente o fez; e aquele que o tem ajudado a resistir tanto e por tanto tempo nunca o deixará ser coberto de vergonha. Isso porque, sendo você, como é, um filho de Deus, e ele supostamente o abandonasse, e você perecesse, que desonra seria para ele, Cristo! O diabo riria, dizendo: "Eis um filho de Deus, e o próprio Deus o expulsou de sua família, então o receberei no inferno. É isto que Deus faz com seus filhos: ama-os num dia e os odeia no outro; diz que os perdoa, mas os pune; diz que os aceita em Cristo e, no entanto, os manda para o inferno?" Como pode ser isso? Será assim mesmo? Nunca! Não enquanto Deus for Deus. "Ha-ha!", riria novamente Satanás, "os fiéis acham que têm a vida eterna concedida a eles; mas eis um deles, que pensou que tinha a vida eterna, mas essa vida eterna se extinguiu. Não era eterna. A promessa era uma mentira. Foi uma vida temporária; não uma vida eterna. Ha-ha!, encontrei uma falha na promessa de Cristo: ele lhes concede apenas uma vida temporária e a chama de eterna". Nosso arqui-inimigo poderia ainda dizer, se fosse possível um filho de Deus vir a perecer: "Tenho aqui uma das joias da coroa de Cristo" e a exporia, desafiando Cristo face a face, rindo com desdém. "Esta é uma joia que você comprou com seu próprio sangue. Eis um daqueles por quem você veio ao mundo para salvar e ainda que pudesse não o salvaria. Você o resgatou, pagou por ele, mas eu ainda o tenho; ele era uma joia da coroa, mas ainda está aqui, nas mãos do príncipe das trevas, seu inimigo. Ha-ha!, rei da coroa avariada! Você perdeu uma de suas joias". Pode ser assim? Não, jamais! Por esse motivo, todo aquele que crê em Cristo já pode estar tão certo do paraíso quanto se estivesse lá. Se você simplesmente se lança nos braços de Cristo, nem a morte nem o inferno jamais o destruirão. Sabem o que me disse meu amigo, o bom e velho sr. Berridge, quando nos encontramos certa manhã? "Como vai, sr. Berridge?" "Muito bem, obrigado", disse ele, "e tão certo do paraíso como se já estivesse lá, pois tenho uma sólida confiança em Cristo". Isso é que é um homem feliz, tal como um homem deve ser, que conhece e sente o que é verdadeiro! Mesmo que vocês não sintam isso, mas se são filhos de Deus, pergunto a vocês: Por que duvidar? Não há boas razões para crer? Então, "homem de pouca fé, por que duvidaste?" Se vocês creem em Cristo, salvos foram e salvos serão, se confiarem sempre a si mesmos nas mãos dele. Afirmando para si mesmos: "[...] eu sei em quem tenho crido, e estou certo de que ele é poderoso [...]" (2Timóteo 1:12).

"Está bem", diz ainda alguém, "mas não é bem esse o medo que me preocupa; minha única dúvida é se sou ou não um filho de Deus". Termino, então, voltando a enfocar o mesmo fundamento. Se você quer saber se é filho, ou filha de Deus, não olhe para si mesmo, mas para Cristo. Vocês que estão aqui hoje, que desejam ser salvos, mas ainda temem que nunca o serão, não olhem para si mesmos, em busca de um fundamento de aceitação perante Deus. Não olhem para si próprios, mas para Jesus; não para o seu próprio coração, mas para Cristo; não para o ser humano, mas para o criador deste.

Ó pecador, não pense que você carrega consigo algo para Cristo tomá-lo em consideração. Achegue-se a ele da maneira que você é; venha como estiver. Ele não quer nem precisa de suas boas obras, tampouco de seus bons sentimentos. Venha do jeito que for. Tudo o que lhe falta para chegar ao paraíso, ele já resgatou para você e lhe dará; você receberá dele tudo espontaneamente, sem precisar pedir. Venha apenas; ele não o expulsará. Se você teima em dizer: "Não consigo acreditar que Cristo pode salvar um pecador como eu", eu repito: "Homem de pouca fé, por que duvidaste?" Cristo tem salvado pecadores tão grandes ou maiores que você; apenas experimente e comprove.

Aventure-se nele inteiramente;
Não seja outra fé a que você sente.

Experimente. Se achar que é mentira, diga por toda parte que Cristo não é verdadeiro; mas isso, evidentemente, nunca se dará. Venha a Cristo; confesse-lhe que você é uma miserável alma arrasada sem a sua graça soberana; peça-lhe que tenha misericórdia de você; declare estar determinado, se perecer, a perecer aos pés de sua cruz. Venha e se apegue a ele, enquanto ele sangra por você na cruz, olhe-o em sua face e lhe diga: "Jesus, não tenho outro refúgio; se me rejeitares, estou perdido; mas nunca me afastarei de ti; hei de te abraçar na vida e te abraçarei na morte, como a única rocha de salvação da minha alma". Com certeza, você não será deixado no vazio; há de ser aceito, se simplesmente crer. Oh, que Deus possa capacitá-lo, pelo divino poder do seu Espírito Santo, a crer; e então não teremos mais de lhe fazer a pergunta: "Homem de pouca fé, por que duvidaste?"

Peço a Deus que aplique essas palavras agora em sua consolação. Palavras simples e humildes, próprias e convenientes a um coração humilde e simples como o seu. Que Deus as abençoe, e dele seja toda a glória!

9

Não entendestes ainda?

> Quando parti os cinco pães para os cinco mil, quantos cestos cheios de pedaços levantastes? Responderam-lhe: Doze. E quando parti os sete para os quatro mil, quantas alcofas cheias de pedaços levantastes? Responderam-lhe: Sete. E ele lhes disse: Não entendeis ainda?
>
> (Marcos 8:19-21)

OS DISCÍPULOS se encontravam no barco e haviam se esquecido de levar pão com eles. Às vezes, a memória dos bons homens os trai. Por essa razão, estavam amuados; supunham, assim, que Jesus também estivesse e houvesse elaborado sua fala para lhes dar uma reprimenda indireta por esse fato, ao mencionar "o fermento dos fariseus". Quão pouco compreendiam os pensamentos do Senhor, apesar de estarem há tanto tempo com ele! Os pensamentos de Jesus, naquela hora, não estavam voltados à preocupação de necessidade de pão, nem para si mesmo, tampouco para eles. Sua mente, aliás, mantinha-se quase sempre perfeitamente tranquila em relação às coisas seculares; mesmo em relação a assuntos espirituais raramente ou jamais se perturbava. Apesar de todas as dores e privações pelas quais passou, acredito nunca ter havido uma mente mais serena que a de Jesus Cristo, nosso Senhor. Seu coração era vasto como um oceano e, apesar de visitado por terríveis tempestades, assemelhava-se a um lago calmo. Eles, sim, talvez estivessem inquietos por causa da falta de pão, mas ele se mostrava descansado quanto a isso e tudo o mais. Os possíveis ventos que colocavam os pequenos lagos daquelas mentes despreparadas em ebulição não eram suficientes para criar uma única ruga sequer na mansa superfície de sua alma altamente poderosa.

Não é bom para nós que assim seja? Se estamos perdidos e desanimados, a mente de nosso grande Senhor, no entanto, permanece destemida e pacífica. A criança chora porque o barco balança, mas seu pai, ao leme, sorri para a tempestade; e que bênção é para a criança que o pai possa sorrir, pois, se fraco fosse o comandante, onde estaria a nave? Se o coração do pai fragilizasse, onde o filho buscaria conforto? Ante a tranquilidade de Jesus, olhamos para ele e nos sentimos confortados!

Para confortar seus servos, o mestre aconselhou que refletissem a respeito do que já sabiam, lembrando-lhes o que haviam visto. Geralmente, os olhos do cristão devem estar direcionados para a frente: não é sensato procurar viver de experiências passadas; é um hábito muito perigoso, senão fatal, julgarmo-nos seguros por causa de algo que fizemos ou sentimos há algum tempo. Para tudo isso, porém, é preciso olhar para trás, a fim de examinarmos as lições práticas obtidas por tempo de serviço e obtermos lições de conforto para horas de provação. Tal como o arqueiro, podemos puxar a corda para trás a fim de podermos atirar a flecha, agora, com maior força para a frente.

O mestre pergunta a seus seguidores se haviam usado sabiamente, como deveriam, a própria visão: Tendo olhos, não vedes? (Marcos 8:18). Eles haviam presenciado, não fazia muito tempo, dois milagres maravilhosos, por meio dos quais milhares de pessoas tinham sido alimentados; mas teriam, de fato, enxergado os milagres convenientemente? Ou teriam ficado satisfeitos em apenas apreciar os pães e peixes sendo distribuídos e a multidão se banqueteando, e deixado o significado de toda aquela cena esmaecer em sua mente? Teriam eles realmente ouvido a voz do que o Senhor havia feito? E tendo ouvidos, não ouvis? (Marcos 8:18) Haveriam eles deixado de perceber a mensagem? Não compreendeis ainda, nem entendeis? Não entendeis ainda? (Marcos 8:17). Não compreendeis o que significou meu ato de multiplicação dos pães? Não vedes como isso revela meu poder e minha autossuficiência? Não percebeste, nas entrelinhas, que Deus alimenta todas as coisas, abrindo generosamente a mão e suprindo a necessidade de todos os seres vivos? Não constatastes também, pelos dois milagres, que nada é impossível para Deus?

E nós? Não deixamos também frequentemente de compreender as intenções de nosso Senhor? Não caminhamos também por um palácio de maravilhas sem observar o brilho da glória e as chamas da luz eterna? Nossa falta de fé é a prova inegável de que não aprendemos tudo o que deveríamos, pois o resultado de ver, perceber e compreender espiritualmente é a fé. Aquele que pouco crê, pouco aprende; aquele que duvida ou está sempre preocupado não passa de um bebê espiritual, precisando ainda aprender os rudimentos da escolaridade sagrada.

Em meio ao seu diálogo, o Senhor lhes faz esta pergunta-chave: "Não vos lembrais?" Irmãos, geralmente nos lembramos muito do que deveríamos esquecer e nos esquecemos muito do que deveríamos lembrar. Pela corrente da memória, fluem restos da cidade de Sodoma, que diligentemente recolhemos; pela mesma corrente, no entanto, passam ricas toras de cedro do Líbano e deixamos que estas se vão. Nossa peneira retém o joio e rejeita o trigo. Não deve ser assim. Revisemos agora toda a nossa vida passada com um olhar cuidadoso e calmo e vejamos se não há o suficiente em nossos diários para condenar nossas dúvidas e enterrar nossas preocupações; para calar nossa ansiedade em uma jaula feita de barras de ouro da misericórdia já recebida, trancada com ferrolhos cravejados de gratidão. "O Senhor tem se lembrado de nós; abençoar-nos-á" (Salmos 115:12). Glorifiquemos no que está o Senhor ainda por fazer e magnifiquemos seu santo nome por sua misericórdia que está para ser revelada. Que cada um de nós cante como Davi: "Então irei ao altar de Deus, a Deus, que é a minha grande alegria; e ao som da harpa te louvarei, ó Deus, Deus meu"

(Salmos 43:4). A memória terá cumprido sua parte quando dos altares do passado tiver tomado um carvão em brasa com que acender os incensos de hoje.

Não podendo ler seus diários pessoais, pois estes estão reservados apenas a vocês, devo então trazê-los novamente aos registros das memórias dos discípulos, para refletirmos sobre o texto, ao nos trazer à lembrança os dois grandiosos milagres de alimentar o Senhor os famintos. Possamos aprender o que pretende o Espírito nos ensinar por meio deles.

I

O primeiro assunto que quero trazer à nossa memória é um *ambicioso, porém inevitável, projeto*. O projeto é este: alimentar cinco mil pessoas em um lugar deserto. Duzentos denários foram o cálculo por alto do custo, e de longe insuficiente, de pão, de um dos contadores (Filipe), na hora. Há homens sempre prontos a contar o dinheiro que não têm. Sempre que há um dever sagrado a ser cumprido, nossos matemáticos descrentes surgem com suas estimativas de custos e prudentes previsões de graves prejuízos. Geralmente somos muito bons de cálculo quando muito ruins de fé. Como reunir ou obter a quantia necessária? Eis um problema bastante comum para vários membros da congregação. Infelizmente, tais membros não reservam parte do seu dinheiro para isso, e o dinheiro não dá, e a confiança no homem acaba nos deixando frustrados. É esse o caminho pelo qual grande parte dos pensamentos na igreja ferve, evapora e se perde. Ah, os cálculos quanto a dinheiro! É sempre: "Como poderá alguém fartá-los de pão, neste lugar deserto?" Como? — supondo ser possível haver outro modo. De que maneira vem ao homem tudo aquilo com que o homem sobrevive? Não vem de Deus? Circula por muitos canais, mas tem uma única origem apenas. Mesmo que qualquer dos canais venha a falhar, a fonte ainda jorra; e aquele que tem fé suficiente para ir diretamente a ela não passa necessidade.

Não entendestes ainda?

Pode ter parecido estranho aos discípulos que, em meio a nada além de vegetação, areia e rocha, e contando com apenas cinco pães e dois peixes, tivessem de organizar imensa refeição para mais de cinco mil pessoas. Não é mais estranho ainda que a igreja cristã tenha de evangelizar uma enorme cidade como Londres? Pode não parecer a vocês; mas, se morassem em meio à extrema pobreza do *East End*, considerariam o problema dos problemas como alcançar tal multidão submersa. Mal imaginamos o vulcão em que vivemos. A miséria reprimida e o pecado efervescente de Londres podem vir a produzir até uma segunda edição da Revolução Francesa, a menos que a graça de Deus se interponha. As pessoas têm, aqui, fome física, mental, moral e espiritual; e temos de alimentá-las. Não me surpreenderei se, na presença desses milhões de moribundos, vocês indagarem: "Como?" Londres é apenas uma de nossas muitas cidades; e toda a nossa nação é uma pequena fração da miríade da raça humana. A China, a Índia, a África têm ainda de ser também alimentadas. O mandamento é: "Ide por todo o mundo, e pregai o evangelho a toda criatura". O propósito é que o conhecimento do Senhor cubra toda a terra assim como o abismo do mar é coberto pelas águas, e repito o ponto principal que há pouco disse: esse é um projeto ambicioso; assombroso para o pensador, impossível para o calculista, difícil mesmo para aquele que crê.

Mas, vejam, no caso dos discípulos naquele lugar deserto, tratava-se de um projeto inevitável. Por mais estranha que pudesse soar a palavra do mestre, ela se fazia predominante: eles não a conseguiam evitar, enquanto as pessoas, não tendo trazido víveres, certamente se mostravam já extremamente famintas. Muitas delas tinham vindo de longe. Se tentassem buscar suas próprias casas ou aldeias próximas sem serem revigoradas, desfaleceriam e até morreriam no caminho. Portanto, mandar embora a multidão não era mais a saída. Tinha de ser alimentada. "Como faremos isso?" era a questão e, pudessem eles responder a ela ou não, continuaria a necessidade. Para o Salvador, era uma necessidade inevitável. *Partiria seu coração, certamente, ver as pessoas virem a desfalecer de fome*. Ele não suportaria. Ao menor pensamento sobre a condição desamparada do povo, foi, então, tocado pela compaixão. Toda a sua natureza benigna foi afetada pela visão de provável palidez, desgaste e debilidade das pessoas. Sabia o grande Pastor que *deveria* alimentar as ovelhas famintas. Não estava nele indagar: "Pode ser feito ou não?", mas, sim, afirmar, peremptoriamente: "*Tem de* ser feito". Entrara em sua alma uma das muitas necessidades imperativas que por vezes tomava posse do coração real e "era-lhe necessário" fazer o que deveria. Ele mesmo iria, um dia, tomar-lhes a enfermidade e carregar sobre si as suas dores. Por isso, e por ser assim tão amoroso, benigno e compassivo, ele incluía todas as pessoas em sua própria humanidade. Se estavam famintas, era ele quem estava faminto; se desfalecessem de fome, ele é quem desfaleceria; e se morressem, estaria como que morrendo também. Era levado a sentir, portanto, pela intensa compaixão de sua natureza, que a multidão devia, porque devia, ser alimentada.

Imagine-se, por outro lado, se não fossem alimentados — e começassem a desfalecer e até morrer de fome por todo aquele lugar ermo até onde haviam seguido Jesus, *quanto isso prejudicaria seu ministério!* Não há dúvida alguma de que os discípulos, que haviam recomendado, de forma um tanto arrogante: "Despede a multidão", haveriam de ser oprimidos por toda a vida por uma profunda tristeza se esse seu desejo fosse realizado. Nunca teriam esquecido aquele dia terrível e lúgubre, nem a fome, os desmaios e as mortes que se seguiriam. Pense em como seria tal desfeita para com a causa de Cristo. O rumor de que ele havia conduzido pessoas a um lugar deserto para ali morrerem de fome seria por demais depreciativo para nosso Senhor; pois que profeta agiria assim? Que tremenda vantagem os fariseus teriam obtido com isso! Quão exultantemente teriam bradado: "Esse homem, afinal de contas, pode querer ser um profeta como Moisés, que alimentou o povo com maná no deserto? Ele insinua ser o Filho de Deus; dizem por aí que ele cura enfermos e até ressuscita os mortos; ora, se realmente tivesse tal poder, teria alimentado a multidão faminta, ainda mais que havia gasto suas forças o seguindo". Não, Cristo jamais permitiria que isso acontecesse. Ele tinha vindo para salvar o homem, a vida do homem; não para deixá-lo morrer. Ele tinha de alimentar a multidão.

Imaginem, agora, irmãos, que não levemos daqui hoje a procuração que Cristo nos dá de ensinarmos e ajudarmos à multidão; imaginem que doravante não trabalhemos mais para conquistar almas; que desistamos de Londres como um caso perdido; que abandonemos o mundo pagão, deixando-o entregue à própria destruição, como um navio desgovernado levado à costa rochosa por um forte furacão; imaginem só. Conseguem resistir a tal imaginação? Não podemos abandonar o navio prestes a naufragar! Sejamos seus botes salva-vidas! Sei que alguns se tranquilizam a si mesmos, com certa desesperança, ante a possibilidade de o Senhor Deus vir a ser rei por toda a terra: vale a pena tentar experiência tão insignificante? Tais pessoas que sejam então deixadas a morrer, ora essa, pois como poderão tantos ser alimentados? Mas o projeto do amor tem de ser executado: a essa esperança nós nos apegamos e para tal fim nos desgastaríamos e seríamos desgastados. Se as coisas não são ainda como deveriam ser, e o cristianismo ocupa apenas um pequeno canto do mundo, não importa para nossa fé; ainda assim, cremos. A fé não leva em conta a desvantagem. Um homem com Deus a seu lado é maioria, mesmo que outro não pense como ele; portanto, mesmo em fraqueza numérica, ainda somos onipotentes na força do Altíssimo.

Não tivesse a multidão sido alimentada, *nosso Senhor teria perdido uma grande ocasião para demonstrar sua graça.* A graça é soberana, assim como abundante: sempre que encontra oportunidade apropriada, demonstra seu poder. Uma multidão faminta e desfalecendo! Quanto espaço para compaixão! Que terreno fértil para a benevolência! Não poderia ocorrer de o Senhor do amor deixar passar tal oportunidade: seu amor era muito ávido de se mostrar para que pudesse ficar quieto em uma hora como aquela. Irmãos, que ocasião para revelar o esplendor da divina graça a era atual também se apresenta! Londres é uma excelente tela para se pintar uma obra-prima de misericórdia, de poder e sabedoria. Que bloco de mármore grandioso o mundo se mostra para o infinito Escultor! Que monumento de graça a humanidade pode se tornar ao se regozijar no Deus Salvador! Estou convencido de que o Senhor permite em grande parte o sofrimento presente para que dele possa vir a produzir uma glória maior. Tenho certeza de que faz a multidão angustiar-se nesse lugar deserto apenas e unicamente para que possa alimentá-la devidamente, revitalizando no universo inteiro seu poder de abençoar.

Espero ter trazido, assim, mui claramente, a seus olhos, o que foi esse notável projeto de Deus, que, embora parecendo de certo modo ambicioso, e até impossível de se realizar, fazia-se, no entanto, necessário, mesmo inevitável.

II

Contando com a ajuda do bom Espírito de Deus, gostaria de levá-los, agora, a outro ponto de vista: *os discípulos confusos e seu Mestre sereno*.

O mestre havia consultado Filipe sobre os suprimentos, para que a dificuldade do caso e a insuficiência dos meios fossem conhecidas dele e de todos e, assim, prová-lo, a todos, na fé. André, por sua vez, somente conseguiu descobrir que tudo o que havia de fato de mais disponível era a merenda de um rapaz, perfazendo cinco pães de cevada e alguns peixinhos; e, ansiosamente, acrescentou: "Mas que é isto para tantos?" (João 6:9). O discípulo havia feito seu melhor, mas, frustrado, achava que não havia obtido grandes resultados. Deixava então o problema sem solução: "[...] que é isto para tantos?" Quanto ao restante dos discípulos, olharam a face de Jesus com tristeza, perplexidade e vazio desespero, e aconselharam: "[Mestre,] o lugar é deserto, e a hora é já passada; despede as multidões, para que vão às aldeias e comprem o que comer" (Mateus 14:15). Todavia, conquanto estivessem eles cheios de inquietação e preocupação, lá estava o Mestre e Senhor, calmo como uma doce tarde de verão, nem abalado nem muito menos preocupado. Que diferença entre a fraqueza e a descrença dos discípulos e a confiança poderosa do Senhor Jesus no Pai! Quanta necessidade de sermos transformados de glória em glória pela imagem do Senhor, tão distantes que ainda estamos de sermos como ele em nosso espírito! Não entramos ainda sequer em sua completa paz, nem entraremos até que tenhamos aprendido de sua fé em Deus Pai todo-poderoso.

Por que se mantinha Jesus Cristo, nosso Senhor, assim tão calmo? Tenho aqui comigo, em minha mente, como resposta, o sabor de uma palavra que o Senhor me deu para que eu passasse a vocês, e que se encontra também no relato da multiplicação dos pães, mas em João: Jesus "bem sabia o que ia fazer" (João 6:6). É a nossa ignorância, sem dúvida, em grande parte, que nos coloca em estado de dúvida. Não sabemos o que acontecerá, nem o que podemos ou iremos fazer, muito menos que poderá ou irá ser feito. Estamos quase sempre em suspense; e o suspense corrói a alma, como o ácido corrói o metal. "Quê? Quem? Como? Onde? Quando?" — essas questões nos cutucam como adagas, e cada pontada sua mata uma alegria nossa. "São facas os nossos pensamentos", como dizia George Herbert, e cada faca destrói uma esperança nossa. Mas o Mestre, não; não experimentava o suspense: sabia o que iria e estava por fazer. Quando soubermos também o que iremos fazer, irmãos, teremos paz. "Oh", poderão dizer alguns, "pensei que você ia dizer: 'quando soubermos o que Ele irá fazer'". Não, não. Provavelmente, nunca o saberemos até que ele o faça. Basta-nos saber, então, o que *nós* iremos fazer. "Mas", diz alguém, "isso é justamente o que *não* sabemos". Respondo — pois é; é isso o que *devemos* saber. E o que temos de saber? É que precisamos deixar tudo nas mãos do Senhor. Se estabelecermos em nossa mente que nele confiaremos e não sentiremos temor, que paz podemos desfrutar! Se deixarmos todo o trabalho de Deus com Deus, e simplesmente nele confiarmos, beberemos da taça da paz de Deus.

Além disso, nosso Senhor estava calmo porque *ele tinha fé, enquanto eles não tinham nada senão mera racionalidade*. Ei-los, como já mostrei antes, contando os pães e enumerando os peixes. Ouça-os falando: "Eis aqui apenas cinco pães, e de cevada; e os peixes são não apenas poucos, mas pequenos". Cuidavam de registrar esses fatos e colocar ênfase neles; e estavam também inteiramente cientes da grandeza da fome da multidão e da grandeza e inutilidade do lugar deserto que os cercava. Todos eles agiam de maneira semelhante: julgando pela visão física dos olhos, pelo toque de suas mãos. Já o Filho de Deus tinha um senso diferente e melhor: acreditava totalmente no Pai. Jesus, homem como eles, tinha total confiança de que, na hora da necessidade, a Divindade do Pai, que nele estava, não falharia, mas atenderia à sua vontade. Temos, mediante Jesus, a divindade do Pai e temos até mais do que o próprio Jesus tinha. "Oh", vocês protestarão, "não pode ser!" Hão de concordar comigo, no entanto, quando os lembrar de que temos tudo o que Cristo tinha e, ainda mais, Cristo em pessoa também. Ele nos deu tudo do que é dele, por isso o temos; nos deu a si próprio em pessoa também, e o seu Espírito; portanto, o possuímos em Divina Trindade. Não devemos jamais duvidar, mas, sim, confiar em sua Divindade – Pai, Filho e Espírito Santo –, em todos os tempos de necessidade. No monte do Senhor, sempre, Deus proverá. Oh, que a graça lance fora toda a nossa preocupação; que não sejamos mais confusos e preocupados, mas descansemos e fiquemos quietos e em paz.

Além disso, algo que tornava Cristo tão calmo, creio eu, é que *ele realmente agia enquanto os outros questionavam*. Ele disse: "Quantos pães tendes?" (Mateus 15:34); "Trazei-mos" (Mateus 14:18). Ele agiu imediatamente e de forma prática. Não acreditam na conversão, geralmente, os que nunca levaram alguém a se converter; mas, assim que um homem se imbui do Espírito para levar outros homens da escuridão à luz e Deus o abençoa em seu trabalho, ele crê. Aquele que faz ou tem algo a fazer tem muito pouca ou nenhuma intenção de duvidar do que o homem que nada fez ou nada tem a fazer, a não ser duvidar. As heresias, na igreja cristã, raramente ou nunca partem do missionário, do pastor fiel, do intenso evangelista; mas geralmente, ou sempre, de ocasionais "fiéis", que não tomam parte ativa em nossa guerra santa. São os janotas literários, que criticam a religião em artigos e não têm nada a fazer senão menear a cabeça e extrair esquisitices de seu cérebro, esses que nos perturbam. Nosso Senhor Jesus Cristo jamais dá lugar a qualquer tipo de dúvida. Ele diligentemente pegou os pães e os peixes nas próprias mãos e os abençoou e partiu, enquanto de seu ato emanou a própria divina energia que multiplicou em muito o pouco acumulado. Se você e eu queremos servir ao Senhor com sinceridade, vamos dar por encerrados nossos cálculos do quanto há por fazer, como há de ser feito, onde é para ser feito e tudo o mais; incumba-se mais do seu trabalho, meu irmão, e a dúvida se dispersará como palha ao vento.

Os discípulos confusos e o mestre calmo e tranquilo formam uma instrutiva ilustração: seremos recompensados ao máximo se também nos tornarmos calmamente confiantes em Deus e não arrebatados por assombros de descrença.

III

Em terceiro lugar, e de forma breve, quero mostrar mais dois assuntos a vocês para confortá-los. Nos milagres em que vemos as multidões serem alimentadas, vemos que *meios e homens foram usados, mas Cristo é quem se destaca*.

Lemos o que nosso Senhor diz dos pães: "Trazei-mos". *Os meios são, então, usados*. Depois de multiplicar os pães e peixes, ele os dá aos homens ao seu redor, e estes fazem deles partilhar a multidão. Por mais que ouçamos desatinos de homens que negligenciam os meios destinados ao serviço aos outros, mantendo-se sentados e nada fazendo, achando que Deus fará o trabalho deles, não ouvimos nada disso quanto a Jesus. Ele usou os pães; usou os peixes; e usou os homens, apesar de ser perfeitamente capaz de fazer tudo sozinho. Sendo onipotente, na verdade não precisava deles; mas era sábio e nos ensina a lição de que é pela instrumentalidade humana que a grande obra de Deus deve ser feita. Portanto, não desprezemos os meios, mas, ao mesmo tempo, não descansemos neles.

Observem, porém, como os peixes, os pães, os homens e todos *os meios foram feitos para não aparecer*. Em tal quadro, vocês veem a grande multidão, e não penso que o pintor precise usar de cores muito vívidas; ele pode pintar as pessoas como uma espécie de névoa luminosa, se quiser. A única figura que em tudo assoma, como o sol do meio-dia, ofuscando todo o restante pelo intenso brilho de sua luz, é o mestre. Apenas Jesus é glorioso naquela sala de jantar externa. Onde estão os poucos peixes? "Aqui", diz alguém. "Aqui", diz outro. "Aqui", grita um terceiro. Mas esses peixes poucos e pequenos não podem ser os que estão nas mãos de todos os cinco mil. Onde terá ido parar o pão? "Tenho um", diz alguém; "Tenho outro", ouve-se outro dizer, e todos se alimentam tão vorazmente quanto podem. Mas o que foi feito dos cinco pães originais? Traga-os aqui, irmão; ou, pelo menos, vá e faça uma busca diligente pelos pães e peixes originais, para que possamos preservar um deles como relíquia. O quê? Não consegue encontrar nenhum deles? Você nem sabe onde estão. Todos se foram. É claro. Sempre que Deus abençoa muito um homem, esse homem desaparece no nada de sua autoestima. Se o barco de Pedro estiver cheio demais, o barco de Pedro pode afundar. Se formos completamente mergulhados em bênção, seremos escondidos sob o peso do perdão. Uma pequena bênção, tida como algo extraordinário, eleva o pequeno homem; mas uma bênção inundante vem como uma torrente, enterrando o homem e sua pequenez, deixando à mostra apenas o Senhor e sua bênção. Tenho certeza de que é assim que acontece quando o Senhor usa algum de nós como meio de fazer o bem aos outros; nós somos humilhados, e ele, exaltado.

Findo o milagre, depois de terem circulado para recolher sobras em seus doze ou sete cestos, Pedro, que tem um bom olho, pergunte se ele consegue encontrar um dos pães originais. Ele irá de cesto em cesto e não encontrará. Estão perdidos, na criação que Deus fez deles. Poderá alguém encontrar em todos esses cestos os peixes originais? Podem estar ali, pois foi desses peixes que saíram todos os peixes para alimentar o povo; mas não se consegue encontrá-los. Assim será se Deus nos abençoar, meus irmãos. Pessoas irão se juntar ao nosso redor e dizer: "Que há nesta pessoa? Não percebemos nenhum talento superlativo nela. Que há neste homem, nesta mulher, que torna esta pessoa tão útil? Nada vemos de especial". Não importa. Deixe-os pegar qualquer pão ou peixe que eles pensam ver em seu talento natural ou seu caráter vigoroso; mas você, saiba que, se alguém da multidão é alimentado, tal provisão vem da mão do mestre, que pegou o seu pouco, abençoou e multiplicou para torná-lo bastante para a ocasião. Acredito que *os meios são abençoados pelo uso de Cristo*, mas tenho certeza também de que, mesmo depois que ele os use, os meios afundarão na maior escuridão, e Jesus Cristo será sempre tudo que haverá; não porque os meios sejam profanos, mas justamente por terem sido abençoados em um grau tão elevado e gracioso.

IV

Além disso, vemos nesses milagres um *trabalho realizado de forma maravilhosa, sem exaurir o poder de Jesus*. Veja os cinco mil homens, e mulheres, e crianças: *estão todos alimentados*. Há um provérbio que diz que nunca houve um banquete do qual alguém tenha saído insatisfeito, mas que não há regra sem exceção. Eis duas exceções a esse provérbio: "E todos comeram e se fartaram" (Marcos 6:42) em duas ocasiões. Não importa quantos milhares de pessoas ali havia, nenhuma pessoa sequer foi excluída pelo sempre bendito anfitrião. Não importa quão famintos estavam, todos comeram até que ficassem saciados e inteiramente satisfeitos.

O ponto, porém, que quero lhes mostrar é que *o poder que multiplicou os pães e peixes e alimentou milhares não se esgotou*. A energia das pessoas para comer se exauriu com a sua satisfação, mas não a força de Cristo para alimentar; tanto assim que, depois de terem todos recebido o máximo para sua capacidade de ingerir, ainda sobrou alimento. O povo estava bastante esfomeado, pela caminhada seguindo Jesus, o ar fresco que lhes abria ainda mais o apetite e o longo tempo em jejum; mesmo assim, depois de todos comerem à vontade, grandes cestos foram cheios de sobras: em um dos milagres, doze cestos, e no outro, sete. Houve o bastante para cada um, o bastante para todos e ainda o bastante para necessidade futura. O eterno Obreiro revelou a infinidade de seu poder em sua generosidade irrestrita e sua incomensurável liberalidade.

Não conseguimos depreender do original grego qual o tamanho dos cestos no primeiro milagre; os do segundo conjunto, de sete, levam um nome que mostra serem razoavelmente grandes, e é bem possível que Paulo tenha sido descido por discípulos dentro de um desses amplos cestos, pelo muro, para fora de Damasco, escapando dos seus inimigos. O primeiro tipo usado, de doze deles, me parece, no entanto, que seria maior ainda. O texto original passa a ideia de um grande caixote ou cofre. Eram cestos bem largos, dos quais se dizia ser possível um homem dormir dentro deles. Esses cestos, por maior que fosse o seu tamanho, ficaram cheios de sobras — doze e sete cestos; se o Senhor quisesse, poderia ter preenchido até doze mil ou sete mil ou setenta mil cestos. Seu poder transborda; não pode ser contido em simples vasilhames mundanos, por maiores que sejam, assim como um rio não pode ser contido num frasco. Esse poder continuou fluindo, como um rio, em corrente copiosa, quando todas as bocas e todos os cestos já haviam sido preenchidos.

Não entendestes ainda?

Alguns imaginam que o Senhor faça tudo comedidamente, atendo-se ao limite e à quantidade certos; mas esse é mais o modo dos homens que o agir do Senhor. Porque o Senhor Jesus Cristo redimiu seus eleitos, alguns consideram que o mérito de tal redenção deva ser limitado. Nunca. Ele "a si mesmo se deu por nós" e não deve haver medida para o valor de tal doação. "Cristo morreu pelos nossos pecados" (1Coríntios 15:3), e não apenas por nossos pecados, mas pelos pecados do mundo inteiro. Seu objetivo era definido, mas ele o alcançou por uma ação que não pode ser limitada. Ele não apenas fez aquilo que tencionava, mas também fez mais; tal como nesses milagres não apenas alimentou milhares de pessoas, mas ainda fez encher cestos e cestos com as sobras. O poder de Deus e o mérito do sacrifício de Cristo estão entre as coisas infinitas; curvemo-nos diante do Senhor, regozijando-nos naquilo que ultrapassa qualquer medida.

Deste modo, irmão, irmã, quanto quer que o Senhor lhe tenha dado, ele ainda tem muito mais a lhe conceder. Quanto quer que você festeje neste culto hoje, ainda há uma boa parte para você levar para casa consigo em um cesto, para guardar no estoque. Por mais que Deus o tenha abençoado em seu trabalho em favor dele no passado, é ainda capaz de fazer muito mais do que você pede ou sonha. Por mais que a igreja haja crescido a ponto de um novo renascimento, Deus ainda não esgotou, de modo algum, sua capacidade para com a igreja: até mesmo o Pentecostes foi apenas um primeiro resultado. Ouço uma voz do céu, que diz: "Coisas maiores que estas verás" (João 1:50); "[...] e as fará maiores do que estas, porque eu vou para o Pa" (João 14:12). Estamos longe de atingir a *Ultima Thule* das possibilidades sagradas; no entanto, "Não está porventura a flecha para lá de ti?" (1Samuel 20:37). Ainda não vimos o melhor do nosso Deus. Podemos seguir adiante com a fé suprema de que o Pentecostes ainda haverá de ser excedido — todas as orações poderosas dos pais da igreja, depois de terem convertido nações a Cristo, serão excedidas em triunfos da cruz, nos últimos dias. Aproximamo-nos de eras mais nobres, e os grandes atos de Deus não irão definhar em trivialidades. Lembrem-se de que tudo que tenham podido ver e tudo que tenham podido saber constituem apenas uma diminuta porção de seu glorioso poder. Tudo o que tenham podido aprender é tão somente uma pequena mostra das franjas das vestes dele. O que é a onipotência, especialmente no reino da graça, ninguém sabe, exceto Deus. Não limitemos o Sagrado, nem enclausuremos o infinito. Na casa de nosso Pai há bastante pão, de sobra e de reserva, mesmo depois de milhões terem sido saciados com suas provisões.

V

Concluirei observando que *os detalhes desses milagres foram diferentes, mas ambos foram igualmente instrutivos*. Ouçam, por favor, o que irei dizer, não como algo de importância notável, mas, sim, ainda como assunto de seu real interesse, no qual pode haver mais instrução do que pareça à primeira vista.

Em relação aos banquetes públicos do nosso Senhor, lembrem-se, em primeiro lugar, que *as sobras depois da festa foram sempre maiores do que o alimento de quando os banquetes começaram*. Começaram da primeira vez com cinco pães e dois peixes e na outra ocasião com sete pães e alguns peixes; mas terminaram com doze cestos cheios no primeiro caso e sete cestos cheios de sobras no segundo caso. Nunca isso aconteceu na mesa de vocês, tenho certeza, ainda mais quando seus filhos se reuniram para uma refeição. Nos milagres, todos comeram e ficaram satisfeitos, e, ainda assim, havia sobrado mais do que no início. Isso parece impossível, mas é regra no reino da graça. Quantas vezes pude constatar, quando cheguei aqui com um pequeno estoque para alimentá-los espiritualmente, que acabei saindo com mais do que entrei. Vocês foram revigorados, sim, mas eu fiquei ainda mais satisfeito do que quando lhes dei as porções. Vocês chegaram à aula, queridos professores da escola dominical, sentindo-se parcamente abastecidos para alimentar seus alunos; mas deram tudo que puderam a eles, e, sob a divina bênção, houve o bastante para a turma inteira e ainda uma porção dobrada para vocês. Chegaram com cinco pães e dois peixes e saíram com doze cestos cheios. É estranho! Podemos dar a Deus tanto quanto recebemos; podemos gastar tanto quanto nos for dado a mais para gastar; podemos tanto morrer por Deus quanto viver por ele mais do que nunca. Se assim é, vejam que amplo campo se abre à nossa esperança e afugenta os nossos temores! Fecha-se a porta da contabilidade com que calculamos usando da razão humana, e abre-se a porta da tesouraria onde podemos sacar qualquer provisão cada vez mais crescente. Vá, irmão, e espalhe suas sementes à mancheia, pois você voltará se regozijando, trazendo feixes e feixes com você! Dê de sua refeição e de seu óleo para o Senhor, e seu barril e sua jarra serão reabastecidos em dobro com essa doação. Lembre-se destes versos de Bunyan, sobre um homem que quanto mais doava pedaços de seu rolo de tecido mais este aumentava, tão verdadeiros do ponto de vista espiritual quanto providencial:

Havia um homem, que louco parecia,
que, quanto mais doava, mais possuía.

Aprenda que *Cristo cuida sempre de todos os pedaços*. O Senhor autossuficiente é também um Deus de economia. Como Jesus pode produzir tanto alimento quanto desejar, poderíamos pensar que ele não se daria ao trabalho de juntar as sobras; no entanto, ele o fez. O desperdício é de Satanás, não de Deus. Deus não esbanja sua produção, nem é exageradamente pródigo com milagres. Apesar do Senhor poder reunir aqui, se assim quisesse, cinquenta ministros em um instante, ele não o faria; pois o que ele quer é que façamos uso dos dons e poderes que nos dá e temos. Se formos sobras, nosso lugar não é jogados no chão, mas colocados no cesto. Não devemos permitir sermos jogados fora ou consumidos pelo mundo com voracidade animal, nem deixados em um canto para estragar ou apodrecer; mas, sim, temos de estar presentes no estoque do Senhor, prontos para sermos usados sempre que ele assim quiser e for chegada nossa oportunidade. Seremos de alguma utilidade um dia, se desejarmos ser usados. Se você, meu amigo, minha irmã, não for um pão completo, há de ser, pelo menos, uma fatia ou uma casca de pão, e para Deus nem mesmo as cascas do pão devem ser desperdiçadas; e se você não for uma fatia ou casca do pão, será, no mínimo, uma migalha, e perante Deus até mesmo as migalhas são preciosas para os homens famintos. Se você não for um peixe grande, talvez seja um pequeno, e não deve ser também desperdiçado; tampouco a igreja de Deus pode permitir que você seja jogado fora, mas, sim, deve ser encontrado para você um bom uso qualquer, de alguma maneira.

Que coisa maravilhosa a onipotência recolhendo migalhas! Deus todo-suficiente, para quem o gado de mil montanhas não é nada e que pode criar um mar inteiro rico em peixes, ou dez mil mundos de pão, por sua mera vontade e nada mais, manda, no entanto, que seus discípulos recolham os pedaços não usados, para que nada seja perdido! Certamente, isso nos faz sentir mal ao desperdiçar um níquel, uma hora, uma oportunidade, que poderiam vir a atender ou ajudar a outros no serviço de Deus. Sejamos severamente sóbrios e equilibrados no uso dos meios a serviço do Senhor, nosso Deus amado.

Reparem, ainda, uma coisa curiosa: *sobrou mais quanto menos havia ao começar*. Quando iniciaram o banquete com sete pães, acabaram juntando sete cestos cheios, mas, quando tinham apenas cinco pães, acabaram juntando doze cestos com as sobras. Suponho que os cestos tenham sido do mesmo tamanho em ambas as ocasiões, pois nada indica que o segundo tipo de cestos fosse maior que o primeiro. No entanto, de um estoque de sete pães, depois de todo o dispêndio, vieram sete cestos como sobras; mas quando havia apenas cinco pães, e ocorreu um dispêndio ainda maior, acabaram sobrando doze cestos cheios para os que serviram a refeição. Isso é típico do reino. Com quanto mais se começa, com menos se termina; e com quanto menos se começa, mais se tem quando a ação de servir termina. Tenho observado muitas vezes que isso de fato ocorre. Vocês não? Quando começamos em grande estilo e Deus nos abençoa, temos realmente muita razão para lhe agradecer; no entanto, se começarmos muito frágeis, ele com frequência nos abençoa ainda mais e terminamos louvando-o com grande alegria e exaltação, aos sons elevados dos címbalos. Vamos embora pensando, ensimesmados: "Cinco pães! E deram doze cestos! Ora, ora, o outro dia, quando havia sete pães, foram apenas sete cestos!" Sim, que o rico, em quaisquer recursos que doe, se regozije se for diminuído, pois, como Jó, será mais rico do que antes. Não comece a submergir em seu espírito porque pareça haver diminuído sua capacidade de servir, mas, sim, confie em Deus em que nesse caso haverá maior recompensa no fim se houve menos material para ser oferecido ou trabalhado.

Reparem novamente que *houve menos meios ou recursos visíveis quanto mais havia por ser feito*. Havia apenas cinco pães quando deveriam ser alimentados cinco mil; havia sete pães quando teriam de ser alimentados quatro mil. Foi feito mais quando menos havia para se lançar mão na feitura. O mesmo há de acontecer com você, ó obreiro de Jesus: quanto mais Deus o abençoar, tanto menos você terá uma razão consigo pela qual deva ser abençoado. Com apenas cinco pães, você poderá abençoar cinco mil, enquanto alguém que tenha sete certamente fará menos que você.

Outra coisa curiosa é que *quanto mais foi usado, mais havia sobrado*. Na ocasião em que cinco mil, além de mulheres e crianças, haviam comido tanto quanto possível, sobrou mais do que quando comeram quatro mil. O número menor não poderia comer tanto quanto o maior, e, no entanto, as sobras que eles deixaram foram em quantidade menor do que quando cinco mil se fartaram. É uma curiosa inversão de todas as nossas regras. Supomos que, quanto maior for a participação ou o uso pelas pessoas, menos sobrará; mas aqui parece que, quanto maior foi a participação, mais sobrou; e quanto menor, menos restou. Assim é conosco: quanto mais tivermos de extrair espiritualmente de nós mesmos, mais sobrará para nosso próprio deleite. Não devemos, pois, querer economizar reduzindo o número daqueles a quem temos de servir; mas, sim, justamente o contrário.

Aprendamos também que *onde houver mais trabalho a serviço de Jesus, haverá maior recompensa*. Não é assim no mundo, onde os homens geralmente são mais bem pagos quanto menos façam; no caso de nosso Senhor, a recompensa de cada um será devidamente proporcional a seu serviço. Aqueles que serviram à multidão não puderam comer durante a refeição coletiva, já que estavam ocupados distribuindo o alimento aos demais; mas, quando o banquete terminou, o Mestre certamente disse a eles: "Vocês tiveram um grupo grande de pessoas hoje a quem servir; havia pelo menos cinco mil homens, além de mulheres e crianças. Vocês precisam se revigorar; esses doze cestos cheios de pão e peixe que sobraram, dividam-nos entre vocês". Dias depois, o trabalho foi menos cansativo, menos penoso. Aquele milhar de gente a mais, que dificultara o trabalho pela primeira vez, não estava mais ali, e eles conseguiram alimentar quatro mil com mais agilidade e prazer. Então, receberam menos cestos, sete, como recompensa; ou seja, um auxílio generoso, mas não tanto quanto o da ocasião passada. Ao trabalhar por Cristo, doar por Cristo, operar por Cristo, você terá um retorno sempre rico de alegria nele; e terá sempre sua recompensa, em proporção.

Há pessoas que, infelizmente, serão sempre carentes porque nunca dão o que podem dar à causa de Cristo. Os carentes devem aprender a dar o que podem, e Deus sabe o que podem, para que comecem a deixar de ser carentes; e os abastados devem sempre dar o máximo que podem, e Deus sabe o máximo que podem dar, para que não venham a se tornar carentes. Não digo que estes devam ser seus principais motivos de oferta ou serviço, mas têm também grande validade e importância. Se você acha que tem pouca capacidade a oferecer, passe a trabalhar bastante com essa capacidade para que ela se desenvolva; e se você tem uma grande capacidade, aja assim também, já que dispõe de muitos talentos confiados a você.

    O Senhor jamais permitirá que serviço algum a ele prestado fique sem a devida recompensa; o trabalho feito para o carente e o necessitado rende um bom salário de bênçãos e graças. Satanás perguntou se Jó servia a Deus por nada. Suponha que assim fosse: o demônio teria argumentado que Deus era um chefe severo, cujos serviços não traziam nenhuma recompensa. De qualquer jeito, Satanás teria cometido um engano, e, como não desejamos agradá-lo, admitimos que não servimos a Deus propriamente por nada, mas, sim, que, por obedecermos a seus mandamentos, haveremos de ter grande recompensa. Quando a multidão houver terminado de se banquetear, o mestre deixará que você possa se alimentar, e você então desfrutará de alegria abundante junto a ele.

    O ponto principal para todos nós é realizarmos um trabalho bom e abençoado para o Senhor. Em nome do Deus sempre vivo, alimentemos cada homem, cada mulher e cada criança, até que todo mundo possa estar alimentado, saciado e satisfeito. Cristo está por trás de nós, à nossa frente e ao nosso lado: o Filho de Deus está trabalhando inteiramente conosco; pois o pão é dele, não nosso; e alimentar a multidão não é trabalho nosso, mas dele; o poder não é nosso, mas todo dele; e em nome dele deve ser toda a glória. Amém.

10

Qual dos dois fez a vontade do pai?

Mas que vos parece? Um homem tinha dois filhos, e, chegando-se ao primeiro, disse: Filho, vai hoje trabalhar na vinha. Ele respondeu: Sim, senhor; mas não foi. Chegando-se, então, ao segundo, falou-lhe de igual modo; respondeu-lhe este: Não quero; mas depois, arrependendo-se, foi. Qual dos dois fez a vontade do pai? Disseram eles: O segundo. Disse-lhes Jesus: Em verdade vos digo que os publicanos e as meretrizes entram adiante de vós no reino de Deus. Pois João veio a vós no caminho da justiça, e não lhe destes crédito, mas os publicanos e as meretrizes lho deram; vós, porém, vendo isto, nem depois vos arrependestes para crerdes nele.

(Mateus 21:28-32)

A visão deste vasto auditório, desta assembleia lotada, me lembra outros espetáculos, que, em dias felizmente bem distantes, eram presenciados em anfiteatros do Império Romano. Nas arquibancadas em torno, fileira após fileira, encontrava-se a multidão, possuída de olhos cruéis e coração de ferro; no centro do estádio, estava um ser solitário e desamparado, aguardando que a porta da toca dos leões fosse levantada, para consagrá-lo como sacrifício à fúria popular e mais uma testemunha de Cristo. Não seria difícil separar os bons dos vis em tal lugar. O mais desinteressado visitante que entrasse pela primeira vez no anfiteatro saberia de imediato reconhecer tanto os discípulos de Cristo quanto os inimigos do Crucificado. No centro da arena, estavam os corajosos seguidores do Nazareno, prestes a morrer; em volta, nas portentosas arquibancadas do Coliseu de Roma, ou nas de outro estádio de uma província qualquer, sentavam-se, conforme o caso, matronas e nobres, príncipes e camponeses, plebeus e patrícios, senadores e soldados, todos olhando para baixo com o mesmo olhar ávido e inclemente; todos exultantes de seus deuses pagãos e vociferantes na alegria com que encaravam a agonia dos adeptos do odiado galileu, esquartejados pelas feras, em mais um festival orgíaco romano.

Outra é a visão que se nos apresenta hoje, com significados bem mais felizes; no entanto, muita atenção! — é tarefa ainda mais árdua a de atualmente separarmos o joio do trigo, o bom do vil, do que nos dias em que o apóstolo Paulo enfrentou feras humanas em Éfeso. Aqui, neste auditório, espero haver centenas, senão milhares de discípulos, prontos a morrer por nosso Senhor Jesus Cristo; assim como, em outros lugares mais além, também apinhados de gente, possamos contar com centenas que carregam seu santo nome e professam o evangelho do homem de Nazaré. Ainda assim, receio que nessas duas supostas colinas e no vasto vale entre elas haja também inimigos do Filho de Deus, que se recusam a aceitar seu clamor — pessoas não ligadas pelas cordas do amor, que as prenderiam ao trono dele, não submetidas ao amor poderoso que se fez revelar na cruz e em suas chagas. Não posso nem tentar fazer sua separação. Uns e outros dos grãos, joio e trigo, deverão crescer juntos até a colheita. Procurar separá-los seria tarefa que no presente instante nem os anjos poderiam realizar, mas que um dia facilmente o farão, quando, por ordem do mestre a colheita chegar, reunindo primeiro os fardos a serem queimados e em seguida o trigo a ser guardado no celeiro de Javé. Não tentarei fazer essa separação, é verdade; mas pedirei que cada um faça tal tentativa em si mesmo. Peço a vocês, moços e moças, pais e idosos, neste dia: façam um autoexame para verificar se estão realmente na fé. Que nenhuma pessoa tenha como garantia ser cristã somente porque ajudou a aumentar o número de crentes na assembleia. Que ninguém julgue seu semelhante, mas cada qual a si mesmo. A todos vocês, digo, com profunda sinceridade: deixem que a divisão seja feita por sua própria consciência e que a sua compreensão faça a distinção entre aquele que teme a Deus e aquele que não o teme. Ainda que não haja aqui "um homem vestido de linho, com um tinteiro de escrivão à sua cintura", que ande pelo meio de vocês, marcando "com um sinal a testa dos homens que suspiram e que gemem por causa de todas as abominações" que se cometem, levem sua consciência a usar desse tinteiro para fazer um sinal honesto, ou deixem de marcar; mas que cada qual possa se questionar, esta manhã: "Estarei do lado do Senhor? Sou a favor de Cristo, ou de seus inimigos? Congrego-me realmente com ele, ou me disperso?" "Divisão! Divisão!", costumam clamar no Parlamento inglês; digamos o mesmo hoje nesta congregação. Divisões políticas nada são se comparadas à importante distinção que peço a vocês considerarem. Procurem dividir da mesma forma como seremos todos separados à direita e à esquerda no grande dia em que Cristo há de julgar o mundo com justiça. Dividam do mesmo modo com que vocês serão divididos quando forem a caminho do êxtase do céu ou dos flagelos do inferno como a eterna porção que lhes caiba.

Se fôssemos divididos em dois grupos e pudéssemos dizer que uns fizeram um pacto com Deus mediante seu sacrifício e que outros, pelo contrário, são ainda inimigos de Deus em decorrência de sua própria obra perniciosa, se nos debruçarmos sobre este segundo grupo podemos ainda achar necessário fazer uma divisão entre eles. Apesar de todos os descrentes serem semelhantes por estarem sem perdão e salvação, ainda assim diferem segundo as circunstâncias de cada caso e na forma de seu pecado. Mesmo sendo similares por estarem sem Cristo, muito diferem em sua condição mental e moral. Confio estar sendo guiado pelo Espírito de Deus em meu texto esta manhã, pois possui tal significado que, ao mesmo tempo que me capacita a me dirigir a todos aqui que ainda não foram convertidos, oferece-me a oportunidade esperançosa de atingir a consciência de cada um, ao dividir o grupo dos descrentes em duas classes distintas. Oh, que para cada classe esteja hoje guardada uma bênção.

Falemos, primeiro, àqueles *reconhecidamente desobedientes a Deus*; depois, àqueles *ilusoriamente submissos a ele*.

I

Em primeiro lugar, então, temos uma palavra para *aqueles reconhecidamente desobedientes a Deus*. Há não poucos, certamente, desse tipo, aqui. Deus lhes disse, como diz a todos os que são chamados ao evangelho: "Filho, vai trabalhar hoje na vinha" (Mateus 21:28), e vocês responderam, talvez até honestamente, mas sem dúvida de modo ousado, indelicado e injusto: "Não quero ir". Nem vacilaram ao responder, mas deram uma recusa direta ao clamor de seu Criador. Responderam o que veio à mente de vez, e não apenas em palavras, mas de maneira ríspida e inequívoca, e ações falam muito mais alto que palavras. Disseram, uma vez após a outra, com suas ações: "Não servirei a Deus, nem quero crer em Jesus".

Fico feliz em vê-lo aqui esta manhã, meu querido amigo, e acredito que sua situação haverá de mudar antes que deixe esta casa; mas até o presente momento você não demonstrou obediência a Deus e, sim, disse de toda maneira: "Não quero". Disse, *praticamente*: "Não vou adorar a Deus, nem frequentar local de adoração algum — é uma amolação insuportável para mim. Não quero cantar louvores ao Criador — não vou fingir bendizer a Deus, por quem não caio tanto assim de amores. Não me unirei aos crentes em oração pública — não tenho coração para isso. Nem pretendo fazer oração, seja matinal ou noturna, sozinho — de que me adiantaria? Não acredito na eficácia da oração e não serei hipócrita em seguir uma prática que para mim é vã e na qual não creio. Quanto ao que é chamado de pecado, há coisas de que não vou abrir mão e não desistirei". Você se orgulha de ser chamado de honesto e aceita todos os elogios de seus amigos, mas recusa ser considerado religioso, pois não admite todos os direitos de seu Criador sobre você. Aos pedidos de outras pessoas você ainda atende com razoável boa vontade, mas à súplica justa e carinhosa de Deus você tem sempre uma recusa clara e evidente. Da maneira mais clara que uma atitude possa falar, você fala, quando não liga para o domingo dedicado a Deus, quando recusa fazer oração, quando nunca lê a Bíblia, quando persevera propositadamente no pecado conhecido, e por todo o trajeto de sua vida vem dizendo: "Não quero, não aceito". Como Faraó, você desdenha: "Quem é o Senhor, para que ouça eu a sua voz...?" Você tem a mesma mente dos antigos, que diziam: "É em vão servir a Deus, e que proveito há em guardarmos seus mandamentos?"

Além disso, meu amigo, você também ainda não aceitou devidamente a doutrina da palavra de Deus; pelo contrário, tanto *intelectualmente* quanto *na prática,* não obedece a Deus. Estabeleceu em sua mente a ideia de que deve compreender tudo antes de crer — ideia, permita-me dizê-lo, que não conseguirá sustentar, pois não consegue compreender sua própria existência; e existem outros milhares de coisas que o cercam que você nunca conseguirá compreender, mas em que terá de acreditar, ou então se tornará um grande tolo. Você critica essa e aquela doutrina, discordando do sistema do evangelho em geral; e se lhe perguntarem por que não comparece a lugares de adoração, é capaz de argumentar que evita adorar porque simplesmente não concorda com essa ou aquela doutrina. Deixe-me lhe informar, por conta própria, que, quanto ao que me diz respeito, pouco me importa se você concorda ou não com as doutrinas que prego. Para o seu próprio bem, estou ansioso para que você creia na verdade como ela é, em Jesus. Enquanto você viver em pecado e rejeitando determinadas doutrinas, isso me fará sentir mais seguro quanto à verdade que devem conter e me levará a pregá-las com maior confiança e veemência ainda. Veja quanto podemos aprender sobre a verdade de

Deus mediante a preferência ou aversão daqueles que se recusam a adorá-lo e que buscam com isso uma desculpa para o pecado. Ó homens e mulheres não convertidos, não virá jamais o tempo em que tenhamos de ir a vocês para saber o que gostariam que pregássemos ou não; se caíssemos em situação tão baixa a ponto de assim proceder, vocês mesmos iriam nos desprezar. Deve um médico perguntar a seu paciente que tipo de remédio gostaria que lhe fosse prescrito? Então o doente não precisaria de médico; poderia prescrever para si mesmo o medicamento e o mostrar apenas para o doutor, se fosse o caso, pelas portas do fundo. De que adiantaria então ir ao médico? De que adiantaria um ministro do evangelho que se humilhasse ante os gostos e apetites pecaminosos e indagasse: "Como gostariam, pecadores, que eu pregasse a vocês? Que caminhos suaves gostariam que eu lhes oferecesse?" Ó almas! Temos objetivos maiores a alcançar do que meramente agradá-las. Sua salvação virá por verdades amargas; mentiras adocicadas as arruinarão. O ensinamento no qual a mente carnal mais se delicia é justamente o mais letal e o mais ilusório. Para muitos de vocês, seus gostos, suas crenças e vontades é que precisam ser mudados, ou jamais entrarão no céu.

Admito que, de certo modo, aprecio sua sinceridade em haver declarado de forma direta: "Não quero servir a Deus"; mas é uma sinceridade que me faz estremecer, pois revela um coração endurecido como a pedra de um moinho. É bem possível que até este momento você não se ache em condições de se arrepender de havê-lo dito, pois os caminhos do pecado são, enganosamente, um tanto doces para você, e seu coração está fixado na desobediência e rebeldia. Ainda não pôde sentir a condenação ao pecado que o Espírito Santo colocou em muitos de nós; pois, se a tivesse sentido, teria prontamente se projetado para fora desse seu "Não quero". Se o poder da graça de Deus, do qual milhares de nós somos testemunhas de que é um poder tão real quanto aquele que guia as estrelas e impele o vento — se a graça todo-poderosa de Deus conseguir tocá-lo, você não mais dirá: "Não creio nisso ou naquilo";

pois, temendo e tremendo, tal como um desses crentes a quem hoje despreza, você clamará: "Que devo fazer para ser salvo?" Até agora, porém, você não sentiu esse poder, e, portanto, não posso estranhar a razão por que não o reconhece, apesar de todos os relatos de testemunhas honestas que devem pesar sobre você. De todo modo, você não é, nem na prática, nem intelectualmente, nem confessadamente, um cristão; mas não enganou a si mesmo nem a outros fazendo uma profissão que não honrasse. Tem seguido o caminho que você mesmo escolheu, respondendo, com maior ou menor resolução, a cada chamado do evangelho: "Não quero".

Como já dissemos, a resposta do segundo filho convocado pelo pai, registrada em nosso texto, foi bastante clara. Não era, sabemos, propriamente genuína; mas não foi também a que seu pai esperava. Pedira ele: "Filho, vai hoje trabalhar na vinha", e o filho respondeu, de forma rude: "Não quero" (Mateus 21:28); e, sem maiores desculpas ou argumentos, seguiu seu caminho. Não é bem assim que deveria ser, não é? Talvez você tenha sido um tanto apressado, meu amigo, e por isso tenha sido injusto. Não é bem possível que você haja, com isso, negado a Deus e ao seu evangelho o respeito que merecem? Você falou, sem dúvida, bem claramente, mas, ao mesmo tempo, sem pensar e duramente ao Deus que merece o melhor vindo de você. Já parou, então, para pensar razoavelmente no chamado do Senhor Jesus? Não terá você descartado o evangelho com um desdém um tanto indigno de você? Não estaria você com medo de encarar diretamente toda a questão entre Deus e você? Acredito ser este o caso de centenas de pessoas presentes hoje aqui; o caso de milhares, dezenas de milhares, em Londres. São esses que costumam bater o pé e declarar: "Não quero saber de religião! Já me decidi e não vou mudar: detesto que me falem disso e não quero ouvir". Não haverá uma voz interior que lhes diga que com isso não estão sendo justos nem consigo mesmos nem com Deus? É, acaso, um assunto tão simples assim de ser decidido? Suponha que aconteça de a religião de Jesus ser verdadeira — e então? Que caberá àqueles que o desprezam? A religião de Jesus é verdadeira, meus amigos, e já provei essa verdade em meu próprio caso. Eu lhes rogo, portanto, considerem isso; não joguem fora suas almas imortais! "Considerai os vossos caminhos" (Ageu 1:5), diz o Senhor.

É hora então de declarar a esses reconhecidamente não santificados qual o seu estado real. Vocês têm sido mais do que simplesmente orgulhosos de sua honestidade e, menosprezando os que confessam a própria fé, alegam: "Ah! Não faço promessas como eles fazem; sou honesto, sim, sou". Amigos, vocês não conseguiriam sentir maior repúdio para com os hipócritas do que eu sinto. Se tiverem uma chance de fazer pouco deles, peço que o façam; se conseguirem furar seu balão de ar, deixando escapar o gás de sua falsa profissão de fé, rogo que furem. Procuro agir desse modo em minhas atitudes. Façam o mesmo! Você e eu, espero, concordamos inteiramente nisso: em detestar profundamente tudo aquilo que seja embuste ou falsidade. Todavia, se você começar a manter sua cabeça erguida demais e se achar superior só porque acha que não deve confessar Cristo, então serei obrigado a rebaixá-lo em minha consideração, lembrando que não é mérito para ladrão algum não assumir o comprometimento de ser honesto, nem pode ser tido como honroso para homem algum não se comprometer a falar sempre a verdade. Na verdade, o homem que não professe ser honesto é praticamente um ladrão declarado, e aquele que não clame dizer sempre a verdade passa por ser um mentiroso; pois, como dizem provérbios populares, aquilo que escapa de cair na frigideira cai no fogo, e quem se desvia de cair no chão pode cair na areia movediça. Você é negligente, reconhecido e confesso, das coisas de Deus; escarnecedor da grande salvação; declaradamente infiel para com o Cristo de Deus. Quando as nossas autoridades detêm pessoas suspeitas de fanatismo político, não têm grande trabalho com elas, pois geralmente estas se vangloriam de usar insígnias e bandeiras que as distinguem como tais. "Você aí", diz o policial, "está preso por usar o uniforme dos revoltosos". Do mesmo modo, quando o anjo da justiça detém os inimigos do Senhor, ele não tem dificuldade em acusá-los e prendê-los, declarando: "Você se identifica como inimigo de Deus; claramente e sem constrangimento, reconhece que não teme a Deus nem confia em sua salvação". Não serão necessárias testemunhas contra você no último e grande dia; você ficará de pé, mas não de forma tão audaciosa como faz hoje, pois, quando os céus estiverem em chamas e a terra estremecendo, com uma grande nuvem branca encobrindo o campo da visão e os olhos do grande Juiz brilhando como fogo ardente, você certamente usará de modo e comportamento diferentes daqueles que hoje sustenta diante de um pobre pregador do evangelho; mas, ah, meu incrédulo ouvinte, em um caso como o seu não seria necessário nem julgamento, pois por sua própria boca já está condenado.

Todavia, não estou aqui para falar somente de seus pecados, mas, sobretudo, para ajudá-lo a deles ser salvo. Era necessário que tudo isso fosse dito, mas agora voltemos nossa atenção para algo bem mais agradável. Tenho esperança de que hoje alguns de vocês atentem para uma pequena palavra que se encontra no texto: *depois*: "[...] respondeu-lhe este: Não quero; mas *depois*, arrependendo-se, foi". Esta é uma via longa, que parece não ter retorno; cremos, porém, que chegamos ao retorno agora. Ainda cabe o seu arrependimento; ainda que você seja viciado na bebida, ladrão, praguejador, depravado, a sorte final ainda não lhe foi lançada, a mudança é possível. Que Deus permita haja chegado o tempo em que será dito de você: "Mas, depois, arrependendo-se; mudando de ideia; crendo em Jesus, obedecendo à Palavra, foi". Talvez o segundo filho da parábola haja pensado depois com mais calma, ao dizer a si mesmo: "Vou pensar no assunto; segundos pensamentos são quase sempre melhores que os primeiros. Resmunguei para meu pai, dei-lhe uma resposta atravessada e vi uma lágrima brotar nos seus bons olhos. Sim, me arrependo de tê-lo feito se afligir. Isso me faz mudar de ideia. Disse 'Não' a ele, mas não havia pensado bem sobre isso. Esqueci-me que se for e trabalhar na vinha de meu pai estarei trabalhando para mim mesmo, pois sou seu filho, e o que ele tem será de certo modo meu, de sorte que fui muito tolo em me recusar a trabalhar em benefício próprio. Ah, agora vejo quanto meu pai tenciona meu benefício e irei para a vinha, como ele me ordenou". Ele toma suas ferramentas e ruma para o trabalho com toda a sua disposição. Se ele disse "Não quero", mas se arrependeu e foi, é claro que realizou a vontade do pai.

Oh, como eu gostaria que muitos homens e mulheres presentes aqui hoje, neste Agricultural Hall, clamassem: "Retiro o que disse. Irei a meu Pai, e lhe direi: 'Pai, farei o que me ordenas. Não ofenderei mais o teu amor. Não perderei a oportunidade de fazer o melhor por minha própria alma; obedecerei ao comando do evangelho'". Suponho que tenha agora justamente um de vocês diante de mim e a este, especialmente, falarei. Talvez tenha dito "Não quero" por não entender de fato o que é religião. Quão poucos, no fim das contas, sabem qual é o caminho da salvação! Apesar de talvez frequentarem uma igreja, não aprenderam a respeito do plano de Deus de perdoar os pecados. E você, conhece o plano da salvação? Ouça-o e viva segundo ele. Você ofendeu Deus, e Deus deve punir seu pecado; é uma regra fixa que o pecado deva ser punido; como, então, poderia Deus ter misericórdia de você? Apenas deste modo: Jesus Cristo veio do céu e sofreu em lugar e nas mais rigorosas condições de todos aqueles que pecaram e que nele creem; sofreu tudo o que eles deveriam ter sofrido. De sorte que Deus é justo, mas, ainda assim, ao mesmo tempo, capaz de perdoar até o maior dos pecadores, mediante os méritos de seu amado Filho, nosso Senhor. Se você crer em Cristo, suas dívidas serão pagas por ele. Se você se apoiar em Cristo, e nele apenas, Deus não irá puni-lo por seus pecados, pois já puniu Cristo, em seu lugar, por eles, e não seria justo nem correto da parte dele punir seu Filho e punir você, obtendo assim o pagamento da dívida duas vezes, tanto do Fiador quanto do devedor.

Meu estimado ouvinte, quem quer que você seja, qualquer que tenha sido sua vida passada, se você crer em Cristo, será salvo de todos os seus pecados em um instante, e toda a sua vida passada será apagada; não permanecerá no livro de Deus uma única acusação contra sua alma, pois Cristo, tendo morrido por você, tomou ele próprio sua culpa, deixando-o imaculado perante Deus. Leia o último versículo do texto e verá que é mediante a fé que se entra no reino de Deus, é pela fé que somos salvos. "Eis o Cordeiro de Deus" (João 1:36), disse João Batista; e se você olhar para o Cordeiro, que sangra na cruz por você, viverá. Você entende? Não é bastante simples? Não é conveniente a você? E você ainda se recusa a obedecer? O Espírito Santo não o impele a ceder? Nem ao menos você diz agora: "É tão simples. Quero crer em Cristo"? Diga então:

Culpado, mas no coração tendo amor,

e lanço às chagas do meu Salvador.

Diga: "Sim, a ele irei, com a ajuda de Deus, esta manhã, a menos que a morte me chegue antes de o sol se pôr. Confio em que Cristo há de me salvar. Eis o precioso caminho de sua salvação! Por que então eu não deveria ser salvo?".

É possível, ainda, que você tenha dito "Não quero" por pensar que não houvesse, absolutamente, esperança para você. Ah, meu amigo, eu lhe garanto — e oh, quão feliz me sinto por assim poder proceder — que há esperança até para o mais vil pecador mediante o precioso sangue de Jesus. Nenhum homem jamais foi longe demais em busca de o braço de Cristo poder alcançá-lo. Cristo se deleita em poder salvar o maior transgressor. Disse ele a seus apóstolos: "pregai o evangelho a toda criatura". Mas que começassem... — por onde? — ... por Jerusalém. Como se dissesse: "Lá vivem os infelizes que cuspiram em meu rosto; os cruéis que martelaram os pregos em minhas mãos. Ide e pregai o evangelho a eles primeiro. Dizei-lhes que sou capaz de salvar não apenas simples pecadores, mas o maioral deles todos. Dizei que creiam em mim e viverão". E você, pecador desesperado, onde está? Sei que o diabo tentará manter o chamado do evangelho longe de seus ouvidos, se puder, e, portanto, irei clamá-lo a plenos pulmões e não me deterei. Ó pecador desesperado, não há espaço para o desespero deste lado de fora dos portões do inferno. Mesmo que você haja passado pelos piores antros de iniquidade, nenhuma mancha permanecerá em você ante o poder do sangue purificador de Jesus:

Há uma fonte de que o sangue é jorrado
das veias de Emanuel, a fluir;
Pecador, nesse fluxo mergulhado,
verá a mancha de sua culpa sumir.

Acredito que, agora que sabe haver esperança para você, dirá: "Irei de imediato e depositarei minha confiança em Jesus".

Assim como os encorajo a se arrependerem da rejeição a Deus, convido-os a vir a Jesus, e mais uma vez nisso os apresso. Ah, meu querido amigo, você, quando menos espere, poderá estar indo embora desta vida. Sim, é bem verdade que há ímpios, em sua estúpida insensibilidade, que morrem, estranhamente, com toda a aparente tranquilidade — como, a respeito deles, diz Davi: "Porque eles não sofrem dores; são e robusto é o seu corpo. Não se acham em tribulações como outra gente, nem são afligidos como os demais homens"; e, no entanto, quer percebam eles ou não, saiba que é algo terrível morrer em pecado, sem o perdão de Deus. Que irá acontecer à sua alma culpada quando deixar seu corpo? Pense nisso por um minuto. É assunto digno de preocupação. Como alguns de nós podemos ir embora logo, e todos nós iremos, muito certamente, antes do esperado, que olhemos então para nós mesmos e reflitamos um pouco. Imagine sua alma desnudada do corpo. Você deixou seu corpo, e seu espírito já se encontra em um novo mundo. Oh, como seria glorioso se em seu espírito separado você visse Jesus, a quem ama, e fosse imediatamente para junto dele, para se saciar para sempre da água cristalina da permanentemente fluente fonte da felicidade; e como seria terrível se, em vez disso, seu espírito se encontrasse só, sem amigos, sem abrigo, sem esperança, atormentado pelo remorso, aflito pelo desespero. E tivesse de lamentar para sempre: "Sabia do meu dever, mas não o cumpri. Sabia do caminho da salvação, mas não o percorri. Ouvi o evangelho, mas fechei os ouvidos para ele. Vivi e por fim deixei o mundo sem Cristo, e eis-me aqui, além da esperança, sem me arrepender, sem saída, sem escapatória, pois piedade e amor não têm mais chance para mim". Tenham pena de si mesmos agora, meus ouvintes. Eu me penalizo de vocês. Se com a minha mão pudesse retirá-los do fogo, quão alegremente eu o faria! Mas como ter pena de vocês, se nem vocês têm pena de si mesmos? Oh, se minha oração pudesse, pela graça de Deus, persuadi-los a confiar em Cristo nesta manhã, eu oraria com toda a minha voz e com todo o meu coração e toda a minha vida! Mas, por favor, tenham dó de si mesmos! Tenham pena desse seu pobre e desnudo espírito, que em breve poderá estar tiritando em extrema agonia, causada por vocês mesmos, agonia da qual não se pode escapar, agonia de que estão sendo avisados, mas que preferem ignorar, em vez de abandonar para sempre o pecado e abraçar a salvação que lhes oferece a soberana graça.

Alegremente desejaria que vocês estivessem dizendo: "Neste momento me arrependo e, pela graça de Deus, irei para Jesus". Deixe-me lembrar que há muitos no céu que, como vocês, disseram um dia "Não quero", mas, depois, ainda na terra, se arrependeram e lá estão agora, salvos. Vou lhes dar somente um exemplo. Pensem em um grupo de homens a cavalo, e um deles, o mais orgulhoso, para quem os outros servem de guarda, indo a Damasco, para trazer de lá alguns dos primeiros cristãos e lançá-los na prisão, a fim de compeli-los a blasfemar e negar ser Jesus o Cristo, o Filho de Deus. Saulo de Tarso é o nome desse atrabiliário, cruel e obsessivo chefe do grupo. Quando o fiel crente Estêvão foi morto, apedrejado pelos inimigos de Cristo, Deus disse a esse Saulo: "Filho, vai trabalhar na minha vinha" (Mateus 21:28), mas Saulo claramente respondeu: "Não quero", e, para confirmar sua recusa, ajudou no que pôde a matarem Estêvão. Agora, lá vai ele, cavalgando com pressa, atrás de sua ignóbil missão, não havendo certamente ninguém mais tão decidido e determinado contra o Senhor quanto ele. Mesmo assim, meu Senhor Jesus quis e pôde domar esse leão e torná-lo um cordeiro em suas mãos. Enquanto cavalga, Saulo vê uma brilhante luz, mais radiante que o sol ao meio-dia; cai do cavalo e fica a tremer no chão, e ouve uma voz vinda do céu, que lhe diz: "Saulo, Saulo, por que me persegues?" (Atos 22:7). Erguendo os olhos, maravilhado, ele vê que estivera até então, ignorantemente, perseguindo o próprio Filho de Deus. Que mudança essa descoberta não provocou nele! Aquela voz, que dizia "Eu sou Jesus, a quem tu persegues" (Atos 22:8), partiu seu coração e o ganhou imediatamente para a causa de Deus. E sabemos que três dias depois desse ocorrido, aquele antes orgulhoso e intolerante homem foi batizado e fez profissão de fé em Cristo, a quem outrora perseguia! No entanto, não há como conhecermos um pregador mais sincero e melhor que o apóstolo Paulo, que, com o coração em chamas, escreve: "Mas longe esteja de mim gloriar-me a não ser na cruz de nosso Senhor Jesus Cristo" (Gálatas 6:14). Espero que haja hoje um Saulo aqui, que seja derrubado do cavalo. Derruba-o, Senhor! Derruba-o, Espírito Eterno, derruba-o *agora*! Talvez você não soubesse que estava lutando contra Deus, mas julgasse ser um tolo sonho a crença em Jesus. Talvez não soubesse que estava insultando seu próprio Senhor. Agora, porém, o sabe; e que sua consciência seja afetada, e que desse dia em diante possa servir ao Senhor.

Desejo esclarecer algo antes de chegarmos ao segundo tópico. Se há alguém aqui que, depois de uma longa recusa, por fim se arrependeu e deseja se tornar um servo de Deus pela fé em Jesus Cristo, deixe-me dizer, para encorajá-lo, que não estará nem um pouco atrás daqueles que dizem professar a fé, mas sem serem verdadeiros a ela. No texto, quando adverte o Senhor que "publicanos e meretrizes entram adiante de vós no reino de Deus" (Mateus 21:31), significa que os maiores pecadores, arrependidos, entram no reino de Deus até *à frente desses*, que fazem profissão de fé e de servir ao Senhor, mas não são sinceros nem verdadeiros para com ele. Vocês, até aqui grandes pecadores, que se arrependam, não irão, absolutamente, ocupar os lugares do fundo no céu! Não serão julgados por um tribunal à parte. Terão tanto amor quanto os melhores, tanta alegria quanto os santos mais brilhantes. Estarão o mais próximo de Cristo; irão se sentar junto com ele no trono da graça; usarão a coroa dos justos; seus dedos tocarão em angelicais harpas douradas; irão se regozijar com a alegria que é indizível e plena de glória. Então? Por que não vêm a Cristo? Ele esqueceu sua atitude rebelde anterior e ordena que venham logo, que venham hoje. "Vinde a mim", diz ele, "todos os que estais cansados e oprimidos, e eu vos aliviarei" (Mateus 11:28). Anos e anos de pecado serão perdoados, e não durará nem um minuto para Deus assim proceder. Cinquenta, sessenta, setenta anos de iniquidade desaparecerão como a geada matutina desaparece em segundos ante o sol que aquece. Venham e confiem em meu mestre, acolhendo-se nele e em suas santas chagas.

> Erguendo os olhos caídos, você vê
> cercando seu trono imensa multidão
> de outrora pecadores, como você,
> que nele encontraram total salvação.
> Não ceda, pois, à sua falta de fé,
> pois diz o Senhor que ainda há lugar;
> mesmo sendo o pecador que você é,
> venha, que Jesus o está a convocar.

II

Deixem-me agora que eu lhes fale de meu segundo personagem, o *ilusoriamente submisso*. É ele, de longe, o tipo mais numeroso na Inglaterra, provavelmente o mais numeroso nesta assembleia. Oh, muitos de vocês, meus ouvintes habituais, vocês que ouvem a minha voz ao longo desses treze anos, infelizmente muitos de vocês se encaixam nesse perfil. Vocês responderam ao grande Pai, quando os chamou à vinha: "Sim, Senhor!" — mas não foram. Permitam-me esboçar, com tristeza, o caráter de vocês: frequentam sempre e regularmente determinado lugar de adoração e estremeceriam em desperdiçar um domingo que fosse em uma excursão ou em qualquer outra forma de quebrar a religiosa guarda domingo. Da boca para fora, confirmam a Deus constantemente: "Sim, Senhor" — mas não obedecem. Ao soarem os primeiros acordes de um hino, vocês já se levantaram, e cantam em alto e bom som, mas não cantam com o coração. Se o ministro convoca: "Oremos!", vocês logo cobrem o rosto, mas não oram uma oração sincera e verdadeira. Para justificar seu cordial e respeitoso "Sim, Senhor", mas sem realmente obedecer, dão sempre uma interpretação apenas teórica, nunca prática, ao evangelho; e, quando o pregador menciona qualquer doutrina, são os primeiros a concordar: "Sim, é verdade. Eu creio nisso" — mas, em seu coração, não creem: não creem no evangelho com o centro de sua vida, pois, se assim o fizessem, ele teria verdadeiramente efeito sobre vocês.

Uma pessoa pode dizer "Acho que minha casa está pegando fogo", mas, se está indo calmamente para a cama dormir, logo se verá que não acredita no que diz; se achasse, ou acreditasse, que a casa está realmente pegando fogo, evidentemente que tentaria dali escapar. Se vocês realmente acreditassem que existem um céu e um inferno, tal como parecem crer em outras coisas, agiriam de forma muito diferente do que agem. Devo acrescentar que muitos de vocês dizem "Sim, Senhor" de forma bastante solene; e, quando oramos, e lágrimas correm pelo seu rosto, e vocês vão para casa, para seus quartos, e oram mais um pouco, ficamos achando que dessa vez isso os levará a uma verdadeira conversão. No entanto, sua piedade é "como a nuvem da manhã e como o orvalho que cedo passa"; é como um pequeno monte com neve por cima: enquanto dura a neve, parece branco e grandioso, mas quando a neve derrete, é só um montinho, nada mais. Oh, quantos corações são assim, tão ilusórios! Vocês pecam, e logo vêm a um lugar de adoração e tremem com a Palavra; transgridem os mandamentos, choram e voltam a transgredi-los; sentem o poder do evangelho, de certo modo, mas ainda assim se rebelam facilmente contra ele, mais e mais.

Ah, meus amigos, posso olhar alguns de vocês no rosto e ver que estou descrevendo literalmente o seu caso. Têm estado mentindo para Deus todos esses anos, dizendo "Sim, senhor", sem, de fato, jamais obedecer. Sabem que para realmente serem salvos devem crer em Jesus, mas não creem nele. Sabem que têm de nascer de novo, mas ainda estranham esse novo nascimento. São tão religiosos quanto acham que são os lugares em que se sentam na congregação, mas não mais; e irão para o céu provavelmente tanto quanto esses bancos, mas também nem um pouco mais, porque são, como os bancos, sem vida: vocês estão mortos no pecado, e a morte não pode entrar no céu. Ó meus amados, lamento ser obrigado a dizer mais uma vez algo assim e, no entanto, não ser mais afetado pelo fato; mas, acima de tudo, lamento que alguns de vocês saibam ser verdade o que digo, sem, todavia, se sentirem alarmados! É muito fácil alguns de vocês se impressionarem com um simples sermão, mas receio que nunca passa de mera impressão transitória. Tal como a água quando ferida por uma vara, isso imediatamente some. Vocês sabem, e sabem, e sabem, que é verdade; e sentem, e sentem, e sentem isso de novo; e, no entanto, seus pecados, seu farisaísmo, seu desleixo, sua transgressão voluntária os fazem, depois de dizerem "Sim, Senhor", esquecer logo sua concordância e mais uma vez mentir para Deus.

Falei muito claramente para a outra classe de pessoas, hoje, e devo ser igualmente claro com vocês. Vocês, também, *estão se condenando*. Não será nem preciso testemunhas contra vocês. Admitem que o evangelho é verdadeiro; não contestam a doutrina da punição ou da glória futuras. Têm frequentado um lugar de adoração e ouvido e repetido que Deus é bom e digno de ser servido; têm confessado que devem fidelidade a ele e que devem honrá-lo. Vocês até mesmo se ajoelham e chegam a dizer "Senhor, mereço a tua ira". O grande Deus terá então apenas de pinçar algumas de suas preces formais para encontrar provas suficientes que levem à sua condenação. Suas orações matinais ou vespertinas, todas hipócritas, serão mais que suficientes para condená-los por sua própria boca. Prestem atenção! Prestem muita atenção a isso que lhes digo, enquanto ainda estão aqui, na terra da esperança.

Enquanto isso, como me lembra o texto, enquanto vocês permanecem sem salvação, veem outros pecadores, como publicanos e meretrizes, serem salvos pelo mesmo evangelho que não teve poder algum sobre vocês. Você não conhece o evangelho? Você, que é filho de um piedoso pai, de uma devota mãe? Você sabe, por exemplo, que não está salvo, e, no entanto, aquele rapaz que era bêbado e se empregou na firma de seu pai tem sido, nesses últimos anos, um cristão sóbrio; ele está salvo, e você, quem sabe, talvez tenha até adquirido o vício que ele largou. Você sabe que há mulheres resgatadas das ruas que foram trazidas a Cristo e estão hoje entre as mais belas flores virtuosas do jardim de Cristo; e mesmo assim, vocês, respeitáveis pessoas que nunca cometeram um grande erro em sua vida, permanecem sem se converter e ainda dizem a Cristo: "Sim, Senhor", mas não vão a ele. Vocês continuam sem Deus! Sem Cristo! Perdidos, perdidos, perdidos! Talvez pessoas aparentemente mais justas não pudessem ser encontradas; eu mesmo poderia facilmente chorar por vocês! Oh, mas atenção para não serem como as maçãs de Sodoma, verdes ao olhar, mas se desfazendo em cinzas quando pressionadas. Atentem para não serem como as árvores de *O peregrino*, de John Bunyan, verdejantes por fora mas apodrecidas por dentro, e que só serviam como lenha para a fogueira do diabo. Oh, e muito cuidado para não dizerem, como dizem, "Sim, senhor", sem de fato concordar. Por vezes, encontro pessoas espiritualmente doentes que me alarmam e angustiam. Se digo: "Querido amigo, você está morrendo; tem alguma esperança?", não recebo resposta. Insisto: "Sabe de seu estado perdido?" "Sim, senhor". Eles respondem: "Sim, senhor; sim, senhor; sim, senhor; sim, senhor; sim, senhor". Por vezes, chego a desejar diante de Deus que me contradigam, pois se apenas dissessem honestamente: "Não acredito em uma só palavra do que me diz", eu saberia como lidar com eles. Carvalhos teimosos são somente recurvados pelo vento forte, mas aqueles que se dobram como o salgueiro diante de qualquer vento, que vento de fato os quebrará? Ó queridos irmãos, cuidado para não serem endurecidos pelo evangelho, mas também, do mesmo modo, amolecidos por apenas algum tempo. Cuidado para não serem ouvintes promissores da palavra, e apenas isso!

Não gostaria de encerrar meu discurso falando dessa aparentemente dura maneira, que, por mais dura que pareça, está cheia de amor por sua alma; tenho uma ótima palavra também. Creio que, aqui, hoje, pode haver uma mudança realizada em você pelo Espírito Santo, pois, apesar de você poder ter feito falsas profissões de fé ao longo de muitos anos perante Deus, ainda há espaço no evangelho para que participe do banquete. Leu o texto? "[...] os publicanos e as meretrizes *entram adiante de vós* no reino de Deus". Fica claro, então, que você pode vir *logo depois* deles; pois não poderia ser dito que eles entram *antes* de você, se você não viesse depois deles. Se o Senhor entrar em seu coração, você desejará aceitar o Senhor Jesus, em tudo e por tudo, da mesma forma que um grande pecador o faria, apesar de não ser talvez um tão grande pecador; desejará se apoiar nos méritos de Jesus assim como uma meretriz o desejaria, apesar de você nunca ter sido uma meretriz. Há espaço para vocês, pessoas jovens, apesar de haverem quebrado seus votos e sufocado suas convicções; sim, e para vocês, pessoas grisalhas, apesar de terem vivido por tanto tempo no mundo sem nunca entregar o coração a Jesus. Oh, venham! Neste vigésimo quarto dia de março, que o Senhor traga você a ele, neste exato local, e o leve a dizer silenciosamente: "Pela graça de Deus, não mais serei um fingidor declarado; me entregarei às mãos que por mim sangraram e ao amado coração perfurado em meu lugar, e me submeterei, neste dia, ao caminho de Jesus".

Para encerrar o assunto, a verdade, meus queridos amigos, é que temos o mesmo evangelho para ser pregado a determinada classe de homens do mesmo modo que a outras categorias de homens. Rogo a Deus que nunca chegue o dia em que nos encontremos em nossas orações falando em classe trabalhadora, classe média ou classe alta. Não reconheço diferença em vocês, são todos iguais para mim quando prego o evangelho, sejam reis e rainhas ou simples empregados; seda ou algodão, tecido bom ou ruim, são todos iguais para o evangelho. Se vocês forem da nobreza, não podemos mudar nosso evangelho para adequá-lo a vocês e, se forem da pior corja de ladrões, não podemos excluí-los da voz da misericórdia. O evangelho vem aos homens como pecadores, como igualmente caídos, como Adão igualmente perdido e arruinado pelo pecado. Não tenho um evangelho para sua majestade, a rainha, e outro para uma mendiga. Não; há apenas um caminho para a salvação, uma só edificação, um único perdão, apenas um evangelho. Olhe para a cruz de Cristo e viva. Levantada a serpente de bronze, tudo o que Moisés ordenou foi: "Olhem". Se um príncipe da casa de Judá fora mordido, a ele foi ordenado que olhasse; sem olhar, sua condição social em nada ajudaria; fosse um pobre camponês mordido, a ele era ordenado do mesmo modo olhar, e a eficácia era a mesma tanto para ele quanto para o mais abastado dos homens. Olhem! Olhem! Olhem para Jesus. Creiam no Filho de Deus e vivam! Uma única serpente de bronze para todos, um Cristo só para todas as fileiras e categorias de homens. Que bênção seria se pudéssemos todos crer em Cristo nesta manhã! Por que não, meus irmãos? Ele é digno da confiança de todos. O Espírito de Deus é capaz de trabalhar a fé em todos. Ó pobre pecador, olhe para ele!

Queridos ouvintes, posso não falar novamente a alguns de vocês, e por isso devo insistir com vocês; na hora da morte, pela solenidade da eternidade, imploro e suplico que aceitem o único remédio para o pecado que Deus em pessoa veio a oferecer aos filhos moribundos do homem, o remédio que é o Substituto que sangra, que sofre em sua vez e lugar, acreditado e aceito no coração. Faça-se puro ante Cristo. O caminho da salvação é apenas este — descanse apenas em Cristo! Dependa inteiramente dele. Perguntaram a um negro que havia caído de uma rocha o que havia acontecido que ele se saíra bem, e ele respondeu: "Eu caí da pedra, e aquele que está caído não consegue cair mais que ao chão". Até o chão, pecador! Até o chão! O eterno chão das eras! Não se vai mais abaixo que isso. Concluirei com uma ilustração muito conhecida. Sua condição, irmão, irmã, é a mesma daquela criança na casa em chamas, que, escapando pela beira da janela, segurou-se na esquadria. As chamas saíam da janela de baixo, e a criança estaria em breve queimada, ou, se pulasse de tão alto, seria feita em pedaços; segurava-se, portanto, lutando contra a morte. Não ousou relaxar as mãos até que um homem forte aparecesse lá embaixo, dizendo: "Solte-se! Solte-se! Eu pego você!" Agora, seria uma fé salvadora a criança acreditar que o homem era forte — e essa era uma boa ajuda no sentido da fé —, mas ela poderia saber disso e, mesmo assim, se soltar e perecer; mas houve fé de fato quando a criança largou da janela e caiu nos braços de seu amigo forte. Ei-los, pecadores, agarrando-se aos seus pecados ou então às suas boas obras. O Salvador clama: "Solte-se! Caia em meus braços!" Não é questão de fazer, mas deixar de fazer. Não é trabalhar, mas confiar no trabalho que Jesus já fez. Confiança! Essa é a palavra: simples, sólida, afável e sincera confiança. Confiem, e ele não demorará nem mesmo um minuto para salvá-los; no momento em que confiarem, estarão salvos. Vocês podem ter vindo aqui do mais negro inferno; mas, se confiarem em Jesus Cristo, estarão inteiramente salvos. Em um instante, mais rápido que o brilho de um trovão, o feito da graça se realiza. Oh, que o Espírito de Deus assim faça agora, trazendo-o à confiança, para que você seja salvo.

11

Pode um cego guiar outro cego?

> E propôs-lhes também uma parábola: Pode porventura um cego guiar outro cego? Não cairão ambos no barranco? Não é o discípulo mais do que o seu mestre; mas todo aquele que for bem instruído será como o seu mestre.
>
> (Lucas 6:39,40)

O homem mal consegue se manter em posição de sabedoria, mesmo se conduzido a ela. A verdade se encontra entre dois extremos, e o homem balança demais para um lado ou para o outro, como um pêndulo. Não permanece muito tempo em apenas uma extremidade e não encontra descanso no ponto médio da sabedoria, a não ser mediante a divina graça. Os extremos se mostram presentes tanto na peregrinação quanto no aprendizado da vida.

Existem alguns que afirmam que o homem, de modo geral, não necessitaria de orientação para nada. Não é, dizem estes, uma criatura nobre, abençoada com a divina inteligência? Não tem a capacidade de refletir, compreender, discernir e julgar? Poderia, então, certamente, encontrar direção sem ajuda externa. Por que precisaria de um mestre? Seria capaz de ensinar a si próprio. Não domina a ciência? Já não criou inúmeras invenções? Tais fanfarrões autossuficientes não concordariam, assim, em sentar-se diante de um mestre ou seguir a orientação de quaisquer normas e, como consequência, se tornam, quase sempre, pessoas erráticas, singulares, sem regras e desarrazoadas em seu modo de pensar e agir. Tais peregrinos vagam perdidos em labirintos de descrença e ateísmo, conduzindo suas ideias em meio à tolice e à ilusão.

Tal esquema é perigoso, mas o exato oposto também é. Liberte-se um homem do racionalismo e ele poderá pender para o lado da superstição, alegando: "Percebo que preciso de um guia; escolherei o primeiro que estiver ao meu alcance". Encontrando um orientador, dotado dessa ou daquela autoridade, esse homem deixará de utilizar seu poder de julgamento, rendendo-se imediatamente a tal liderança e instituindo que questioná-la significa declarar-se culpado de incredulidade pecaminosa. Sem refletir se o guia é cego ou tem visão, ou se é ou não um instrutor escolado e qualificado, o crédulo se dobra ante o sacerdote ou líder e por ele é mal conduzido. Como que tendo cansado de pensar, pede que outros pensem por ele, deixando de refletir sobre qualquer assunto. Assim é a religião de muitas pessoas, que nela encontram a paz — a paz da estupidez reconfortante. Começam a fazer parte, por exemplo, de uma igreja que clama ser venerável por conta da idade e acreditam em tudo o que a instituição escolha pregar. Julgam que não têm mais o direito de discernir ou usar seus próprios conhecimentos. Passam a apoiar sua consciência e razão em uma tipoia, como braços quebrados e inúteis, e se prestam a ser conduzidas como inválidos em cadeiras de rodas da tradição e do dogmatismo. Nada ousam questionar — isso afetaria todo o processo; fecham os olhos e deixam que outras pessoas enxerguem por elas; ou melhor, fecham os olhos para serem guiadas por outros cegos; desistem de pensar, para serem dirigidas por pessoas que também desistiram de pensar e que há muito fecharam os olhos e abriram a boca para aceitar e engolir, de olhos fechados, o que quer que um conselho supremo ou um papa se disponham a lhes impingir.

Pode um cego guiar outro cego?

Entre esses dois extremos há o estreito caminho da justiça. Feliz é a pessoa que o encontra, no guia honesto e sincero que o líder ou professor deve ser; ou seja, faz a descoberta de que o líder ou instrutor foi designado pessoalmente pelo Senhor Jesus e pelo divino Espírito Santo, ocorrendo, então, completa, voluntária e fiel submissão à sua infalível orientação. Feliz é o homem que nem mesmo por orgulho de seu intelecto crê ser ele mesmo um guia, pronto a orientar um tolo; nem por indolência ou superstição se rende à orientação de um semelhante, chamando-o de pai (padre ou papa), ou de monsenhor, ou do que seja; mas, tendo descoberto que Deus enviou seu Filho a nosso mundo para ser o real Comandante da salvação, que há de levar muitos à glória, segue somente pelo caminho por onde o próprio Comandante apontar. Por saber que o mesmo Jesus é o Messias revelado de seu povo, deleita-se simplesmente em sentar-se a seus pés e receber as palavras santas que profere, pois razão, afeição, contemplação e vontade, tudo encontra perfeita morada nele. Quem tem os olhos abertos siga aquele que tudo vê, e, com sua mente iluminada, torne-se discípulo da luz eterna.

Se concordamos, então, que é necessário haver um guia, claro está que o mais importante é examinarmos as qualidades daqueles que aspiram a esse cargo. Há quem escolha seu guia por ser ele, como mostrei anteriormente, designado por uma autoridade, como é o caso do vigário da paróquia ou do capelão da família, imediatamente aceito sem maiores considerações. Ora, seria insensato alguém se apresentar como guia para escalar as montanhas da Suíça se fosse bastante claro que é cego como um morcego. Você diria que esse fato não tem importância só pelo fato de que ele teria sido designado guia por uma autoridade? Você se arriscaria a tentar escalar o monte Branco com ele? Sim? E se ele acabasse por conduzir você a um precipício, onde seria o fim de sua insensatez? No entanto, multidões resolvem escolher sua religião só por indicação, sentindo-se certamente confiantes pelo fato de que aquilo que é indicado por muitos e estabelecido e endossado por grande parte da nação deve estar naturalmente correto. Se o guia consegue ou não enxergar, parece ser um detalhe de somenos, desde que haja sido devidamente ordenado e empossado no cargo; se tais requisitos foram observados, a multidão, irracionalmente, não faz qualquer questionamento. De minha parte, gosto de olhar bem nos olhos do meu guia; procuro saber se ele já cruzou o país e se tem experiência com o caminho; e, se não me satisfizer nesse ponto, busco outra pessoa, que enxergue mais e que tudo experimentou — como o Senhor Jesus. Sua autoridade jamais poderei questionar; tomo como certo tudo o que ele me ensina. Fico feliz por ser alguém que vê e segue alguém que enxerga; e me empenho por ser um aluno aplicado de professor tão sábio e compreensivo.

Nosso texto contém muita sabedoria quanto a esse assunto; pois, em primeiro lugar, *nos anuncia um grande princípio geral*, como um aviso, a saber, que o discípulo nunca supera seu mestre, mas pode se tornar como ele; em segundo lugar, *sugere uma aplicação especial* deste princípio geral a Cristo, a de que, à medida que somos aperfeiçoados, tornamo-nos como ele, a exemplo de muitos discípulos que crescem até o nível de seus mestres. Após abordar esses tópicos, buscarei usar o texto para encorajar aqueles que desejam Cristo como mestre, mostrando como *podemos usar o fato mencionado no texto em uma aplicação prática*.

I

Tomemos, então, *o grande princípio geral*, apresentado sob a forma de advertência. Estão contidas muitas verdades nesse texto, todas ilustrando o ponto principal. É natural que *o discípulo geralmente sinta atração pelo mestre a que mais se assemelha* — eis por que um cego pode vir a ser guiado por outro cego. Não se trata de ser cada qual como o seu igual, ou seja, de homens com mentes semelhantes se associarem, mas há em todos nós uma tendência natural de admirarmos nossa própria imagem e de desejo de submissão a qualquer um que nos seja superior, se for do nosso tipo. Ficamos mais à vontade com um professor que não contrarie nossos princípios e mostre afinidade com nossos gostos. Os sacerdotes em geral se assemelham ao povo porque o povo gosta que sejam assim. A verdade é que tanto no caso de professores quanto de ídolos, "aqueles que os fazem a eles se assemelham". Se o cego pudesse ver, provavelmente não escolheria outro cego para ser seu guia, mas, como não consegue ver, tem prazer em se relacionar com alguém que fala à maneira dos cegos, julga as coisas assim como quem está justamente na escuridão e não conhece o que os homens que enxergam conhecem; nunca lembrando o cego, portanto, de sua incapacidade, e levando-se a concluir: "Este é meu exemplo ideal de pessoa; é exatamente o líder de que preciso e com ele vou me comprometer". Assim, o cego toma outro cego como guia, e é esse o motivo pelo qual tal erro é tão corriqueiro.

Os erros não sobreviveriam se não servissem de solução adequada a uma predisposição da natureza humana, se não gratificassem alguns erros humanos aos quais são associados. A idolatria é um pecado que prevalece porque o homem é alienado de Deus, que é um Espírito, e sua tolice carnal exige um deus que seus sentidos possam alcançar. Quando ouvirem falar multidões que se reúnem em torno ou diante do papa, não se espantem. O papismo é tipicamente uma religião da natureza humana depravada, criada pelo demônio, e portanto não é de surpreender que as nações se fascinem por ele, pois engolem tudo o que amam e o que o deus deste mundo torna doce. O papismo e outras formas de sacramentalismo são para o supersticioso como cama macia é para o preguiçoso: do mesmo modo que o preguiçoso quer permanecer deitado, qualquer supersticioso passa logo a fazer parte de tal sistema. Dê a um homem supersticioso algumas informações contidas na Bíblia e uma tesoura para recortar uma veste que a ele se molde e, de um modo ou de outro, o papismo será a religião resultante dessa costura; é, por isso, tão popular.

Não se pode entender de imediato como um homem cego que se oferece como guia espere encontrar clientes; nem ele entenderia, mas há tantos cegos que nada sabem sobre a cegueira do primeiro que muito provavelmente irão a ele. Lute por não ser tão cego a ponto de seguir esse exemplo. Jovens, prestem muita atenção à pessoa que escolherem como guia. Sua tendência é que escolham errado, pois suas próprias tendências são geralmente erradas. Orem para que comecem bem a jornada da vida, ao terem a graça infundida no coração de vocês, para que escolham o Cristo de Deus, que é "o caminho, e a verdade, e a vida" (João 14:6). Ó Senhor, não permitas que nenhuma alma aqui seja cega a ponto de escolher o ateísmo cego, o ceticismo cego ou a superstição cega como líder, mas toma os cegos pelas mãos e leva-os por um caminho que eles não conhecem, por veredas que nunca viram. Faz isso por eles, não os desampares.

Tendo escolhido seu tutor, o aluno gradativamente se assemelha a seu mestre ao seguir sua orientação, pois a tendência natural é que cada vez mais siga as pegadas do mestre e obedeça às regras por ele impostas. Devemos ter consciência, portanto, de que imitamos aqueles que admiramos. O amor exerce estranha influência em nossa natureza, modelando-a à forma amada. O verdadeiro discípulo é como barro no torno do oleiro; seu mestre o molda segundo a própria imagem. Talvez tenhamos pouca consciência disso, mas vamos certamente nos conformando à semelhança daqueles a cuja influência nos submetemos. Quem quer que seja seu mestre, caro amigo, você estará se formando à imagem dele: se escolher ser conduzido por um adepto do prazer, irá se tornar cada vez mais frívolo; se escolher um escravo da avareza, há de se tornar cada vez mais sovina; se preferir o controle de um seguidor do vício, deverá se tornar viciado; se for seu herói um homem que despreza a palavra de Deus, você não tardará a rejeitá-la também. Enquanto você o contempla em admiração, vai-se formando uma espécie de fotografia, na qual você, como chapa sensível, recebe a imagem dele. Eu lhes exorto, portanto, a serem cuidadosos com quem deverá ser o seu guia.

Pode um cego guiar outro cego?

Lembrem-se: *o pupilo jamais supera o tutor*; todo aquele que se submete a um comando não consegue ir além do seu guia. Tal situação é raramente observada, ou melhor, posso dizer que nunca o é; pois, quando o orientado ultrapassa a orientação, já não está mais sendo orientado. Ao tomarem a dianteira de seus líderes, as pessoas geralmente o fazem visando a outra direção. Poucas vezes exageram as virtudes de seu mestre, que frequentemente omitem, mas de modo geral costumam imitar, exagerando, as peculiaridades nas tolices, nos erros e nas falhas. Diz-se que na corte de Ricardo III, só porque o rei tinha os ombros encurvados, começaram os cortesãos a exibir também corcovas; e vimos, ainda, o país todo bancar o tolo, não em tempos passados, mas neste nosso século, a ponto de quase todas as mulheres andarem mancando, por causa de uma princesa haver sido acometida de um problema temporário no andar. Assim age a humanidade: as pessoas imitam umas às outras como que instintivamente, e esta seria para mim a única ressalva que conheço para a teoria de Darwin de que descendemos de macacos. A imitação é algo bem desenvolvido em nós e, se deixada solta, inclina-se para o caminho errado, sendo forçada na direção da deformidade e do defeito. Na música, na pintura, na poesia e na literatura, os adeptos de determinada corrente raramente se sobressaem a seus mestres, mas, quando o fazem, os deixam, sendo costume, no entanto, perpetuar as fraquezas e os maneirismos destes. Mais ainda se dá na arte da vida. Jovens, no que se refere à tarefa de encontrarem um mestre para si próprios, eu rogo que sejam cuidadosos em escolher senão o melhor que possam, pois vocês não o suplantarão, mas, sim, é bastante provável que fiquem atrás do mestre a quem seguirão; e, se estão buscando um líder, escolham alguém que conheça realmente o caminho, pois, se cometer erros, vocês os cometerão dez vezes mais, e a possibilidade é de que exagerem em cada um dos erros que cometeu.

Resta-nos a mais categórica verdade a observar. *Se alguém escolher um mau guia para sua alma, ao final dessa má liderança haverá simplesmente um fosso esperando-o*. Se um orientador lhe ensina um erro, que declara ter retirado das Escrituras, baseado em textos distorcidos e pervertidos, e você segue esse erro, poderá ficar até, por algum tempo, falsamente satisfeito, julgando saber mais do que as pobres pessoas simples que se mantêm fiéis à boa e velha versão; todavia, guarde bem minhas palavras, há um fosso esperando por você, no final desse caminho de erro. Você talvez não o veja ainda, mas ele existe, e nele você cairá fatalmente, se continuar a seguir cegamente o seu guia. No fim dos erros há geralmente um tremendo fosso moral, no qual os homens se afundam, afundam e afundam, e mal sabem por que, até que, tendo absorvido tanto tal erro doutrinário, seus princípios morais se tornam deteriorados e, como que envenenados, acabam rolando na lama do pecado. Outras vezes, o fosso que se acha além de um erro menor pode vir a ser uma doutrina condenável. O primeiro engano pode ter sido relativamente insignificante, mas, por haver colocado a mente em um plano inclinado, fará que o homem caia no fosso, quase por consequência, e, antes que ele perceba, venha a participar de toda uma ilusão e a crer piamente em uma tremenda mentira. O cego e seu guia cego, não importa no que hajam errado, cairão com toda a certeza no fosso, pois não é preciso visão para deparar com sua larga abertura.

Sim, cair no fosso é fácil; mas, então, como evitá-lo? Gostaria, sinceramente, de pedir especialmente aos crentes fiéis que, quando surjam novidades nas doutrinas, sejam bastante cautelosos com a atenção que venham a lhes dispensar. Lembrem-se sempre do fosso. Uma simples mudança na posição da alavanca de desvio de uma linha férrea é o suficiente para levar o trem a seguir, em vez de para o extremo leste, para o extremo oeste: a diferença de distância, no começo, é pequena; mas o destino da chegada será, sem dúvida, em um extremo longinquamente remoto. Há erros que surgiram recentemente, que os pais de vocês não chegaram a conhecer, aos quais algumas pessoas tão excessivamente voltadas e que, pelo que posso observar, afetam seriamente os homens que neles caíram. Vi ministros se desviarem apenas um pouco em teorias especulativas e acabarem por gradativamente escorregar do latitudinarismo para o socinianismo ou para o ateísmo. Em tais fossos caem milhares. Outros são precipitados em poços igualmente horrorosos, a saber, agarrando-se teoricamente a todas as doutrinas, sem segui-las na prática. Os homens, hoje em dia, acreditam em verdades com as entranhas voltadas para fora e até a própria realidade e o significado virados ao contrário. Há membros e ministros de denominações evangélicas que não creem nas doutrinas evangélicas ou, se creem, dão pouca importância a elas; os sermões de tais pessoas são verdadeiros ensaios de filosofia tingidos de evangelho. Adicionam uma pitada de evangelho ao discurso que fazem, do tamanho do Atlântico, e inundam as pobres almas de palavras que nada significam. Que Deus nos guarde de deixarmos o antigo evangelho ou perdermos seu significado e o sólido conforto que nos traz; pois, se nos comprometermos com o guia errado, cairemos no fosso do devaneio filosófico e da profissão de fé sem alma.

Tudo isso nos leva, creio eu, a não escolher um homem qualquer como nosso líder: se confiarmos em um homem qualquer, ainda que esteja certo 99 vezes em cada 100, ele acabará mostrando estar errado pelo menos uma vez, e a tendência é sermos influenciados mais por essa única vez do que por qualquer das vezes corretas. Estejam certos de que, em relação à fé, antigas maldições costumam se verificar com abundância: "Maldito o varão que confia no homem, faz da carne o seu braço, e aparta o seu coração do Senhor!" (Jeremias 17:5). Há somente um a quem se pode seguir incondicionalmente, e um apenas; há somente um em quem se pode confiar sem reservas, e um apenas — o homem Jesus Cristo, o Filho de Deus. Se você não deseja incorrer em erro grave no coração e na vida prática, tome cuidado com os homens e a ninguém siga além de Jesus, a pegada nenhuma além das pegadas do rebanho que segue em seus calcanhares. Você fará melhor ainda em não seguir as ovelhas, mas somente seguir o Pastor apenas, mesmo que caminhe sozinho. Que o Espírito

Santo lhe seja dado e guie você em toda a verdade. Dito isto sobre o grande princípio, que ele lhe sirva de advertência e conselho.

II

A nós nos cabe *o emprego desse princípio em relação ao nosso senhor jesus cristo*. Se tivermos o Senhor Jesus Cristo como nosso líder, sem precisarmos ir além desse guia seremos privilegiados em nos tornarmos mais e mais como ele e sermos aperfeiçoados, como diz o texto, em sermos como ele é.

Em primeiro lugar, *isto é o melhor que poderíamos esperar*. Vimos que quase sempre o discípulo se forma à imagem de seu mestre, mas com o nosso mestre o processo, evidentemente, se torna garantido. Com esse mestre, de quem meus lábios não conseguem falar suficientemente bem, mestre cujas correias das alparcas não sou digno de desatar, bem pode acontecer sermos derretidos com tanto amor e despejados nos moldes da obediência. Ele é o criador; como não nos faria, pois, à sua imagem? Assim podemos esperar, dada a pessoa que ele é.

Seu ensinamento, na verdade, é tal que não pode deixar de ter poder sobre o coração dos homens, para que se quebrante. Sua doutrina é a do amor onipotente, e todo ensinamento seu, sendo divino, é ao mesmo tempo tão adequado à capacidade humana que se ajusta perfeitamente ao homem que tome seu jugo para si e se disponha com ele a aprender. Outros mestres nos ensinam, frequentemente, lições tão distorcidas e duvidosas que melhor seria que as desaprendêssemos; mas o ensinamento do nosso Senhor é garantido por ser divino, poderoso e, como sentimos dentro de nós mesmos, verdadeiro, nobre, magistral e dado com autoridade total, não como a palavra do homem.

Se eu apenas conhecesse Jesus pelos seus ensinamentos, poderia simplesmente concluir que um professor que divulga tais doutrinas e preceitos pode, de fato, vir a influenciar seus discípulos. No entanto, não é somente em seus ensinamentos que reside a influência de Jesus; seu mais potente fascínio é *ele mesmo*. Quando pregou aqui na terra, muitos disseram: Jamais alguém falou como este homem (João 7:46), e o motivo é que jamais homem algum viveu como ele. Sua palavra tinha poder por ser ele próprio a *Palavra*. Ao visualizarmos os preceitos de Cristo personificados em sua vida, podemos vê-los brilhar como a beleza e lampejar como o poder. Você seria capaz de receber e acatar desse professor o que talvez não fosse capaz de fazê-lo para com outra pessoa, pois seu caráter e o seu poder lhe davam todo o direito e autoridade para ensinar como fazia. Muitos dos preceitos de Cristo pareceriam perfeitamente ilógicos se tivessem sido proferidos pelos lábios de um homem comum e falho, e os ouvintes certamente teriam clamado: "Cura-te, médico". Vindos dele, porém, esses preceitos surgem naturalmente, como frutos sadios de uma árvore sã, sendo resultado consoante com uma vida como a dele. Quem poderia evitar ser convencido quando o próprio argumento encontrava-se diante de seus olhos? Somos subjugados pela grandeza do amor do Redentor, pelo esplendor de sua benignidade, pela infinitude de seu autossacrifício. Jesus gera nossa fé pela revelação de si mesmo e por essa mesma manifestação nos faz semelhantes a ele. Já houve vida como a dele? Houve morte parecida? Já viveu alguém tão inteiramente amoroso como ele? Já existiu perfeição como a dele? Em toda a sua vida, ele foi muito sincero, mas igualmente bastante gentil; muito corajoso, embora extremamente bondoso; inabalável, porém tenro; expondo seu coração pela transparência da verdade, mas sem deixar de ser prudente e de se guardar com infalível sabedoria; sem temor diante de todos, por mais que o buscassem combater, mas jamais de guarda armada e, sim, agindo com pureza e honestidade, como uma criança, em meio a seus combatentes — a sagrada criança Jesus. Oh, se você se sentar aos pés de Jesus, não apenas irá aprender com ele, e seus ensinamentos terão o maior poder sobre você, mas aprenderá também *sobre ele*, pois ele próprio é a melhor lição que nos ensina. Nunca houve olhos que encarassem o amoroso olhar de

Jesus, "como pombas junto às correntes das águas, lavados em leite, postos em engaste" (Cântico dos Cânticos 5:12), sem que eles mesmos fossem limpos e purificados até se tornarem "como as piscinas de Hesbom, junto à porta de Bate-Rabim". Quem conseguiria carregar o Senhor Jesus no coração, como um buquê de mirra, sem ser perfumado pela sua presença? Quem conseguiria estar com ele sem se tornar como ele?

Temos toda a certeza de que, no caso único de Jesus, os discípulos podem realmente evoluir até chegar à imagem do mestre, pois ele os leva a um intenso amor a si mesmo, que se inflama em entusiasmo. De um professor a quem os alunos amam e admiram, rapidamente aprenderão; e, se entusiasmados com ele, nenhuma lição mais lhes será difícil. Assim tem feito o nosso querido e bendito Senhor, de quem esses lábios não conseguem falar como deveriam. Nós o admiramos, nós o amamos, nós o adoramos; é nosso Deus, nosso tudo e nele ansiamos ser moldados, segundo sua soberana vontade. Viver por ele? Sim, consideramos isso uma felicidade, "pois o amor de Cristo nos constrange" (2Coríntios 5:14). Morrer por ele? Sim, os santos de todas as eras têm considerado um prazer dar a vida por ele; cheios de fervor, incensados de entusiasmo, sofreram perdas e censuras em seu santo nome. Se tal professor estimula tal entusiasmo, fará, sem dúvida, seus discípulos à sua semelhança.

Além de tudo, nosso grande mestre tem consigo poderoso Espírito, o próprio Deus, o Espírito Santo, e ao ensinar o faz não apenas com palavras, mas com um poder que vai, do ouvido, direto ao coração. Outros professores, a menos que sigam Cristo, confiam apenas no fascínio da própria eloquência ou na força de sua argumentação; nosso Senhor, no entanto, e apesar de ser o mais eloquente de todos os mestres, pois são os seus lábios como lírios que derramam doce mirra, apesar de deter e poder usar todos os argumentos, pois é a própria sabedoria de Deus em pessoa, apoia-se tão somente na própria energia, que revelou ao declarar: "O Espírito do Senhor está sobre mim, porquanto me ungiu" (Lucas 4:18). O divino Espírito lança luz na alma, com brilho tal que as coisas ocultas vêm à clara evidência e de forma tal que a esperança se manifesta em sua própria essência. Juntamente com essa luz, surgem vida em abundância para sentir, poder para realizar e discernimento para julgar, levando a alma a toda a verdade e o aluno a aprender a lição mediante a vida e a energia de seu Senhor. Quem mais poderia fornecer esse Espírito? Com que outro professor poderia ser o Espírito Santo infundido em nós? Quem, enfim, deixaria de se sentar aos pés de mestre tão sublimemente acima dos demais em matéria de infinita sabedoria? Rogo a Deus que, enquanto eu esteja falando hoje, alguns dos presentes digam: "Eu alegremente me comprometo com esse grande orientador". Lembrem-se, amados, que assim como vocês querem que ele seja seu mestre, ele igualmente anseia que vocês sejam discípulos.

Creio haver mostrado ser plausível esperar que com tal mestre o discípulo se torne como ele. Deixem-me agora observar, também, que *isso nos foi prometido*; e nos foi, efetivamente, no grande decreto da predestinação; como diz a Palavra: "Porque os que dantes conheceu, também os predestinou para serem conformes à imagem de seu Filho" (Romanos 8:29). É este o grande propósito de Deus: que Cristo seja o primogênito de muitos irmãos, e formem estes uma fraternidade em cuja face possa o Senhor discernir a imagem do unigênito. Por aquilo que Deus nos predestinou podemos certamente esperar.

Isso nos foi prometido em nome do próprio Jesus Cristo, cujo nome é justamente Jesus "porque ele salvará o seu povo dos seus pecados". Salvar os homens de seus pecados significa resgatá-los a uma condição de pureza e de santidade. Esta é a salvação que de fato propagamos; não o mero perdão dos pecados, como alguns julgam, mas o domínio sobre o pecado, sua remoção e a transformação do homem na semelhança do Senhor Jesus, mediante o Espírito de Deus. O próprio nome de Jesus nos diz, então, que ele quer fazer de seus crentes e discípulos tão livres do pecado quanto ele.

Sabemos que é esse justamente o objetivo de vida do nosso Senhor, porque esse desígnio fica bem claro na última súplica que ele faz: "Santifica-os na verdade: a tua palavra é a verdade" (João 17:17); acrescentando: "E por eles eu me santifico, para que eles também sejam santificados na verdade" (João 17:19). Vejam, então, que seu objetivo é santificar seu povo, tal como ele é santo; guardá-lo do mal como ele se guardou e fazer com que sobrepuja o pecado como ele sobrepujou. Durante toda a sua vida, o Senhor procurou operar isso nos doze apóstolos e nos demais que o seguiram, e em sua última súplica diz, ainda: "Não rogo que os tires do mundo, mas que os guardes do maligno" (João 17:15). Isso é reconhecido como verdade incontestável. As relações que ele assumiu a supõem como tal, pois seus irmãos em espírito são como verdadeiros irmãos, e seus amigos como verdadeiros amigos, para ele. As metáforas que usa em seu ensino sugerem a mesma coisa: os ramos enxertados recebem da seiva da planta do mesmo modo que os naturais do caule; a esposa cresce espiritualmente do mesmo modo que o marido; os membros do corpo são todos da mesma natureza que a cabeça. O Cristo místico não é como a imagem do sonho do monarca babilônio, tendo pés de barro e cabeça de ouro, mas, sim, uniforme em sua inteireza, com a graça procedente da cabeça transformando o corpo todo. É para nós a mais aprazível expectativa que "seremos semelhantes a ele; porque assim como é, o veremos" (1João 3:2); e, então, ficaremos inteiramente satisfeitos, pois iremos ascender, à semelhança dele.

Bem, irmãos, o que poderíamos esperar, e o que Deus nos prometeu, já *foi visto*, pois os discípulos foram como seu mestre. É nisso que quero agora colocar maior ênfase. Não foram os discípulos como o Senhor em relação ao caráter? Seria um absurdo dizer que os santos do Antigo Testamento foram também discípulos de Cristo? No sentido literal da palavra, sim, mas todos eles o foram em espírito: o evangelho é o mesmo em todas as eras, é a mesma luz que ilumina cada homem que surge, desde o começo, neste mundo. O ensino interior realizado pelo Espírito o foi do mesmo modo para Abel ou

Noé como para João ou Paulo; e, assim como os apóstolos seguiam Jesus e por ele eram iluminados, profetas e patriarcas anteviram o mestre e receberam a mesma iluminação. Cada um dos santos dos tempos antigos tinha, de alguma forma, alguma semelhança com o Senhor Jesus. Pense em alguns poucos deles, e você verá neles algumas das belezas do caráter de Cristo. Abel revela a justiça; Enoque, o andar com Deus. Jó demonstra paciência; Abraão mostra fé; a Moisés cabe humildade e a Samuel o poder de intercessão. Daniel se assemelha a ele na integridade, e Jeremias, no lamento. Como gotas de orvalho, refletem todos a luz do sol da Justiça. No Novo Testamento, vemos o poder transformador dos ensinamentos de Cristo em muitos exemplos. Pedro e João eram como seu mestre, pois lemos a respeito de seus inimigos que "vendo a intrepidez de Pedro e João, e tendo percebido que eram homens iletrados e indoutos, se admiravam; e reconheciam que haviam eles estado com Jesus" (Atos 4:13). A semelhança era evidente, e eles próprios não tinham também nem por que escondê-la. Tome-se João apenas; quem consegue ler suas epístolas sem comentar: "Assim dizia justamente seu mestre"? João está muito aquém de seu Senhor e, no entanto, quão maravilhosamente nos lembra ele! Vocês já devem ter sorrido ao constatar em seus filhos suas próprias maneiras ou manias, neles repetidas. O que vocês viram foi como que suas próprias particularidades em um espelho. Seus filhos são, quase inconscientemente, miniaturas de vocês. Isso também é evidente em João. Se for verdade, como diz a tradição, que ele era carregado para as assembleias, quando já estava muito idoso para andar, e tinha por costume dizer à sua plateia, tal como já havia escrito: "Filhinhos, amai-vos uns aos outros; amai-vos uns aos outros, filhinhos" (Romanos 12:10), tal costume se parece tanto com as atitudes do nosso Senhor que alguém poderia até se enganar, julgando que o mestre havia retornado à terra. Quanto a Paulo, é sob muitos aspectos a imitação de seu Senhor. Ao ler a estranha passagem em Romanos, que me deixa até estonteado, em que ele diz: "Porque eu mesmo desejaria ser separado de Cristo, por amor de meus irmãos, que são meus parentes segundo a carne" (Romanos 9:3), sou obrigado a reconhecer que, aqui, Paulo lembra seu Senhor Bendito, que, conforme ele mesmo se refere, em Gálatas, "nos resgatou da maldição da lei, fazendo-se maldição por nós, porque está escrito: Maldito todo aquele que for pendurado no madeiro" (Gálatas 3:13).

Todos os santos de Deus, uns mais, outros menos, conforme a devoção dos discípulos, demonstram características dele. Não posso parar esta manhã para apontar em cada um de vocês as características de meu Senhor que consigo enxergar; mas me regozijo por conhecer irmãos e irmãs aqui de quem muitas vezes disse para mim mesmo: "Posso ver o mestre nele, ou nela". Gostaria de poder dizê-lo de todos vocês, mas me contento em poder ver em tantas pessoas pontos de verdadeira semelhança com Jesus, características familiares que marcam todos os filhos de Deus. Há leves toques do Pai em todos os herdeiros da salvação, que os fazem se sentir pertencentes à família de Jesus, pois não conseguiriam desenvolver tais características sem que lhes tivesse sido concedido um novo nascimento pelo céu.

É muito notável que aqueles que são discípulos de Cristo tornem-se semelhantes a ele mesmo em relação à história de vida. Voltando à questão de os antigos santos serem verdadeiros discípulos da doutrina do Redentor, vemos Melquisedeque servindo pão e vinho a Abraão — não poderia até alguém pensar que se tratasse de Cristo? Vemos Isaque humildemente se submetendo a seu pai enquanto este aponta a faca para crucificá-lo — não poderia tratar-se de Jesus? Há José se apresentando a todos os irmãos, reinando sobre o Egito, para o bem deles — não poderíamos julgar se tratar da representação do Senhor de volta à terra para abençoar seus escolhidos? Há também Davi voltando da batalha portando a cabeça de Golias, enquanto as donzelas de Israel se regozijam por ele — não poderia alguém pensar no Senhor, "que vem de Edom, de Bozra, com vestiduras tintas de escarlate?" (Isaías 63:1) Os santos são variações dele porque são de sua mesma estirpe, e os que vieram depois de Cristo muitas vezes demonstram posições que evidenciam Jesus Cristo ainda mais. Veja Estêvão pregando corajosamente o evangelho até seus inimigos o apedrejarem; pois você já não leu muitas vezes, sobre o mestre, que: "Os judeus pegaram [...] em pedras para apedrejá-lo" (João 10:31)? Olhe também para Paulo em Listra: primeiro o exaltam e logo estão prontos a sacrificá-lo. Esta cena faz que nos lembremos, inicialmente, dos dias em que a multidão gritava a favor de Jesus "Hosana, hosana!" e logo — porque o apóstolo Paulo repreendeu a multidão e agora o apedrejam — o episódio em que a multidão gritava contra Jesus: "Crucifica-o, crucifica-o!" (Lucas 23:21). Releia, agora, a história do naufrágio de Paulo, quando ele diz para o comandante do navio e o centurião: "E agora vos exorto que tenhais bom ânimo, pois não se perderá vida alguma entre vós, mas somente o navio" (Atos 27:2). Isso bem poderia nos lembrar o Salvador em pessoa repreendendo o vento e o mar: "Cala-te, aquieta-te" (Marcos 4:39). Sim, havia muito do mestre nele.

Cristo está de fato em todos os membros de sua igreja; sua vida continua a ser escrita na vida de seus discípulos. Amados, eu poderia mencionar muitos santos do novo tempo em cuja vida podemos ver Jesus. Aquela pobre mulher que doou seus dois únicos óbolos, que seriam para o seu sustento: não se parece com Aquele que desistiu de tudo por nós e se fez pobre, para que pudéssemos ser feitos ricos em sua pobreza? Há pessoas que se assemelham à mulher que quebrou seu vaso de alabastro que continha bálsamo precioso, para ungir o Senhor — elas nos lembram o Amante de nossa alma, que quebrou seu próprio vaso de alabastro, seu corpo, preenchendo todo o céu e toda a terra com o perfume do seu amor. Todos os que abrem mão de si para a glória de Deus são tipos de Jesus. Lembremo-nos de John Howard, aventurando-se por entre os calabouços da Europa, dando atenção aos pobres prisioneiros, visando a fazer-lhes o bem. Não é Cristo trazendo boas-novas aos cativos? Ou então John Williams, chegando a Erromanga, nas Novas Hébridas, com a vida nas mãos, para converter canibais; não é como entregar a vida pelo Cordeiro?

Agora, querido amigo, você acha que, se entregar sua vida a Jesus Cristo, poderá vir a fazer algo como ele? Se você se tornar um discípulo dele, sim. Haverá em sua biografia quando seus filhos a lerem — pois eles a lerão, mais do que qualquer pessoa —, quando sua esposa a ler, quando seus companheiros de trabalho a lerem, algo que irá parecer extraído da vida de Jesus. Os alunos da escola de Cristo devem ser como seu mestre, e eles o são. Ouso dizer que se se encontra presente aqui um irmão de quem irei agora falar, lamentará por ouvir-me narrar tal história, e até, se pudesse, calaria minha boca; serei forte, no entanto, para prosseguir... Conheço um pintor que trabalha, com outros companheiros, na parte de cima da ferrovia Great Northern Railway, a grande altura. Um de seus colegas de trabalho, tendo bebido, caminhava trôpego em um elevado andaime. Ele pensou: "Esse camarada nunca descerá vivo daqui" e, em vez de vê-lo tranquilamente perecer, ofereceu-se para levá--lo nas costas, pela encosta, até embaixo. Acho que a morte provavelmente chegaria para ambos se efetivamente o fizesse; mesmo assim, ele se ofereceu. Disse ao embriagado: "Minha alma está segura: sou um cristão; temo é por sua vida, pois, se você morrer sua alma está perdida. Eu o levarei até embaixo, se você ficar quieto". O companheiro rejeitou a gentil oferta, apesar de lhe ter sido repetida de novo e mais uma vez; e, ao tentar descer sozinho, acabou caindo no meio da ferrovia, de uma terrível altura, sendo dado como morto. Quando ouvi esse relato, de um bom irmão, humilde membro de nossa igreja, pensei: "Eis o mestre, revelado nesse seu discípulo pintor". Nossa vida é uma pintura e, se renovada por Cristo, seus traços serão revelados, com as pessoas se surpreendendo com pintura tão incomum: "Tal pincelada, tal linha, é a que o grande mestre costuma utilizar; tenho a certeza de que ele deu alguns toques aqui". Ó irmãos, nem precisamos sonhar em sermos originais; basta plagiarmos Cristo, e esta já será para nós grande originalidade. Que Deus nos ajude nisto.

Eu iria ainda mostrar, mas o tempo voou, que os discípulos de Cristo crescem como ele nas lutas e nas tentações. Satanás os encontra, como a Cristo encontrou, e são tentados pelo mundo, como Cristo o foi; provocados pelos incrédulos saduceus e pelos fanatismos e superstições farisaicas, como o foi Cristo; passam pelas mesmas lutas, mas, bendito seja o Senhor, acabam por repetir as mesmas vitórias. Os discípulos de Cristo subjugam o pecado e, com a ajuda de seu mestre, elevam-se acima da dúvida, superam o mundo e permanecem na pureza e na fé. Tornar-se pouco a pouco como ele é, eis a sua recompensa. "Ao que vencer", diz ele, "eu lhe concederei que se assente comigo no meu trono; assim como eu venci, e me assentei com meu Pai no seu trono" (Apocalipse 3:21).

Seria para mim um belo assunto, se eu tivesse o poder de nele trabalhar, o caminho em que o discípulo de Jesus vai sendo lapidado, com passos firmes, em direção à imagem de Cristo, até que a semelhança chegue a ser tão grande e tão próxima que até mesmo os olhos turvos desse mundo perverso, na diminuta atmosfera de sua ignorância, não poderá deixar de ver a semelhança entre o homem e o mestre.

III

Por fim, iremos nos debruçar por dois ou três minutos sobre um fato encorajador, para que coloquemos à prova tudo sobre o que falamos esta manhã. Irmãos e irmãs, quem de vocês ainda não é discípulo de Jesus Cristo, lembre-se de que ele o receberá. Ele o receberá, mesmo que você tenha tido outros mestres e aprendido com eles muitas das coisas que terá de desaprender. É muito fácil ensinar a um homem se sua mente estiver limpa, mas muito do que se aprende é difícil esquecer. Ó vocês, de quarenta, cinquenta, sessenta anos, há um mundo de enganos dentro de vocês que terá de ser inteiramente retirado. Meu mestre, então, os tomará por pupilos, ainda que tenham estado com outros professores esse tempo todo; e, embora vocês não saibam nem os rudimentos do que ele lhes irá ensinar, ele os aceitará assim mesmo. Meu Senhor Jesus mantém uma espécie de classe de bê-á-bá para adultos, onde os ensina como a crianças. Vejam quanta piedade nele existe em admitir pobres e estúpidos alunos, como nós, que nada sabemos além de que realmente nada sabemos. E mais: tenham vocês pouca capacidade, ou nenhuma, não importa.

Ele leva a aprender, até o ignorante,
As maravilhas do seu amor agonizante.

Não são muitos os grandes homens, nem os poderosos, que são escolhidos; mas, como lembra bem Paulo, Deus escolheu os pobres deste mundo; assim como as coisas que não são grandes e as desprezadas, as fracas e as consideradas tolas. Deus as escolheu. Venha a ele, pois, se você se julga incapaz, ele não o é, e a capacidade dele em pouco tempo subjugará sua incapacidade. Você pode alegar: "Não consigo aprender". Ah, é que você não sabe quão bem ele consegue ensinar; pois consegue ensinar de tal modo que mesmo aqueles que acham que não têm como aprender em pouco tempo são instruídos em sua escola. Não fique com um pé atrás, caro amigo, tampouco com receio de não conseguir "pagar a mensalidade": a escola de meu mestre é gratuita; ele não toma nada de nós, mas nos dá tudo. E o único exame necessário para o ingresso é a vontade de aprender, a consciência de que você precisa de ensino e orientação e a devida submissão à instrução divina. Você tem vontade de assim proceder? "Oh", diz você, "eu o aborrecerei tanto que ele vai acabar desistindo de mim". Bem, muitas vezes também achei que aconteceria isso comigo. Não me espanto por você estar atormentado com esse pensamento; ele sempre vem à minha mente quando vejo o pequeno progresso que eu mesmo fiz, mesmo estando há tanto tempo na escola dele. Imagine se eu tivesse um mestre humano! Ele teria perdido a paciência comigo há muito tempo. O Senhor

Pode um cego guiar outro cego?

Jesus Cristo, no entanto, nunca desiste de seus alunos. Tendo começado a ensinar, prossegue com seus divinos ensinamentos até que sejam completamente aprendidos pelo discípulo; e, quanto mais difícil for para ele ensinar, parece que maior é sua honra por ter educado seu aluno. Ele não admite ter uma única derrota sequer nesse assunto; subjuga a ignorância e o pecado, a dureza de coração, as enfermidades e a incapacidade, até que nos tenha instruído inteiramente na erudição do céu, fazendo-nos participantes da herança dos santos na luz.

Venham, queridos irmãos e irmãs que já são alunos de Cristo, sentemo-nos a seus pés, sigamo-lo no caminho mais perto dele do que nunca. Quanto a vocês, queridos amigos que ainda não se matricularam, ouçam bem este chamado: "Quem é simples, volte-se para cá. Aos faltos de entendimento diz: "Vinde, comei do meu pão, e bebei do vinho que tenho misturado" (Provérbios 9:5)". Que o bom Senhor incline o coração de vocês a que o conheçam. Em seu santo nome. Amém.

12

Porventura achará fé na terra?

Contudo quando vier o Filho do homem, porventura achará fé na terra?

(Lucas 18:8)

É absolutamente certo que Deus ouve as orações do seu povo. Ao pé do altar, almas clamam a Deus dia e noite, pedindo pela causa de Cristo, causa da verdade e da justiça, e pela derrota dos adversários do Senhor: tais pedidos são prontamente atendidos. Por mais escassas que sejam as súplicas, há pelo menos uma boa quantidade delas em conformidade com a eleição pela graça, não cessando de insistir com o Todo-poderoso para que estenda mais uma vez seu poderoso braço e demonstre a majestade de sua Palavra. Mesmo que por sábios e graciosos motivos a resposta a esses pedidos possa ser aparentemente atrasada, ela é, no entanto, absolutamente garantida. Pois não iria Deus vingar seus eleitos, que clamam dia e noite a ele, ainda que pareça manter a causa por muito tempo à mão? Decerto que sim, já que as orações que a ele chegam são inspiradas pelo Espírito, que conhece a mente de Deus; são preces para a glória de Deus e de seu Cristo. A resignação detém o advento e o juízo por algum tempo, pois o Senhor deseja não que alguém pereça, mas que todos alcancem o arrependimento; mas não pode protelar para sempre o fim de há muito esperado. O próprio Senhor Jesus é quem nos dá essa garantia pessoalmente: "Digo-vos que depressa [Deus] lhes fará justiça". Não resta dúvida de coisa alguma quando o próprio Jesus a garante: "Digo-vos...". O Senhor virá, sim, e, segundo sua própria declaração, há de vir "depressa". Sua declaração está em pleno acordo com a cronologia dos céus, e esta os herdeiros da glória devem aceitar com todo o prazer e felicidade; é bom mantermos a noção de tempo celestial na mente.

Irmãos, que o coração de vocês não falhe na fase final da presente batalha. "O Senhor há de reinar para sempre" (Êxodo 15:18). Aleluia!" Os ídolos ele abolirá definitivamente. O anticristo será destronado. Como uma mó lançada no fundo do mar, ele cairá e não tornará a existir nunca mais. Os gentios serão herança do Senhor e os confins da terra estarão todos sob sua posse e domínio. Ele há de reinar até que todos seus inimigos estejam postos por escabelo dos seus pés. Não se cansem se a presente luta se alongar por séculos e séculos. Será longa somente para a sua impaciência; para Deus, não passará de trabalho rápido. Um livro tão imenso como o que contém a história da redenção necessita de muito tempo para ser desenrolado, e para fracos leitores como nós, a leitura de cada uma de suas palavras poderá parecer uma tarefa interminável; mas um dia haveremos de chegar a um fim e então veremos que, tal como o livro de Salmos, tudo nele termina em aleluias.

A pergunta a ser feita não é o que fará Deus, mas o que farão os homens. A fé tem raízes no próprio céu; mas que dizer da fidelidade na terra? A parte que Deus nos delega é crermos em sua Palavra, pois assim é que seremos aceitos: cabe à criança crer em seu pai, e ao discípulo, aceitar os ensinamentos de seu mestre. Mas quão pouco resta deste conceito, no momento! Sabendo da fragilidade da fé daqueles que o cercavam, e prevendo certamente que as futuras gerações partilhariam com mais intensidade ainda da mesma insensatez é que o Salvador levanta essa memorável questão: "Contudo quando vier o Filho do homem, porventura achará fé na terra?" Deus é fiel; mas fiéis serão os homens? Deus é verdadeiro; mas creremos nele? É este o meu ponto, a discutirmos hoje; é sobre isto que trataremos esta manhã quanto me ajude o Espírito Santo.

I

Podemos observar em relação ao texto bíblico, em primeiro lugar, que *é digno de destaque ao atentarmos para a pessoa que busca achar a fé*: "Quando vier o Filho do homem, porventura achará fé na terra?"

"Quando Jesus vier, virá em busca da verdadeira fé." Ele tem o maior interesse na fé, mais do que em qualquer outra coisa que a terra lhe possa oferecer. Quando o Senhor voltar, não se importará muito com o tesouro material de crentes prósperos destinado a honrá-lo; nem buscará qualidades que possamos manifestar ou as influências que tenhamos conseguido atingir e exercer; mas se voltará sobretudo para a nossa fé. Sua glória é ser "crido no mundo" (1Timóteo 3:16) e para é isto que deverá dedicar maior atenção. Esta é a joia preciosa que estará buscando. O Joalheiro celestial considera a fé a mais rara pérola — a fé é para ele, Jesus, a mais preciosa delas, como deveria ser para nós. O tempo final será ocupado por um grande escrutínio, baseado em um ponto essencial: onde está a fé e onde não está. Quem crer será salvo; mas quem não crer será condenado. Será emitido um mandado de busca em nossa casa e em nosso coração, e a inquirição será: Onde está a sua fé? Você honra Cristo, crendo em seu sangue e em sua Palavra, ou não? Glorifica a Deus, crendo em sua revelação e confiando em sua promessa, ou não?

O fato de nosso Senhor enfocar a fé quando de sua volta deveria fazer com que muito a estimássemos. Ela não representa mero ato do intelecto; é uma graça do Espírito Santo, que dá glória a Deus e produz obediência no coração. Jesus a buscará porque é o seu dono legítimo, e foi por intermédio dela que se deu o grande fim de seu primeiro advento. Imaginem por um instante, caros ouvintes, que o Salvador esteja buscando por nossa fé neste exato momento: "[...] os seus olhos contemplam, as suas pálpebras provam os filhos dos homens" (Salmos 11:4). É esse o ouro que ele busca em meio ao minério de nossa humanidade. É esse o objetivo da empreitada real sob a inquirição: "Você crê no Senhor Jesus Cristo?"

Quando nosso Senhor vier e procurar pela fé, *ele há de fazê-lo a seu modo mais compassivo*. Nosso texto não diz "quando vier o Filho de Deus", mas "quando vier *o Filho do homem*". Pois é exatamente como Filho do homem que Jesus irá trabalhar como pesquisador, buscando descobrir se temos fé verdadeira ou não. Ele, como Filho do homem, também demonstrava fé em Deus. Na epístola aos Hebreus 2:13, sua fé é mencionada como uma das semelhanças entre ele e seus irmãos, tendo dito: "Porei nele [em Deus] a minha confiança". A vida de Jesus era uma vida de fé — fé que clamava: "Deus meu, Deus meu" (João 20:28), mesmo quando sentindo-se, como homem, desamparado. Sua batalha, em escala muito maior que a nossa, era travada, quanto à fé no Pai, contra todas as influências rebeldes que lutavam contra ele. Ele conhece as duras tentações que os homens experimentam, pois sentiu as mesmas, e em proporção maior. Sabe como a necessidade tenta o crente fiel e quanta fé é necessária para declarar: "Nem só de pão viverá o homem, mas de toda palavra que sai da boca de Deus" (Mateus 4:4). Sabe como a exaltação tenta a alma; pois esteve um dia no pináculo do templo e ouviu o sussurro infernal: "Se tu és Filho de Deus, lança-te daqui abaixo, porque está escrito: Aos seus anjos dará ordens a teu respeito" (Lucas 4:9,10). Está ciente do que significa a fé, ao contrário da falsa confiança, que interpreta erroneamente a promessa e esquece o preceito propriamente dito. Ele jamais irá errar no julgamento, aceitando bronze em lugar de ouro. Tem experiência do que é ser tentado com a promessa de honra secular, de sucesso e riqueza material: "Tudo isto te darei, como disse a ele o inimigo, se, prostrado, me adorares" (Mateus 4:9). Sabe como a fé subjuga toda glória mundana, pois a usou em brava e pronta réplica: "Vai-te, Satanás, porque está escrito: Ao Senhor teu Deus adorarás, e só a ele servirás" (Mateus 4:10). Amados, quando vier, o Filho do homem, ele saberá reconhecer nossas fraquezas, haverá de considerar nossas provações, levará em conta a luta de nosso coração e todas as dificuldades deste mundo que a fé sincera nos leva a ter de enfrentar. É ele o mais qualificado para atribuir real valor à nossa fé testada, abnegada, resistente; e há de distinguir perfeitamente entre os que fingem e os que de fato creem; entre aqueles que confiam em vãs ilusões e os que assumem o caminho sólido e único da palavra de Deus.

Gostaria, além disso, que vocês observassem que *o Filho do homem é a pessoa mais indicada para procurar a fé que há que ser encontrada*. Não existe um único grão de fé no mundo que ele não haja criado. Se você tem fé, irmão, é porque o Senhor a criou em você; é marca de suas mãos, que o tocaram. Pela fé, ele o tirou da morte no pecado e da escuridão de sua mente natural. "A tua fé te salvou" (Lucas 7:50), por ser ela o castiçal em que brilha a lâmpada que ilumina a recâmara do seu coração. É esta a fé que o seu Deus e Salvador colocou em você. Ora, se a fé, em qualquer circunstância, é dom do nosso Senhor, ele sabe perfeitamente a quem a terá dado. Sendo obra de Deus, saberá como e quando ele a terá produzido; pois jamais abandona a obra de suas próprias mãos. Ainda que essa fé seja como um grão de mostarda, e mesmo que se encontre no recanto mais obscuro da terra, o amoroso Senhor Jesus a conseguirá encontrar, pois tem íntima relação com ela, por ser o seu criador e quem lhe deu acabamento. Nosso Senhor é também o sustentador da fé, pois a fé não deixa jamais de depender daquele em quem se baseia. Mesmo o crente fiel mais fervoroso não conseguiria crer por um instante sequer se não lhe fosse constantemente fornecida por Deus a graça para manter acesa a chama da fé. Se você, caro amigo, já teve experiência de vida interior, sabe então que aquele que o fez vivo irá mantê-lo vivo, caso contrário você retornaria para sua antiga natureza de morte. E como a fé é o alimento diário da mesa de Jesus, ele sabe também onde se encontra. É importante assim para nós que aquele que estará buscando a fé, por havê-la criado e a sustenta, bem a conseguirá divisar.

Além do mais, *nossa fé se volta sempre para Cristo*. Não existe, aliás, fé digna de ser obtida que não seja aquela que olha para ele e, por seu intermédio, para Deus, em tudo por tudo. Cristo, por sua vez, se volta sempre para a nossa fé: nunca houve a mais débil fé em Cristo que não viesse a encontrá-lo. O Senhor se delicia na fé; para ele é uma alegria que nele confiem; grande parte da recompensa por sua morte é que os homens possam nele encontrar abrigo. Ora, se a fé se volta para Cristo, e se Cristo se volta para a fé, então com toda a certeza ele deveria encontrá-la, quando vier; este fato, no entanto, torna ainda mais passível de admiração e até perplexidade a pergunta que ele mesmo faz, no texto: "Contudo, quando vier o Filho do homem, porventura achará fé na terra?".

O Filho do homem há de fazer um julgamento sábio e generoso. Alguns irmãos fazem seus julgamentos de maneira tão pouco amorosa que jamais notariam centelhas de fé; mas isso jamais acontecerá com o nosso gracioso Senhor: ele não apagará o pavio que fumega, nem desprezará a mais trêmula fé. A questão se torna então ainda mais enfática quando é assim colocada: quando vier o amoroso e gentil Salvador, que nunca julga de modo ríspido e severo, porventura achará alguma fé na terra? Que indagação triste e humilhante! Aquele que não é absolutamente um crítico exigente, mas, sim, amável, compreensivo e generoso intérprete das atitudes das pessoas; aquele que faz grandes concessões à fragilidade; aquele que carrega junto ao peito os cordeirinhos da fé e mansamente conduz os fracos — quando vier para realizar sua busca, encontrará fé na terra? A incredulidade de fato tem-se avolumado de tal modo que ele, que é onisciente, talvez mal consiga encontrar uma migalha que seja de fé em meio a uma massa tamanha de dúvida e negação! Ah! que eu nunca tenha de responder à pergunta: "Quando vier *o Filho do homem*, porventura achará fé na terra?"

Quero então colocar a questão sob uma luz pungente, ao examinarmos de perto *a ocasião em que se dará esse escrutínio*. "Quando vier o Filho do homem" [...]. Vejam, irmãos, as eras acumularam provas da verdade do cristianismo, e a busca se inicia justamente quando esse processo atinge o seu clímax. O que quer que seja dito da presente enxurrada de dúvidas, nenhuma dúvida é forte o suficiente e, além disso, a razão para duvidar enfraquece a cada dia. Cada pedaço de terra do Oriente ao Ocidente contribui com um novo testemunho da precisão da palavra de Deus. Fatos e histórias reais clamam cada vez mais contra a incredulidade dos céticos, e as experiências dos santos, ano após ano, aumentam a torrente de testemunhos à devoção de Deus. Aqueles que estão ficando grisalhos sob a obra divina sabem como cada ano que passa reafirma-se a confiança nas verdades eternas de nosso Deus e Salvador. Não sei quanto tempo irá durar a dispensação desta longanimidade; mas é certo que quanto mais ela perdura, tanto mais perversa a incredulidade se torna. Quanto mais Deus se revela ao homem por meio da providência tanto mais os homens deixam de acreditar em seu categórico testemunho. Mas, no fim de tudo, irmãos, quando a revelação receber sua derradeira confirmação, a fé provavelmente será uma raridade no mundo; de modo que a pergunta é realmente se o Senhor chegará de fato a encontrá-la. Talvez tenhamos a sensação de que a fé aumenta no mundo; de que a igreja cresce cada vez mais pura e radiante e que haverá um alto grau de fé em meio aos homens quando o Senhor vier. Mas não nos diz isto o nosso Salvador; apenas nos deixa, a respeito deste assunto, com a pergunta do texto. Mesmo no que parece ser o alvorecer da idade de ouro, ele ainda nos pergunta: "Contudo quando vier o Filho do Homem, porventura achará fé na terra?".

Observem também *a amplitude da área de busca*. O Senhor não pergunta: "... porventura achará fé nos filósofos?" Mesmo porque, desde quando filósofos têm fé? Tampouco restringe o escrutínio a determinado ministério, nem à igreja visível; mas vai mais longe: "[...] porventura achará fé na terra?" (Lucas 18:8). Ele terá de procurá-la, portanto, tanto nos palacetes quanto nos barracos, entre eruditos e entre ignorantes, entre homens de destaque público e entre os mais obscuros; pois, afinal de contas, a questão é se, entre todos os que vivam entre um polo e o equador e entre o equador e o outro polo, ele encontrará fé. Ah, pobre terra, tão falha de fé! Não haverá fé em seus vastos continentes, nas muitas ilhas espalhadas no mar? Ou estará em algum dos incontáveis navios que cruzam os oceanos? Como? Não se encontra nem sobre a terra? Nem se Jesus em pessoa a buscar?

Procurei, assim, apresentar a questão de modo o mais claro possível, para que exerça o efeito necessário em seus pensamentos. Ela ressoa através dos recônditos de minha alma com o badalar de uma esperança risonha e agradável imaginação. Quem é o homem afinal, Senhor, para que nem séculos de misericórdia consigam produzir um único fruto de fé entre todos os filhos de Adão? Quando milhares de verões e invernos tiverem passado, será que não haverá colheita de fé na terra além de umas poucas espigas finas e ressequidas pelo vento?

II

Vamos agora mudar a direção de nossos pensamentos. Tendo apresentado o questionamento como notável que é, observemos então *quão é instrutivo quando associado à parábola de que faz parte*. De fato, não é certo usar a Bíblia como se fosse uma caixa repleta de argolas separadas e não como uma corrente de verdades conectadas entre si. Alguns simplesmente extraem dela passagens tal como as aves caçam vermes em um campo raso. Mas se separarmos a palavra do seu contexto, ela poderá não expressar a intenção do Espírito. Nenhum livro, escrito por Deus ou pelo homem, consegue ser desmembrado parte por parte sem acabar completamente mutilado. Os que falam em público costumam conhecer bem tal injustiça causada a si mesmos, e as Sagradas Escrituras, por sua vez, sofrem muito mais com isso. A conexão estabelece a corrente e nos direciona para o verdadeiro significado — significado que pode ser bem diferente do que parece ser quando separado daquilo que o rodeia e dá força. Observemos, pois, neste caso, que a passagem se

Porventura achará fé na terra?

refere à parábola da viúva persistente que suplicava junto ao juiz injusto; deve ser portanto, interpretada necessariamente em relação a esse texto.

Por isso, a passagem destacada significa, antes de tudo: Quando vier o Filho do Homem, porventura achará *fé na terra que leve as pessoas a orarem insistentemente*, tal como fez a viúva quanto à sua petição ao juiz? O significado do questionamento de Jesus começa então a ficar mais claro para nós. Sim, há muita gente que ora na terra; mas onde estão aqueles cuja continuidade na oração futuramente deverá prevalecer? Agradeço a Deus por serem as reuniões de oração desta igreja muito bem mantidas por homens e mulheres fervorosos; mas onde estão os lutadores persistentes como Jacó? Temo que nem mesmo se possa dizer de todas as igrejas que os encontros de oração que nelas acontecem sejam o que poderiam ser; pois o culto de oração é desprezado por muita gente, e alguns até dizem: "É *apenas* uma reunião para orar!" Como se esta não fosse a joia de cada congregação da igreja, depois da partilha do pão. Irmãos, não quero julgar com severidade, mas onde estão as pessoas que ao orar oferecem oração eficiente, fervorosa e que realmente prevalece? Sei que há muitos aqui que não negligenciam a devoção pessoal nem familiar e que oram constantemente pela prosperidade da igreja de Jesus Cristo e pela salvação das almas. Mesmo a estes, no entanto, eu faço a pergunta: Se o Filho do homem viesse agora, quantos de nós ele acharia que oram com distinta, veemente e irresistível persistência? Em tempos passados, houve, por exemplo, um John Knox, cujas orações eram mais terríveis para o inimigo que exércitos inteiros, pois ele tudo suplicava com fé; mas onde encontraremos um Knox hoje? Cada época de reavivamento teve sempre homens fortes em oração — onde estão os do nosso tempo? Onde está Elias no alto do monte Carmelo para trazer chuva a estes campos ressecados? Onde está a igreja que ora, em um novo Pentecostes? Não desejo depreciar meus irmãos de ministério, muito menos os diáconos, presbíteros e outros dedicados servos do meu Senhor; no entanto, irmãos e irmãs, falando de um modo geral, quão poucos de nós sabemos o que é proferir uma oração conquistadora dos céus, tão necessária nesta era de crise! Quão poucos de nós chegam de novo e de novo e mais uma vez a Deus, com lágrimas e súplicas, e o coração quebrantado, rogando tanto por nossa própria vida quanto pelo crescimento de Sião e a salvação dos indignos! Se o Filho do homem chegasse hoje, porventura encontraria muitos com tal fé em nossas igrejas? Ah, que eu jamais tivesse de repetir esta pergunta; mas eu a repito, e a repito balançando a cabeça de desânimo e vergonha.

A viúva importuna persistiu, tomada de firme resolução, e jamais desistiu, levada por hesitação alguma. Como o juiz ainda não a houvesse ouvido, decidiu a mulher que a ouviria e que a ele iria rogar até que a escutasse. Tal fé paciente é rara. As pessoas creem, sim, mas por determinado tempo; crer durante longo silêncio sem resposta é outro assunto. Quando vier o Filho do homem, encontrará os que conseguem crer em um Deus aparentemente moroso e que aguardam sua promessa por longo prazo — esperando sem cessar? Quando há um reavivamento e todos clamam "Hosana!" Algumas pessoas mais animadas são as primeiras a dar as caras; mas se a voz do povo grunhir "Crucifica-o!" (Lucas 23:21), onde estarão essas pessoas? Onde estarão até mesmo Pedro e praticamente todo o restante dos discípulos? Aprendamos a continuar suplicando mesmo quando não há resposta; a resistir quando repelidos: é este o teste da fé. É muito fácil ser crente quando todos creem; mas crer quando ninguém crê, e ser crente fervoroso quando ninguém mais crê como você, é esta a marca do crente fiel e sincero para com Jesus. Ou será, afinal, irmãos, uma questão de ser contado a dedo? Conseguem imaginar estar à direita do Senhor com apenas mais dois ou três? Ser como as rochas que desafiam ondas furiosas, deixando que vagalhões do engano popular os lavem e batam e explodam, e batam e explodam, em vão? Pois se essas coisas os abalarem, onde estará a fé? Quando vier o Filho do homem, portanto, quantos achará na terra cuja fé resida não no mundo, mas realmente no testemunho de Deus?

A viúva apostou tudo no resultado de suas súplicas ao juiz. Ela não tinha alternativa, mas apenas uma saída para o seu problema: o juiz teria de ouvi-la. Não podia de jeito algum perder sua propriedade: seus filhos morreriam de fome se ele não a ouvisse. Ele tinha, porque tinha, de ouvi-la, e quanto a isso ela não detinha a menor dúvida. O que buscamos neste momento, e que o Senhor quando vier buscará, é aquele que creia em Deus, creia no evangelho, creia em Cristo, e que não se importe com qualquer outra coisa. Buscamos aqueles que apostem sua reputação, esperança e a própria vida na veracidade da palavra de Deus e na certeza do evangelho eterno. Para esse tipo de pessoa, a verdade da revelação não é mais uma entre muitas: é a verdade única e salvadora. Oh, mas hoje, não; temos de lidar com raposas prontas a se refugiar na toca, se perseguidas de perto. Ah, se pudéssemos ter toda a glória, desde que fosse a glória da cruz! De minha parte, eu me contentaria em ser um simples tolo, se fosse uma tolice o evangelho; estaria feliz em me perder, caso a fé no sacrifício expiatório não trouxesse salvação alguma. Tenho tanta certeza quanto a tudo isso que digo que, se ficasse sozinho no mundo como o último a crer na doutrina da graça, jamais pensaria em deixá-la, nem em mudá-la só para obter conversões. Tudo em que creio se baseia na verdade de Deus. "[...] seja Deus verdadeiro, e todo homem mentiroso" (Romanos 3:4).

"Contudo quando vier o Filho do homem, porventura achará fé na terra" como a que merece que lhe dediquemos? Cremos mesmo em Jesus na nossa vida prática? Será a nossa fé um fato e não uma ficção? Se sabemos da verdade da fé, temos o grau de fé que deveríamos, então, possuir? Pense só nisso: "[...] se tiverdes fé como um grão de mostarda, direis a este monte: Passa daqui para acolá, e ele há de passar" (Mateus 17:20). Que significa, irmãos? Não estaremos um tanto perdidos? Será que sequer sabemos o que realmente significa fé? Começo a nos questionar até se de fato cremos. Que sinais marcam a nossa crença? Quando pensamos nas maravilhas que a fé nos poderia ter feito, acerca das maravilhas que nosso Senhor poderia ter operado no meio de nós, não fosse nossa incredulidade, não nos sentimos envergonhados ante tais pensamentos? Será que já nos libertamos do engodo da autossuficiência? Já nos lançamos, de forma clara, em total e profunda confiança no nosso Todo-poderoso e eterno Deus? Será que já trocamos realmente o visível pelo invisível? Agarramo-nos às promessas de Deus, descansando nos braços de sua onipotência, que por si só é mais que suficiente para o cumprimento de qualquer palavra sua? Ó Senhor, onde estamos? Onde encontrarmos um oásis de fé em meio a esse deserto de dúvida? Onde encontrarmos um Abraão?

Não é, pois, instrutiva a pergunta de Jesus, quando ligada, como o deve ser, à parábola que nos ensina o poder da oração persistente?

III

Em terceiro lugar, o texto me parece *sugestivo em sua própria forma,* ao ser colocado como um questionamento: "Contudo quando vier o Filho do homem, porventura achará fé na terra?" Acredito que ele nos adverte para *não dogmatizarmos quanto ao que podem vir a ser os dias futuros.* Jesus nos faz uma pergunta: "Porventura achará fé na terra?" Se você responder "Não", meu caro amigo, estou muito inclinado a levar em conta o oposto, optando calorosamente pela resposta afirmativa. Lembremo-nos de como Elias dizia que somente ele havia restado; e, no entanto, mesmo assim, o Senhor havia reservado em Israel sete mil que não se tinham curvado a Baal. Está escrito que as nações que não conhecem Cristo correrão para ele e que os reis de Sabá lhe oferecerão presentes. Aventuro-me esperar, então, que quando o Filho do homem vier há de encontrar fé na terra. Todavia, se você efusivamente disser que sim, então serei forçado a me deslocar para o lado negativo, pelo receio de que este se prove verdadeiro. Quando nosso Senhor esteve aqui, pouca fé achou; e nos disse também, claramente, que quando vier pela segunda vez muitos se comportarão como nos tempos de Noé: "Comiam, bebiam, casavam-se e davam-se em casamento, até o dia em que Noé entrou na arca [...]" (Mateus 24:38). Inclino-me a acreditar em ambos os lados. A questão permanece, portanto, como o Senhor a colocou.

Essa pergunta também nos leva a um temor mais sagrado com relação à fé. Se nosso amado Senhor formulou a pergunta é porque teria de ser feita. Dizem que alguns de nós somos retrógrados porque temos zelo para com o Senhor; que ficamos demasiadamente preocupados e que o nosso temor é resultado da idade. De fato, aos 53 anos, devo ter-me tornado um semi-imbecil... Se me guiasse por esse seu modo de pensar, acharia que eles devam acreditar que o mesmo não deverá acontecer com eles. Na verdade, porém, creio que eles caem no pessimismo (acho que esta é a palavra que deveria usar: sei muito sobre esses termos). Decerto o Salvador não ficava preocupado. Ninguém o poderia acusar de tola ansiedade. No entanto, não é ele quem pergunta: "[...] quando vier o Filho do homem, porventura achará fé na terra?" Até onde me é dado observar, é uma pergunta que se deve formular às pessoas mais esperançosas dos tempos presentes; pois *estão em curso diversos processos que tendem a destruir a fé.* As Escrituras vêm sendo criticadas de modo tão vulgar que isso entra em choque com a própria reverência que lhes é devida; e, pior ainda, seus fundamentos estão sendo atacados até por pessoas que se dizem cristãs. A crítica fria e rasteira está tomando o lugar da confiança quente, pura e amável. Como já muito bem foi dito: "Temos hoje um Templo sem santuário". Descarta-se simplesmente o mistério para que a razão possa reinar. Comeu o homem tanto do fruto da árvore do conhecimento do bem e do mal que agora se considera um deus. A verdade revelada não mais é para ele uma doutrina a ser crida, mas assunto a ser debatido. A amável mulher jogada aos pés de Jesus é removida para dar lugar ao traidor que beija a face de Cristo. Tal como Belsazar, os homens de pensamento moderno bebem dos vasos do santuário de Deus só para honrar suas próprias divindades. A ideia da fé pura é rejeitada com escárnio, e é considerado o mais sábio aquele que mais duvide e mais despreze a autoridade da palavra divina. Se isso assim continuar, bem poderemos insistir em perguntar: "Contudo quando vier o Filho do homem, porventura achará fé na terra?". Em alguns casos, a grande fonte da infidelidade é justamente o púlpito cristão. Se é este o caso — e estou certo de que é —, que será feito das igrejas e o que acontecerá com o mundo exterior? Conseguirá Jesus achar fé quando vier?

Juntamente com os muitos processos em curso para exterminar a fé, *há também influências que a fazem pequena e impedem de crescer*. Onde se encontra uma grande fé? Onde estão pregação e ensino enraizados em plena fé daquilo que se prega e ensina? De nada adianta, porém, apontar os outros; examinemos a nós mesmos. Onde está, irmãos e irmãs, a nossa própria fé? Constituiu quase uma novidade na igreja, ainda recentemente, a constatação de que o sr. George Müller usava sua fé, sobretudo, no que tange a coisas temporais: alimentar e educar milhares de crianças com fé em Deus era visto como uma "alucinação piedosa".[1] Chegamos hoje a um impasse ou não, quando pensamos em não confiar em Deus nas coisas mais corriqueiras? Abraão andava com Deus em sua vida cotidiana; mas se for encontrado atualmente um homem que ande com Deus no decorrer do seu dia de trabalho e que confie a Deus cada detalhe de sua vida familiar, pessoal e financeira, provavelmente muitos olharão para ele com certo grau de assombro e dúvida. Acharão certamente que talvez ele possa ter a graça de Deus no coração, mas também que tem um parafuso a menos: caso contrário não agiria assim. Oh,

---

[1] Referência a Johann Georg Ferdinand Müller (1805-1890), nascido na Prússia e criado na Inglaterra, que dedicou seu ministério pastoral à fundação e direção, nesse país, de numerosos orfanatos e escolas, nos quais chegou a abrigar e educar mais de 120 mil crianças pobres. Destacou-se também na difusão de literatura cristã, distribuindo, no decorrer de sua vida, gratuitamente, com a ajuda de contribuintes, mais de 1 milhão de Bíblias e mais de 500 mil exemplares de outras publicações evangélicas.

sim, temos muita fé imaginária; mas quando se trata da dura realidade da vida, onde está nossa fé?

Meus irmãos, por que ficam tão tomados de cuidados das coisas do mundo? Tão ansiosos, se têm fé em Deus? Por que mostram tanta falta de confiança em Deus nas atividades mundanas, quase como os ímpios? De onde vem esse receio? Essa murmuração? Essa preocupação? Ó meu Salvador, se você viesse hoje, não conseguiríamos nos defender da acusação de falta de confiança, tola apreensão, falta de amorosa certeza em ti. Não nos entregamos a ti como deveríamos nos entregar; e se é este o caso entre os que estão conscientes de sermos grandes devedores da tua amável fidelidade, onde, então, irás porventura achar fé na terra? Onde estará a fé arrebatadora, que abre caminho para a oração que prevalece e se ergue acima das misérias triviais do dia a dia e dos temores de um futuro ameaçador?

Não acham que o dito de Jesus, colocado como está no texto, sob a forma de inquirição, nos leva a ter intensa cautela com nós mesmos? Não acham que deveríamos sondar a nós mesmos, como o Senhor certamente fará quando vier? Vocês têm, quase sempre, buscado por muitas coisas dentro de si mesmos, irmãos; deixem-me pedir-lhes que busquem por sua fé. E quando o amor esfria? Sinto muito dizer, mas, no final das contas, tal frieza deve ter origem na falta de fé. Se não se encontram mais ativos como costumavam ser, o que deve, de fato, ser profundamente lamentado, lembrem-se que a torrente corre fraca quando a nascente não está tão cheia como antes: sua fé está falhando. Oh, que sua alma possa ser alimentada pela realidade divina! Que possam ter vívida consciência e certeza da presença e do poder de Deus em sua existência! Se a fé é forte, todas as demais graças serão vigorosas. Os galhos florescem quando as raízes conseguem obter abundância em nutrientes; quando a fé está saudável, todo o resto espiritual do homem se torna forte também.

Guardem bem sua fé, irmãos! Receio que, quando Cristo vier, e se demorar muito, poderá acabar encontrando muitos de nós vacilantes, por conta de longa espera e decepções que poderão surgir com a lenta divulgação do evangelho. Nações inteiras continuam ainda incrédulas. Ó Senhor, por quanto tempo? Por não conseguirmos realizar tudo aquilo que deveríamos ter feito, é bem capaz de acabarmos cansando; e, talvez, quando vieres, talvez nos encontres dormindo de cansaço e depressão, como os discípulos no jardim do Getsêmani quando a eles chegaste três vezes e os encontraste tomados de sono. É possível que fiquemos tão arrasados por não haver o evangelho conquistado toda a humanidade que cheguemos ao ponto de cairmos em um pântano de tristeza, torpor, desespero, e estejamos adormecidos em nossa alma quando o noivo chegar. Temo, acima de tudo, que quando Jesus vier, constate que o amor de muitos esfriou por causa de sua excessiva iniquidade. O coração quente dos salvos pode esquentar os dos outros, mas a frieza é igualmente contagiosa. Os santos conseguem fazer frente ao pecado abundante, mas ele mostra triste tendência de enfraquecer a fé dos não salvos. Se o mestre, quando vier, encontrar-nos mornos, nem frios nem quentes, será realmente uma calamidade. A pergunta de Jesus causa em minha alma certa angústia, o que espero faça também aos irmãos.

É uma pergunta, e não a posso responder, mas escancaro as portas de meu coração para deixá-la entrar e me provar. Funciona como um ancinho na mão do Senhor para limpar o solo. Remove minha autoconfiança e me leva a ficar atento e a orar para que não caia em tentação de desistir de minha fé. Oremos para que possamos ficar de pé enquanto muitos escorregam, de sorte que, quando o Senhor vier, possamos ser aceitos nele.

IV

Encerro com uma observação: esse texto é bastante expressivo quanto ao dever pessoal. "Contudo quando vier o Filho do homem, porventura achará fé na terra?" Que a fé ache morada em *nosso* coração, mesmo que lhe seja negado abrigo em qualquer outro lugar. Se não confiarmos no nosso Senhor, se não confiarmos nele mais do que nunca, então nos faremos merecedores do pior castigo. Seria de uma insensatez perversa demais, de nossa parte, duvidarmos dele; pois, para muitos de nós, a conversão foi um evento claro, pungente e perfeitamente distinto. A mudança realizada em nosso caráter foi tão manifesta que nem mesmo o diabo em pessoa não nos conseguiria fazer duvidar. Sabemos que a infelicidade que sofríamos sob o pecado não é ficção e que a paz que recebemos mediante a fé em Jesus não é imaginária. Então, por que duvidamos? Desde a conversão, temos sido levados por um novo caminho e a cada passo nos é mostrado que o Senhor é bom e verdadeiro e que nele devemos confiar sem a menor hesitação. Se estivemos doentes, cheios de dor, de angústia e depressão no espírito, fomos sempre amparados, sustentados e ajudados. Em grandes obras fomos fortalecidos, em grandes empreendimentos fomos ajudados. Alguns de vocês já foram pobres, ou tiveram seus negócios atravessando má fase, e enfrentaram emergências frequentes; não obstante, a cada desafio tiveram comprovada a verdade de Deus. Todas essas dificuldades superadas não os fazem crer ainda mais nele? Outros de vocês sofreram tristes perdas; perderam, um após outro, os esteios de seu conforto; mas, quando se voltaram para Deus, ele ouviu suas orações e foi melhor que um pai, uma mãe, um marido, uma esposa, ou um amigo, para vocês. Está escrito em sua Bíblia, em preto e branco, que as suas misericórdias duram para sempre; e você disse para si mesmo muitas vezes: "Não tornarei a duvidar disso". Irmãos, para nós deveria ser impossível termos o direito de duvidar e ser natural tão somente confiarmos; no entanto, receio que não seja bem assim. Se, mesmo depois de tanta suposta irrigação, nossa fé cresceu tão pouco, não é de espantar que o Senhor haja inquirido se "quando vier o Filho do homem, porventura achará fé na terra" (Lucas 18:8).

Alguns de nós somos tão familiarizados com leitos de morte, tantos vimos passarem para a santa paz em triunfante passagem, que, duvidar significaria desrespeitar a memória dos santos. Seria uma traição para com o Senhor, que muito nos tem favorecido com visitas de seu amor. Poderíamos até duvidar dos nossos entes queridos que se foram em vitória, e isto seria sem dúvida cruel, mas pior é lançar qualquer suspeita sobre aquele que se manifestou para nós como não o fez para o mundo. Não falo de todos vocês, mas daqueles a quem o Senhor tem especialmente favorecido, a quem revelou seus segredos e fez conhecido o seu pacto: para estas pessoas, questionar a devoção é algo perverso. Pois que dizer dos seus eleitos se não crerem nele? Se fosse possível a alguns deixar sua fé, seriam capazes de crucificar o Senhor vivo! Não; não deve ser ele assim ferido na casa de seus amigos. Que a incredulidade vá para onde quiser, mas não encontre abrigo em nosso coração. De nosso espírito seja banida como traidora detestável; nosso Amado é verdadeiro, e nele temos de confiar.

Creio ouvir vocês afirmarem: "Estamos decididos a ter fé no nosso Senhor, mesmo que ninguém mais queira crer nele". Pois então se assegurem de que não venham a falhar em tempos perversos. Se estão dispostos a manter sua fé, estabeleçam em suas mentes que as Sagradas Escrituras são inspiradas pelo Espírito Santo, sendo, por isso, regra infalível de fé. Se abandonarem esse fundamento, não poderão ter fé alguma que seja digna deste nome. É bastante claro, como o sol no céu, que a pura fé em Deus como ele se nos revelou não é possível a quem duvide de tal revelação. Ou vocês aceitam este preceito como inquestionável ou jamais poderão crer indubitavelmente no Deus revelado. Se abrirem mão dessa base, o alicerce de sua fé será removido e todo o edifício terá sido laboriosamente erguido em vão. Como poderão servir as promessas de Deus de suporte da fé se elas mesmas forem questionadas? Deus só pode ser conhecido segundo sua própria luz, e se não pudermos confiar na luz, de que nos adiantará?

Estabeleça também em sua alma que o Espírito Santo deverá lidar com você. Ele é quem o tem renovado em sua mente, em seu espírito e em seu coração.

Faço, enfim, uma pergunta: ele tem ou não renovado você? Você foi convertido, pela ação divina, de seu estado de perdido no pecado, e trazido, pela mesma ação divina, para novidade da vida; ou não? Se você não tiver certeza quanto a isso, não será possível elevar a nível algum a sua fé. Você tem de estar certo de que Deus entrou em contato com sua alma; do contrário, no que poderá crer? Além de crer, deve admitir como certo o perdão completo de seus pecados e a sua justificação mediante o sangue e a justiça de Jesus Cristo, seu Senhor. Creia em seu precioso sangue: não importa do que mais você possa ainda duvidar, creia no mérito do grande sacrifício feito no Calvário. Regozije-se em sua própria aceitação do sacrifício, comprovando que nele a sua alma encontra descanso.

Ó irmãos, nossas esperanças eternas não podem ser construídas sobre especulações; precisamos da verdadeira revelação. Não podemos lutar as batalhas da vida com probabilidades; necessitamos ter certezas para podermos enfrentar um conflito de tal magnitude. Se Deus não tivesse nos revelado uma verdade incontestável, você poderia pensar ser ela um devaneio; mas, como nos deu uma clara revelação, que então possamos crer e parar de fabricar imaginações e inventivas. Ó senhores, se querem especular, arrisquem o ouro e a prata que têm; mas imploro que deixem de lado qualquer ideia de especulação referente às suas almas. Quero ter certezas absolutas e verdades inquestionáveis em que me apoiar quando a fria enchente da morte alcançar meu corpo. Verdades divinas, como as escritas no Livro Sagrado, levadas ao coração pelo Espírito Santo, são um chão bem firme para a fé pela qual Jesus Cristo irá procurar. Ele procurará em vão se os homens não mais crerem em sua obra sem duvidar.

Se você tem uma fé forte, não relaxe sua confiança na eficácia da oração. Isso é essencial, conforme mostra o texto. A viúva não usou de outra arma senão a oração, em sua persistência junto ao juiz; e não teria perseverado como fez nas súplicas se não se sentisse moralmente certa de que a longo prazo triunfaria. Irmãos, creiam em que Deus ouve as suas orações e que as irá responder. Quanto a mim, não preciso de qualquer argumento para provar a influência da oração de súplica junto a Deus. Já a experimentei e usei muito até que deixasse de ser simples experiência. Quem come pão todo dia sabe que acaba alimentado por ele; quem habitualmente vive de oração sabe que Deus o ouve. Seria absurdo tentar apresentar qualquer prova contra esta verdade. Se alguém discutisse comigo tentando provar que não há sol no céu, eu teria de rir às gargalhadas. Se alguém me dissesse não crer que eu estou vivo, nem sei como conseguiria provar o contrário; seria legítimo dar-lhe um chute na canela, em nome da argumentação? Quando alguém me diz: "Não acredito em oração", eu respondo: "E daí? Quem perde com isso é você". Que Deus responde às orações é uma verdade bem viva para mim, e não sei dizer nem mais nem menos que isso. Se você não acredita em oração, certamente o Senhor não encontrará fé em você, tal como fala o texto; e se você a tem apenas como um pio exercício que refresca o devoto, mas não exerce qualquer influência junto a Deus — bem, se sua atitude fosse única, então o Filho do homem realmente não encontraria fé alguma na terra; nem fale em crer, pois você nada sabe sobre o assunto. Mas se você crê, creia totalmente. Mergulhe no mar da sagrada confiança em Deus e encontrará bastante espaço para nadar. Quem crer no que ele acredita acabará vendo o que ele vê. Ninguém jamais foi condenado por crer demais em Deus. Entre as altas inteligências do céu, criatura alguma jamais foi censurada por ser crente demais quanto à palavra do Altíssimo.

Que possamos crer, implícita e explicitamente. Que acreditemos sem medida e sem reserva. Que nos debrucemos completamente na verdade de Deus. Que aspiremos a andar ao lado de Deus nas ruas do céu e nos tornarmos os favoritos do rei. Que busquemos a graça de sermos suplicantes obstinados, de um tipo tal a quem nada se pode negar, pois a fé ganha os céus pela força da oração. Oh, que eu possa ter em minha igreja muito Israel que prevaleça junto a Deus! Alguns aqui bem sabem o que é estar de pé desde cedo para alcançar o trono da graça com todo o poder da oração fervorosa. Quanto devemos a estes queridos irmãos, apenas a eternidade poderá dizer! Que possamos ter muitos mais intercessores, ajudando a resgatar os pecadores, dia e noite, antes da vinda do Senhor, e que, como o próprio Salvador, nunca descansem até que ele haja terminado de edificar a sua igreja! Oh, a raridade dessa fé triunfante! Pergunto se haveria aqui alguém que não conheça o texto que agora irei citar; quem acaso não o conheça, abra em Isaías 45:11: "[...] demandai-me acerca de meus filhos, e acerca das obras de minhas mãos". Pode então um homem demandar alguma coisa ao Senhor? Sim, ele se põe à nossa inteira disposição e determina que se peça a ajuda dele e a usemos como e quando dela precisarmos. Que possamos entender isso, de uma vez por todas! Haverá fé assim entre nós? Se não houver, que nosso Senhor Jesus, por seu Espírito Santo, a faça surgir agora em nós, para sua própria glória! Amém.

13

E por que me chamais: Senhor, Senhor, e não fazeis o que eu vos digo?

> E por que me chamais: Senhor, Senhor, e não fazeis o que vos digo? Todo aquele que vem a mim, e ouve as minhas palavras, e as pratica, eu vos mostrarei a quem é semelhante: É semelhante ao homem que, edificando uma casa, cavou, abriu profunda vala, e pôs os alicerces sobre a rocha; e, vindo a enchente, bateu com ímpeto a torrente naquela casa, e não a pôde abalar, porque tinha sido bem edificada. Mas o que ouve e não pratica é semelhante a um homem que edificou uma casa sobre terra, sem alicerces, na qual bateu com ímpeto a torrente, e logo caiu; e foi grande a ruína daquela casa.
>
> (Lucas 6:46-49)

ESTA parábola descreve dois tipos de ouvintes; mas nada diz dos que não são ouvintes. Qual a posição e o futuro que estes terão devemos deduzir do que é dito a respeito dos ouvintes. Nosso Senhor Jesus Cristo veio ao mundo para nos falar do amor do Pai e nenhum homem jamais falou sobre isso como ele; não obstante, muitos se recusaram e se recusam ouvi-lo. Não me refiro aos que estejam muito longe, ou a quem o nome de Jesus seja inteiramente desconhecido, mas, sim, a pessoas desta nação, especialmente desta grande e mui favorecida cidade, que, voluntariamente, se recusam ouvir aquele a quem Deus ungiu para nos trazer as boas-novas da salvação. Nosso Senhor Jesus é proclamado, por assim dizer, desde os telhados da maioria das casas desta cidade; mesmo em auditórios, salas de música e teatros, Cristo é pregado para multidões, e nas esquinas das ruas é erguida sua bandeira; mas, ainda assim, há dezenas de milhares de pessoas para quem a pregação do evangelho é como se fosse música soprada nos ouvidos de cadáveres. Tais pessoas cerram seus ouvidos e não ouvem, por mais que o testemunho seja relativo ao próprio Filho de Deus, sobre a vida eterna e como escapar da ira vindoura. Mesmo para o que possa ser de seu interesse, o interesse eterno, estão mortas: nada, ao que parece, conseguirá direcionar sua atenção para Deus.

A que, então, se assemelham tais pessoas? Bem poderiam ser comparadas ao homem que não constrói casa alguma e que permanece sem lar durante o dia e sem abrigo durante a noite. Quando os problemas mundanos se abatem como tempestade sobre essas pessoas que não ouvem a palavra de Jesus, não há consolo que as anime; quando a doença chega, não há fé nem consolo no coração que sirva para lhes dar apoio e esperança quanto à dor; e quando a pior das tempestades, a morte, se abate sobre elas, sentem toda a sua fúria e, mesmo assim, não hão de, certamente, encontrar um lugar seguro final. Tais pessoas negligenciam a segurança da própria alma, e quando o tufão da ira todo-poderosa irromper no mundo, não terão onde refugiar-se. Em vão irão buscar abrigo sob as rochas, que cairão sobre eles; em vão tentarão correr para as montanhas, que as irão soterrar. Ficarão naquele dia sem abrigo contra a justa ira do Altíssimo. Oh, aqueles que venham a se encontrar em tal aflição! Desabrigados e viandantes no dia da tormenta! Minha alma estremece por esses! Que desculpas irão inventar esses, que se recusaram a conhecer os caminhos da salvação? Que desculpas poderá formular o mais tenro coração em benefício deles? Dirão que não tinham capacidade de crer? Ainda assim, não poderão argumentar que não ouviram; e "a fé vem pelo ouvir, e o ouvir

E POR QUE ME CHAMAIS: SENHOR, SENHOR, E NÃO FAZEIS O QUE EU VOS DIGO?

pela palavra de Cristo" (Romanos 10:17). Oh, amigos, se a palavra de Deus chega a vocês e vocês se recusam a ouvi-la, deixando assim de crer em Jesus e morrendo em seus pecados, a que poderemos chamar isso se não de suicídio da alma? Se alguém morre de determinada doença mesmo tendo ao alcance o mais infalível remédio para curá-la, não será a culpa da morte da própria pessoa? Se uma pessoa perece de fome tendo pão à sua volta, enquanto outras se alimentam até se saciar, pode-se ter dó dessa pessoa? Pouca ou até nenhuma lágrima de dó será provavelmente derramada por uma alma perdida que poderia ter amenizado o tormento de sua própria consciência, pois toda santa inteligência facilmente há de constatar que tal pecador, infelizmente, escolheu sua própria destruição. Servirá sempre contra a consciência condenada a argumentação de que: "Você conheceu o evangelho, mas não deu a devida atenção. Sabia que havia salvação, que Cristo era o Salvador e que o perdão era destinado ao homem culpado; mas você quis 'não perder tempo' em aprender como ser salvo, preferindo gastá-lo, e desperdiçá-lo, suas inúmeras atividades e seus negócios, em seus prazeres e seus pecados. O que para Deus é tão valioso você tratou com pouco caso".

Ah, caros amigos, que nenhum de vocês faça parte da classe dos que não ouvem. Não é para tais pessoas que desejo hoje falar, mas não poderia deixar de passar ao discurso sem lhes dar uma palavra de afável repreensão. Permitam despedir-me de tais pessoas citando advertência inspirada pelo Espírito Santo: "Vede que não rejeiteis ao que fala; porque, se não escaparam aqueles quando rejeitaram o que sobre a terra os advertia, muito menos escaparemos nós, se nos desviarmos daquele que nos adverte lá dos céus" (Hebreus 12:25).

Nossa sincera atenção será agora dispensada àqueles que são ouvintes da palavra e se envolvem de certo modo com ela. Todos estes são como construtores de casas em relação à sua alma: todos fazem por erigir uma morada espiritual. Alguns deles dedicam bastante esforço a esta obra, e chegam a coroar a estrutura erguida ao confessarem publicamente Cristo. Chamam-no "Senhor,

Senhor" (Lucas 6:6), passam a fazer parte dos seus seguidores e unem-se a estes em reverência ao nome do mestre; mas acabam não obedecendo ao Senhor. Eles o ouvem, mas deixam de fazer o que o Senhor ordena. Assim, não passam de construtores enganados, que falham desde o alicerce, e não conseguem garantir além de que, algum dia, suas casas virão abaixo. Existe outro tipo, porém, e confio que sejam muitos em meio a nós, que constroem de maneira correta, para a eternidade. Tais pessoas erguem sua morada tendo como base a rocha, e suas paredes são bem construídas com tijolos, morada da qual o Senhor Cristo é tanto a alicerce quanto a pedra fundamental.

Gostaria de falar agora àqueles que estão começando a construir sua morada eterna. De fato, alegra-me saber que muitos aqui estão nesta situação. Que o Espírito Santo abençoe este sermão para eles.

I

Nosso primeiro assunto será uma tentação que é comum aos construtores espirituais. Esta tentação, comum aos ouvintes da palavra, segundo a parábola diante de nós, é negligenciar a obra do alicerce, apressando-se na primeira parte do projeto e partindo para a rápida construção da estrutura. Muitos são tentados a presumir que tudo que se diz logo estará feito; são tentados a assumir como verdade que tudo que se espera estar certo de fato o esteja; e então passam a erguer as paredes de maneira a mais rápida possível. A maior tentação dos jovens construtores da vida cristã, repito, é apressar-se na obra do alicerce, dando muito pouca atenção às coisas que têm realmente e premente importância. Esta mesma tentação nos ocorre durante toda a nossa vida, mas é especialmente perigosa para os jovens: Satanás faz com que esqueçam os princípios fundamentais sobre os quais deveriam se apoiar sua esperança futura e seu caráter, de tal maneira que, em um momento de provação

E POR QUE ME CHAMAIS: SENHOR, SENHOR, E NÃO FAZEIS O QUE EU VOS DIGO?

futuro, a falta de sólido alicerce os fará ceder ao mal, perdendo tudo aquilo que já haviam construído.

Tal tentação é mais perigosa, em primeiro lugar, porque *os jovens construtores não gozam de experiência*. Se até mesmo o mais experimentado filho de Deus está sujeito a ser enganado, que se há de dizer dos peregrinos que acabaram de passar pela porta estreita! O santo que é tentado por vezes confunde com virtude aquilo que não passa de erro ornado e acredita ser genuíno o que não passa de embuste; como, então, sem qualquer experiência, podem meros infantes da graça fugirem à enganação, a menos que sejam preservados pela graça? Recém-despertos de coração sincero e esforçados tendem a trabalhar pela vida divina com demasiada pressa, agarrando tudo que o que lhes cai à mão, construindo com ânsia descuidada, sem os devidos cuidados e avaliação. Para eles, algo tem de necessariamente ser feito, e muitas vezes é feito sem nem sequer se perguntarem se está de acordo com os ensinamentos do mestre. Chamam, sim, Jesus de "Senhor"; mas fazem mais o que outros dizem do que aquilo que manda Jesus. Satanás faz questão de estar rondando por perto em tais ocasiões, a fim de poder levar os jovens convertidos a optar, em vez de pelo arrependimento como está no evangelho, por um arrependimento do qual será preciso depois se arrepender; e optar, em lugar da fé dos eleitos de Deus, por uma orgulhosa presunção ou um sonho em vão. Em vez do amor de Deus, obra do Espírito Santo, ele lhes oferece uma natural afeição filial pelo ministro e lhes diz: "Pronto, está aqui o que fazer: você deve ter uma casa, que sua própria alma deve construir; aqui está o material, pode arrumá-lo". Como crianças que brincam na praia, os ansiosos jovens recém-convertidos constroem então seus castelos de areia e lançam mão dessa brincadeira para se confortar, desconhecendo os artifícios do diabo. Eis por que fico desejoso em querer livrar meus amados jovens do enganador. A tentação mais comum é, em vez de se arrepender de fato, *falar sobre arrependimento*; em vez de crer com o coração, dizer: *Eu creio*, sem de fato crer; em vez de verdadeiramente amar, *discorrer sobre o amor de Deus*, sem nenhum verdadeiro amor; em vez de ir a Cristo, *abordar a ida a Cristo ou professar ter ido a ele*, sem ter dado, para isso, um passo sequer. O personagem do falador, de *O peregrino*, é descrito assim. Tenho conhecido pessoalmente tal personagem inúmeras vezes, e posso lhes afiançar que John Bunyan, autor do referido livro, já era um fotógrafo muito antes até de a fotografia ser inventada... Dele diz Cristão, personagem principal da fábula de Bunyan: "Ele fala de oração, arrependimento, fé e novo nascimento; mas sabe apenas *falar* sobre tais coisas. Conheci sua família, e sua casa é tão vazia de religião como a clara de um ovo é desprovida de sabor". Temos sempre ao nosso redor muita gente como essa, que fala de tudo quanto é honroso e desejável, mas que, afinal, prova não passar de embusteiros. Assim como os negociantes usam de enfeites em suas lojas, embrulhados e ajeitados para parecerem mercadorias, apesar de não o serem de fato, nem estarem absolutamente à venda, do mesmo modo tais indivíduos são apontados e rotulados como cristãos, mas a graça de Deus não se encontra neles. Oh, que vocês, jovens construtores, estejam atentos, para não se conformarem tão somente com a forma da santidade, mas sentir realmente qual é o seu poder.

Algo que ajuda também o poder enganador da tentação é *que o plano para o imediato presente parece poupar de muitos problemas*. Se sua mente está perturbada e você necessita conforto, bem, é certo que clamar: *Senhor, Senhor* o irá consolar, ainda que você não siga as coisas que Cristo diz. Se você admite que Jesus é o Senhor, muito embora não creia nele firmemente em termos de salvação e negligencie as ordens que ele dá, você encontrará na verdade, no entanto, um pouco de conforto nesse reconhecimento. Ele determina que você se arrependa de seus pecados, confie em seu sangue, ame sua palavra e busque a santidade; mas é muito mais fácil admirar estas coisas do que as buscar de fato na vida. Afinal, fingir ter arrependimento e fé não é tão difícil assim. A verdadeira santidade, porém, é obra do coração, que demanda muita reflexão, dedicação, sinceridade, oração e vigília. Creiam: a verdadeira fé não

E POR QUE ME CHAMAIS: SENHOR, SENHOR, E NÃO FAZEIS O QUE EU VOS DIGO?

é brincadeira. Aquele que deseja mesmo ser salvo verá que não é assunto trivial. "O reino dos céus é tomado à força" (Mateus 11:12), e quem dá pouco valor ao assunto, julgando não passar das palavras do ilusionista — *Abracadabra!*, comete um grave erro. "Entrai pela porta estreita" (Mateus 7:13), diz Cristo. O Espírito se esforça em nós poderosamente, e muitas vezes nos leva à ansiedade. A coroa da glória eterna não é conquistada sem alguma luta, nem o prêmio por nossa alta vocação é recebido por nós sem grande esforço; não obstante, imagina-se geralmente que apenas fazendo uma mera profissão de fé ou praticando algo simplesmente exterior é suficiente para produzir o mesmo resultado obtido de quando se busca o Senhor com todo o coração, crendo no Senhor Jesus. Se assim fosse, haveria uma linda, ampla e fácil estrada para o céu, e seria capaz até de Satanás em pessoa se tornar nela um peregrino. Creiam-me, caros ouvintes, que evitar problemas acaba mais se mostrando um modo garantido de arranjar problemas e, antes que se chegue ao fim, o caminho mais difícil já terá mostrado ser o mais fácil.

Esse tipo de construção sem alicerce tem ainda outra suposta vantagem como estímulo à tentação: *permite ao homem o rápido abandono de sua fé*. Primeiro que tudo, ele faz enorme progresso. Enquanto em seu coração ansioso você ainda busca pela verdade em seu interior, rogando por tornar-se renovado pela graça, seu amigo apressado se mostra tão feliz quanto possível, com uma paz que subitamente ele obteve sem precisar muito questionar ou investigar. Todavia, esse rápido construtor jamais se pergunta: "Minha fé mudou minha conduta? Minha fé tem por base uma nova natureza? O Espírito de Deus habita em mim? Serei mesmo o que professo ser ou não passo de um mentiroso?" Não; ele, pelo contrário, afasta todo questionamento como se fosse tentação do diabo. Tudo que é bom aceita como verdadeiro e acredita realmente que tudo que reluz é ouro. Veja só quão apressado ele é! A neblina é densa, mas sua autoestima não tem qualquer preocupação com os prováveis perigos pela frente! Já está na igreja, então já começou a trabalhar para

Deus; gaba-se de suas próprias conquistas e sugere que é perfeito. Mas será que é de fato segura a morada que construiu? Sobreviveria às provações do último grande dia? Ficaria de pé em face de uma séria tempestade? A cumieira é alta, mas é segura? Eis o problema. São perguntas que levam a um fim muito embuste que nos cerca. É melhor temer e tremer ante a palavra de Deus que ter falsa firmeza na imaginação. É melhor recear ser um dos muitos rejeitados do que ter no rosto estampada uma vã confiança. Se alguém percorre o caminho errado, quanto mais rápido for mais longe irá erroneamente. Lembrem-se desta advertência para seguirem mais devagar, assim como dos velhos adágios, que dizem: "Quem corre tropeça"; "A pressa é inimiga da perfeição". Se você construiu rapidamente, por haver construído sem alicerce, seu tempo e seu trabalho terão sido, infelizmente, em vão.

Quão comum e enganadora é outra tentação! Para o jovem construtor, o homem que está determinado a buscar o Senhor verá *muitos tentarem ajudá-lo em seus enganos*, em caso de ser negligente para com a alicerce. Cristãos bons e generosos, que acabam, por vezes, sem ter a intenção de fazê-lo, ajudando a confundir a alma que busca a Cristo. "Sim", afirmam, "você já se converteu", e talvez de fato a pessoa teria se convertido se tudo quanto diz fosse verdade; mas tudo o que diz é sem sentimento; todas as palavras vêm da boca para fora, não do coração; assim, é prejudicial encorajá-lo. A gentil garantia de um amigo cristão, se for um erro, pode vir a estimular falsa confiança. Não se encontram hoje em dia muitos cristãos que errem por tratar de modo severo com os convertidos; o problema é justamente o oposto. Nossos antepassados eram possivelmente muito desconfiados e invejosos; atualmente, quase todos nós erramos em sentido contrário: temos tanta ansiedade em ver todos trazidos a Cristo que tal vontade tende a nos enganar, fazendo com que possamos crer ser verdade algo que ainda não se comprovou. Queremos tanto alegrar e confortar aqueles que buscam ao Senhor que, muitas vezes, podemos incorrer no hábito de proferir suaves veredictos, afastando assim, a fim de que não haja desencorajamento, tudo aquilo

E por que me chamais: Senhor, Senhor, e não fazeis o que eu vos digo?

que tenha a finalidade justamente de provar e testar. Estejamos atentos para evitarmos clamar "Paz, paz" quando de fato não deve haver paz. Seria muito triste descobrir que contribuímos na formação de hipócritas, quando o resultado esperado era que tivéssemos crentes fiéis e verdadeiros. Já ouvi sobre uma pessoa que se havia aconselhado dezenas de vezes, e, quando lhe foi dito que passasse por outro conselheiro, respondeu: "Não sei por que deveria, pois já me foi dito uma dezena de vezes que estou salvo; embora não me sinta nem um pouco melhor do que quando me disseram das outras vezes". Muitas vezes é melhor mandar alguém voltar para casa chorando que rindo. Muitos precisam mais de um bisturi do que um remédio. Pode ser que você seja confortado por concordâncias bem intencionadas proferidas por amigos queridos, mas mesmo assim esse conforto pode ser falso. Portanto, tomem cuidado com qualquer outra paz que não resultante de fazer o que Jesus deseja, ou, em outras palavras, não confiem em qualquer coisa que não provenha somente de Jesus e que seja plena de arrependimento, fé e de uma vida de obediência para com nosso Senhor.

Muitos, sem dúvida, são encorajados a construir rapidamente baseados em *crentes que mostram aparentes resultados ainda que suas obras não contem com alicerces*. Não podemos fechar os olhos para o fato de que, em todas as igrejas, há pessoas que não possuem qualquer profundidade espiritual; e isto é algo que devemos temer. Não podemos afastá-los de nós, por mais que achemos, ou mesmo saibamos, serem joio, pois não devemos desenraizar inadvertidamente o joio, como, aliás, nosso mestre não quer. Nada há na conduta externa dessas pessoas que nos possa garantir como prova de serem meros embustes. Não obstante, um frio arrepio sempre corre em nossas veias quando falamos com elas, pois não têm calor algum, nem vida, nem coisa alguma do Senhor em relação a suas existências. Ao conversarmos com elas, sentimos faltar doce espiritualidade, santa unção, abençoada humildade, que estão sempre presentes quando alguém se mostra familiar ao Senhor e em viva união com ele. Pessoas deste tipo se misturam a nós em nossas reuniões, e quando deparam com recém-convertidos falam de assuntos divinos de maneira tão informal e frívola que acabam produzindo terríveis engodos. Falam da conversão como se fosse algo trivial, tão banal quanto um beija-mão social. Então, aqueles que têm esperança, e por quem nosso coração anseia, por culpa delas acabam se desviando. É bem provável que muitos jovens pensem: "Fulano de tal é membro antigo da igreja e com nada é rigoroso. Se uma situação assim o satisfaz, por que motivo não haveria de me satisfazer?" Ah, meus amigos, vocês jamais diriam o mesmo, por exemplo, dos seus negócios. Se souberem que um homem negocia sem qualquer garantia de capital e se aproxima da falência, jamais dirão: "Posso fazer o mesmo". Se virem um homem tentar aventurar-se em águas profundas sem saber nadar e tiverem quase toda a certeza de que ele vai acabar se afogando, certamente não irão seguir o seu exemplo. Não, não; que os falsos crentes fúteis só lhes sirvam de advertência. Fujam do sr. Falador, para que não os faça ocos como tambores, iguais a ele. Cuidado com os negligentes e os descansados, que mais servem como falsos faróis enganadores, atraindo os navios para as pedras. Atentem para a certeza da obra eterna e cuidem de escapar dos frívolos e insensatos.

No fundo de tudo isto, sempre há incentivo para se construir sem alicerce algum, já que *isso poderá vir a não ser conhecido e possivelmente jamais investigado por anos e anos*. Obras de fundação quase sempre são feitas sem acompanhamento nem observação alheia e pode-se erguer uma casa de muitas maneiras e fazer com que permaneça de pé sem ter muito de cuidadoso trabalho subterrâneo. Casas sem alicerce não caem de imediato; muitas vezes até ficam de pé durante anos e ninguém jamais poderá saber quanto tempo irão durar; talvez sejam habitadas até o momento de uma última grande inundação. Talvez apenas a morte seja capaz de denunciar tais imposturas. Assim, servindo a casa mal fundamentada para uso presente e trazendo comodidade imediata, muitas pessoas consideram ser econômico deixar de lado um alicerce bem fundado, considerando-o mera superfluidade. Assim também, quando determinadas pessoas são questionadas quanto à sua santidade vital, ficam ofendidas, retrucando: "Que motivo vocês têm para se meter em minha vida pessoal? Por que têm de participar dos segredos de minha alma?" Ah, caros amigos, se quiséssemos ser cruéis e desejássemos que fossem enganados, ficaríamos quietos ou lhes falaríamos com voz elogiosa; mas, porque os amamos e esperamos que sejam abençoados com verdadeira e sagrada consagração a Cristo, somos levados a ser sinceros, para que tomem o caminho correto. Queremos que edifiquem de tal modo que não seja necessário construir novamente; queremos que ergam uma obra que permaneça de pé quando as fortes torrentes fluírem e os ventos baterem e assolarem a estrutura que irão construir. Temo pelo homem que perece sem fé, mas temo mais ainda por aquele que perece aparentemente com fé e descobre, afinal, quão falsa ela é. Construam algo que valha a pena ser erigido; se pretendem ser edificadores de sua alma, e é certo que o devem ser para evitar perecer desabrigados, prestem atenção no alicerce que irão estabelecer e tomem cuidado com o que constroem em cima, para não terem de perder, no último grande dia, todo o trabalho que tiveram. Quão triste será chegar à proximidade da porta do céu, em meio àqueles que virão a ser os futuros habitantes do lugar sagrado, e então, por falta de sinceridade e verdade na alma, acabar do lado de fora da cidade celestial! Quão terrível será descobrir, por experiência própria, que há um caminho direto para a porta do inferno desde a porta do céu! Permita Deus que isto de fato não aconteça com nenhum dos aqui presentes. Ó amados construtores, cuidem não apenas do seu presente, mas edifiquem tendo em vista a morte, o juízo e a eternidade!

Esta parte do nosso discurso não se dirige apenas aos jovens, mas a todos, jovens e idosos. Acreditem, não há uma pessoa sequer em meio a nós que não tenha necessidade de se avaliar para conferir se o alicerce de sua fé foi fixado tendo por base a verdade ou não.

II

Assim, passamos ao segundo tópico, em que iremos refletir sobre uma sábia precaução, que o construtor prudente jamais esquece. O construtor prudente cava fundo e jamais descansa até que haja estabelecido sólido alicerce: só se satisfaz quando, atingindo o fundo da terra penetrável, encontra a rocha. Permitam-me que eu recomende esta mesma sábia precaução a todos vocês.

Acompanhe o texto, para aprender a perceber sua própria *sinceridade*. Diz o Senhor Jesus: "E por que me chamais: Senhor, Senhor, e não fazeis o que eu vos digo?" (Lucas 13:24). Que o Espírito Santo o faça ser verdadeiro em seu íntimo. Que você evite proferir uma palavra além do que realmente sente. Jamais se permita falar como se tivesse experiência naquilo sobre o que apenas leu ou obteve superficial conhecimento. Não deixe que sua adoração simplesmente exterior dê um único passo em direção à emoção interior de sua alma. Se Cristo for verdadeiramente seu Senhor, que você lhe obedeça: se não é seu Senhor, não o chame assim. É de grande importância ter o seu coração presente em todos os seus atos, suas crenças, suas palavras e seus pensamentos ligados à fé. É terrível fazer profissão de fé e santidade e viver, pelo contrário, com indulgência a vícios secretos.

Há pessoas que, infelizmente, ouvirão estas advertências e até agradecerão por eu lhes lembrar de sua fidelidade — mas irão embora e continuarão mergulhados em hipocrisia. Isto é extremamente doloroso. Tais homens são daqueles que falam a língua dos judeus, mas é a língua de Babilônia que lhes é ainda mais familiar: seguem Cristo, mas seu coração é dominado pelo maligno. Ah, minha alma adoece só de pensar nisso. Sejam verdadeiros! Sejam verdadeiros! Se a verdade não os levar para lugar algum senão ao desespero, é melhor que permaneçam neste desespero do que crer em uma esperança que não passa de mentira. Não vivam da ficção, da falsa profissão de fé, da presunção. Alimentem-se apenas daquilo que é bom, apenas da verdade. Lembrem-se

E por que me chamais: Senhor, Senhor, e não fazeis o que eu vos digo?

que quando se constrói com pau a pique, ou seja, com apenas uma mera noção das coisas, está se edificando apenas para o fim, para o dia em que o fogo irá consumir todas as paixões e mentiras. Sejam verdadeiros, resistentes como o aço! Todo construtor prudente que trabalha a alma deve se lembrar disto.

Falemos, em seguida, sobre *fazer corretamente*. Observem que, segundo nosso Senhor, o construtor prudente cavou fundo. É impossível que algo feito corretamente venha a se arruinar por excesso de ser bem feito. Cave fundo se quiser fazer um bom alicerce. Em se tratando de arrependimento, que seja um arrependimento extremamente sincero, incluindo um grande repúdio por toda forma de pecado. Ao fazer sua confissão diante de Deus, confesse com a própria alma e não apenas com a boca; desnude seu espírito ante o olhar da divindade. Ao falar de fé, creia totalmente no que diz. Não arrisque assumir o tipo de crença cética, tão comum hoje em dia. Se crê, creia; se se arrepender, arrependa-se. Na purificação da alma, nada há melhor que varrer todas as partículas de falsidade; e ao se levar todas as coisas boas para o coração, nada há melhor que colocar tudo quanto se refere a Cristo, para que se possa receber sua plenitude, não apenas graça, mas graça pela graça, graça sobre a graça, toda a graça necessária. Seja resoluto em tudo. O construtor prudente cavou toda a terra e continuou cavando, até alcançar a rocha; então, perfurou a rocha profundamente e ali fixou seus alicerces. Jamais ficaria satisfeito até ter certeza de seu trabalho estar correto. A sinceridade e a correção são ótimos materiais de construção.

Acrescente-se a isto a *autorrenúncia*, também presente nesta parábola. Quando alguém cava fundo para lançar os alicerces, acaba tendo muita terra para jogar fora. Assim, aquele que constrói para toda a eternidade muito terá para dispensar. A autoconfiança deve ser a primeira; o amor ao pecado vem logo depois; mundanidade, orgulho, egoísmo, toda sorte de iniquidade — tudo isto deverá ser descartado. Há muito entulho, todo este entulho deve ser removido. Não se pode fazer um trabalho decente para toda a eternidade sem limpar muito que a carne e o sangue gostariam de manter. Certifique-se disto e planeje o custo.

Há que se ter, ainda, *princípios sólidos*. Aquele que determina que, se construir, irá construir com segurança, cava resolutamente até a rocha. Diz: "Creio em Deus, ele é minha ajuda" (Marcos 9:24). Creio em Cristo Jesus, e por seu sacrifício expiatório e sua viva intercessão, construirei minha esperança eterna. Construirei sobre a doutrina da graça, pois assim diz a Palavra: "Pela graça sois salvos, por meio da fé" (Efésios 2:8). Construirei sobre as Escrituras; nada além da garantia da Palavra servirá para mim." O que diz "Deus é firme como a rocha; o que ensinam os homens é areia movediça". Que bênção cavar até atingir os eternos princípios da verdade divina! Vocês, que receberam a religião de seus pais e que a seguem somente porque é uma tradição de família: que valor isto terá no dia da tribulação? Poderão ser derrubados como uma choupana ou uma tenda feita de bambu. Mas, vocês, que sabem em que creem e por que têm crido; vocês que têm seus pés no chão e sabem em que chão estão pisando, e têm certeza de que sob vocês há uma firme rocha; vocês são os escolhidos, que permanecerão de pé quando meros fingidores forem todos arrancados de seu lugar. Ó amados amigos, que estão firmes em sua busca, que vocês se fixem sobre princípios verdadeiros e não se contentem com falsidades.

A estes princípios cheios de verdade "apeguem-se com firmeza". Prendam suas construções na rocha. Uma casa não ficará de pé apenas por se apoiar na rocha; é preciso estabelecer alicerces que realmente se fixem na rocha. A casa precisa estar ligada ao seu solo, e este deve poder segurar a casa. Quanto mais você conseguir que a casa faça parte da rocha, e a rocha, por assim dizer, esteja na casa, tanto mais seguro estará. De nada adianta dizer: "Sim, confio em Cristo, na graça e na revelação", a não ser que sua própria vida creia nestes princípios e façam parte de você. Um inventor de novos conceitos que apareça, abre seu baú de originalidades e logo almas tolas são levadas por ele.

E por que me chamais: Senhor, Senhor, e não fazeis o que eu vos digo?

Cristo se vai, a graça se vai, vai-se até a Bíblia: o novo mestre alega que os tem por completo. Não precisamos de tais homens superficiais; nada nos interessam esses construtores especulativos cujas carcaças nos cercam. Já tivemos muitos castelos de areia: precisamos de homens verdadeiros, que permaneçam de pé como as montanhas, enquanto erros como nuvens os rodeiam. Lembram-se do túnel de Bradford e quantos foram mortos quando ele ruiu? Que isso os inspire também a manter-se fiéis a alicerces estabelecidos na verdade.

O homem da segunda parte da parábola não construiu como deveria. O que dizer dele? Direi apenas três coisas. Primeiro: era um homem que, na verdade, *nada escondia,* podendo-se ver inteiramente a casa que havia construído. Quando podemos ver toda a religião de um homem apenas olhando-o de relance, significa que não tem uma religião que seja propriamente digna de maior respeito. A santidade reside mais na oração silenciosa, na devoção em segredo, na graça interior. O construtor prudente reserva a parte mais importante de sua obra à estrutura abaixo do solo; mas esse homem mostrava tudo o que havia realizado acima do solo. Pobre comerciante aquele que não tem estoque além do que põe na vitrine! O homem de negócios que não tem muito capital não perdura muito na atividade. E quem não tem como se sustentar dificilmente sobrevive. Cuidado com a religião apenas de fachada.

Além disso, *sua obra não tinha em que se apoiar.* Construíra uma casa sobre solo solto. Ele a construíra com facilidade; mas as paredes não tinham alicerce. Cuidado com religião sem fundamentos. No entanto, se me agarro à doutrina cristã, chamam-me de fanático. Pois que o façam. Sei que o fanatismo é algo odioso; todavia, o que hoje se convencionou chamar "fanatismo" é uma grande virtude, extremamente necessária nestes tempos de tanta frivolidade. Sinto-me até inclinado, ultimamente, a criar uma nova denominação, chamada "Igreja dos Fanáticos". Todo mundo está se tornando tão escorregadio, tão maleável, tão falso, que até parece que precisamos de alguém um tanto inexorável para nos ensinar a crer. As pessoas que em tempos idos consideravam falso ou errado tudo aquilo que se opunha à sua crença eram pessoas mais sinceras e verdadeiras que os fiéis de hoje. Gostaria de perguntar aos próceres das correntes ultraliberais se acreditam que alguma doutrina seja digna de que se morra por ela. Então, teriam de responder: "Bem, é claro; se alguém tivesse de defender de modo rigoroso suas opiniões, ou então mudá-las, o caminho mais sensato seria defendê-las, embora com muita reserva, tendo extremo respeito pelas opiniões de correntes diversas". Mas suponha que se peça a tal pessoa que negue suas verdades. "Bem", responderiam, "muito teria de ser argumentado dos dois lados, e tanto a negação quanto a afirmação teriam algo de verdadeiro. De qualquer modo, não seria prudente incorrer no ódio e seria preferível deixar o assunto em aberto por algum tempo". Ora, como estes cavalheiros sempre consideram ser desagradável serem tidos como impopulares, então preferem amolecer as críticas às Escrituras no que diz respeito ao mundo futuro; e acabam encontrando algo de bom em todas as doutrinas a que se oponham os homens mundanos. Os defensores da dúvida são muito duvidosos. É preciso que se tenha algo em que se apegar, caso contrário não será possível abençoar a si mesmo nem aos outros. Reúnam todos os barcos no cais, mas não os prendam nem ancorem, deixem que todos fiquem livres; uma noite de tempestade e todos irão se chocar um contra o outro, e uma decepção terá resultado dessa excessiva liberdade. O amor perfeito e a caridade não surgem dentro de nós sem âncoras; todavia, é necessário que cada uma dessas coisas tenha sua própria amarra e seu próprio zelo, em nome de Deus. É preciso haver algo em que se apegar. O segundo construtor da parábola não tinha, e por isso pereceu.

 O construtor insensato *não tinha como resistir às circunstâncias exteriores*. No verão, a casa que construíra era seu local preferido de repouso, e certamente a vizinhança a considerava boa o suficiente. Com frequência o segundo construtor esfregava as mãos de satisfeito e dizia, referindo-se ao primeiro: "Não vejo como minha casa não possa ser tão boa quanto a dele; e, o que é ainda melhor, sobrou dinheiro para gastar por eu não ter cavado sob o solo como ele fez. Com isso, pude colocar nela ornamentos, de modo que tem aparência ainda melhor". E assim parecia; mas quando veio a torrente, carregando tudo desde as montanhas, a construção, não tendo alicerces para resistir a tal violência, caiu de imediato, e nem traço dela sobreviveu quando cessou a tempestade. Eis por que os homens falham: por não oferecerem resistência às forças que os levam a pecar; a grande torrente do mal os faz vítimas dela, não oponentes.

III

Em terceiro lugar, abordaremos os argumentos, extraídos de nosso texto, que nos estimulam a cuidar bem dos alicerces. Passarei rapidamente por esses argumentos, muito desejando, porém, que tivéssemos tempo para demorar mais neles.

Eis o primeiro. Temos de construir bem, com bom alicerce, desde o começo; senão, depois, *não construiremos bem parte alguma da obra*. Um mau trabalho de fundação influencia todo o resto da obra. Observe que, no final do versículo 48, é dito que, por haver sido lançado um bom alicerce naquela casa, ela "tinha sido bem edificada" (Lucas 6:48). Já o outro homem, que desleixou quanto ao alicerce, deve ter feito assim em toda a sua obra, até o telhado. Quando alguém constrói com negligência no começo, a tendência é o seu descaso completo por todo o restante. Se o alicerce de sua fé cristã não se apoiar desde o começo com firmeza em Cristo, toda ela irá mal, com tijolos mal cozidos e uma massa de qualquer coisa, em vez de argamassa. Um artista grego, que esculpia a imagem de um deus pagão para um templo, esforçava-se em caprichar na parte de trás da estátua. Disseram a ele: "Não é preciso se esmerar nesta parte da estátua, pois ela será fixada à parede". Ao que respondeu o escultor: "Os deuses podem ver através das paredes". Ele tinha, a seu modo, uma noção de divindade. A parte da nossa fé que nenhum homem pode ver deve ser tão perfeita quanto se pudesse ser vista, pois Deus, sem dúvida, a enxerga. O tempo há de prová-lo. Quando Cristo vier, tudo será tornado público e conhecido. Assegure-se, portanto, de fazer sua obra como se o que faz fosse vir a público.

Atente também por construir bom alicerce *levando em conta o local onde a casa será erguida.* Fica claro na parábola que ambas as casas se encontravam em locais não muito distantes de um rio, de onde se podia esperar uma enchente. Algumas partes do sul da França são muito semelhantes à Palestina, e talvez se pareçam até mais com a Terra Santa dos tempos de Cristo do que parece a Palestina de hoje. Estive em Cannes, ano passado, após ter havido ali uma enchente. A inundação não ocorreu por transbordamento de um rio, mas devido a um temporal. Uma tromba d'água varreu as colinas em torno da cidade, arrancando terra e pedras, com pressa de chegar ao mar. Correu pela estação ferroviária e alagou a rua que leva ao local, afogando até pessoas em seu caminho. Fiquei hospedado em um grande hotel, creio que de cinco andares, firmemente escorado com madeira, mas claramente condenado. Quando a torrente passara pela estreita rua, acabara minando as partes baixas do prédio, e, como certamente não havia alicerce apropriado para suportar tal força, acabou abalado. Era esta a imagem que provavelmente o Salvador tinha em mente e soube transmitir. Uma torrente de água pode descer irrompendo desde as montanhas, e se uma casa estiver construída apenas sobre o solo, será de pronto carregada; no entanto, se presa à rocha, de sorte a se tornar desta parte integrante, a torrente poderá cercar a casa por completo, que não chegará a abalar suas paredes.

Amado construtor da casa de sua alma, sua obra deve ser edificada levando em conta que um dia destes poderá se abater sobre ela grande tempestade. "Como você pode saber?" Bem, eu sei que a casa em que minha alma habita se localiza onde sopra o vento, águas sobem e caem tempestades. E a sua? Vive em um canto confortável? Pode ser, mas um dia descobrirá que este canto confortável não é tão mais seguro que a margem de um rio; pois à providência Deus ordena que, cedo ou tarde, todo homem seja testado. Pode ser que você creia estar além de qualquer provação ou tentação, mas esta ideia é uma ilusão, como o tempo se encarregará de provar. Talvez exatamente por que você julgue estar fora de perigo é que uma tentação peculiar se abata sobre você. Portanto, eu peço, em nome da condição de exposição da morada de sua alma, que a construa sobre alicerce sólido.

O argumento seguinte é: cavar fundo, pensando *na ruína que resultará de maus alicerces ou da falta destes*. A casa do construtor tolo não tinha alicerces. Note a expressão: "*sem* alicerces" (Lucas 6:49). Anote esta expressão e veja se ela não se aplica a você. O que aconteceu à casa que não tinha alicerces? A tempestade a afligiu com toda a força. O rio, de súbito, acabou inundado e seu curso ganhou tremendo ímpeto. Talvez, sob outro aspecto, seja perseguição, sejam problemas, talvez tentação, talvez o ceticismo prevalecente, talvez a morte — de qualquer modo, a enchente assola com força; e lemos então que a casa *logo caiu*. Não resistiu. Foi posta abaixo de imediato. *Logo caiu*. Quê? Em um instante, toda aquela profissão de fé naquele homem se esvaiu? *Logo caiu*. Mas era o mesmo homem que cumprimentei no último domingo, o mesmo que chamei de "irmão", e foi visto bêbado! Ou, então, foi visto em uma reunião mundana, usando de baixa linguagem profana! Ou, então, do nada se tornou cheio de dúvidas! É muito triste termos de enterrar os amigos, mas mais triste ainda é perdê-los de uma maneira dessas; e, não obstante, os perdemos. Eles se vão. Como disse Jó: "O vento oriental leva-o, e ele se vai" (Jó 27:21). *Logo* se vão, quando ainda os temos em alta conta, quando ainda se têm a si mesmos em alta conta. *Logo caiu*: a fé desses nossos amigos não consegue resistir às provações, porque não tem alicerces.

Diz ainda Jesus: "E foi grande a ruína daquela casa". A casa desabou de uma só vez, e a ruína foi tudo o que restou ao homem. Era um cidadão eminente e talvez por isso mesmo sua ruína haja sido tão notável. Uma queda enorme, e não poderia a casa ser erguida novamente. Quando alguém morre hipócrita, decerto não há esperança de recompensa para tal pessoa. Os escombros da casa arruinada acabam sendo varridos pela própria torrente; nada fica para trás. Oh, ouvintes, quando se perde uma batalha, ainda pode-se lutar e ganhar outra; quando se erra nos negócios, pode-se recomeçar e ainda refazer a fortuna; mas perder a própria alma é algo irreparável. Uma vez perdido, perdido para sempre. Não há segunda chance. Não se enganem quanto a isto. Por isso, cavem fundo, e prendam com firmeza toda parte nos alicerces sobre a rocha.

Por fim, e talvez este seja o melhor argumento, *observem-se os bons resultados da boa e segura construção*, de se construir com profundidade. Lemos que, quando a enchente assolou a casa do construtor prudente, *não a pôde abalar* (Lucas 6:48). Isto é muito bom. A inundação não só não derrubou a casa como nem mesmo *a pôde abalar*. Imagine a situação: o homem que perde seu dinheiro e se torna pobre, mas não abandona sua fé: a provação *não a pôde abalar*. Foi ridicularizado, atormentado, muitos de seus antigos amigos agora o tratam com frieza, mas, quanto à sua fé, isto *não a pôde abalar*. Ele se voltou para Jesus quando sob provação e nele encontrou abrigo: sua fé, a provação *não a pôde abalar*. Ficou doente e seu espírito se abateu, mas ainda assim ele manteve a confiança em Cristo: tal situação *não a pôde abalar*. Ficou próximo da morte e sabia que em breve partiria deste mundo; mas todas as dores da morte e a certeza de sua dissolução não o abalaram. Morreu como viveu, firme em Cristo como uma rocha, regozijando-se em Deus como sempre o fizera, não, regozijando-se ainda mais, pois estava mais próximo do Reino e de desfrutar todas as esperanças que em vida nutrira. *Não a pôde abalar*. É algo grandioso ter uma fé que não pode ser abalada.

Vi outro dia um conjunto de faias que haviam formado um pequeno bosque: haviam todas caído ao chão depois de uma tempestade. Na verdade, cada uma delas se apoiava na outra, e a pouca grossura de sua madeira impediu que

E POR QUE ME CHAMAIS: SENHOR, SENHOR, E NÃO FAZEIS O QUE EU VOS DIGO?

cada qual tivesse firme apoio no solo. Uma sustentava a outra, mas, ao mesmo tempo, levava a que crescessem finas, em detrimento do crescimento das raízes. Quando a tempestade forçou e derrubou as primeiras árvores, as que nelas se apoiavam logo as acabaram seguindo. Próximo a este local, vi outra árvore, em um descampado, que resistira bravamente aos açoites, com força solitária. Um tufão deve ter-se abatido sobre ela, mas resistiu, com todas as suas forças preservadas. A árvore solitária e brava estava, sem dúvida, mais bem enraizada que antes da tempestade. Pensei: "Não acontece o mesmo com muitos dos que professam sua fé?" Muitas vezes, apoiam-se uns nos outros, ajudam um ao outro no crescer, mas, se não têm enraizamento pessoal, ao vir a tempestade, logo caem. Morre um ministro, certo líder parte, e logo vão embora os membros de uma congregação com o abandono da fé e da santidade. Pediria a vocês que procurassem se bastar por si mesmos, cada homem crescendo em Cristo por si só, com raízes e alicerces no amor, na fé e em toda a santa graça. Para que, vindo a pior tempestade que jamais soprou em um mortal, possa ser dito de sua fé: *Não a pôde abalar*. Rogo a vocês, que agora buscam Cristo, que cuidem para bem construírem nele sua vida, para que possam permanecer seguros e inabaláveis em Sião. Que Deus o permita, em nome de Cristo. Amém.

14

Não deixará as noventa e nove nos montes para ir buscar a que se desviou?

> Que vos parece? Se alguém tiver cem ovelhas, e uma delas se extraviar, não deixará as noventa e nove nos montes para ir buscar a que se extraviou? E, se acontecer achá-la, em verdade vos digo que maior prazer tem por esta do que pelas noventa e nove que não se extraviaram.
>
> (Mateus 18:12,13)

ESTA passagem faz parte de um discurso do nosso Salvador contra o *menosprezo a qualquer dos pequeninos que nele creem*. Profetiza o terrível destino daqueles que, por desprezarem os pequeninos, fazem com que estes venham a sucumbir. O Senhor condena esse desprezo com uma variedade de argumentos sobre os quais não podemos nos debruçar agora. Há hoje a tendência de se fazer pouco da conversão das pessoas a Cristo, assim como considerar a obra do Espírito Santo em cada convertido como algo demorado demais nesta era de tanto progresso. Ouvimos grandes teorias a respeito de uma teocracia, alheia às Sagradas Escrituras: um domínio semipolítico do Senhor sobre as massas, em que não existe regeneração para os indivíduos. Ouvimos palavras empolgadas quanto à edificação das nações e ao avanço da raça humana; mas tais ideias imponentes não produzem resultado nem têm poder moral algum. Nossos "eruditos" pseudomestres, cansados do trabalho monótono de conduzir os indivíduos à luz, anseiam por cumprir tal tarefa mediante um processo mais rápido que o da salvação pessoal. Cansaram do individualismo e suas soberbas mentes tendem à "solidariedade da raça humana". Tenho certeza, e quero afirmar, que, se desprezarmos o método da conversão individual, cairemos, juntos, em uma disparatada ordem das coisas e acabaremos batendo de encontro à rocha da hipocrisia. Mesmo nos momentos mais esplendorosos, em que o evangelho possa vir a ter o caminho mais livre e correr com maior rapidez, sendo o mais extensivamente possível glorificado, seu progresso deverá seguir a antiga forma de convencimento, conversão e santificação do indivíduo, que deve crer e ser batizado, conforme determina a Palavra do Senhor.

Temo que, pelo menos em alguns de vocês, haja certa dose de negligência para com cada ovelha perdida, individualmente, por causa de certos conceitos filosóficos sociais tão insistentemente proclamados atualmente. Não faço gosto algum em que venham a trocar o ouro do cristianismo individual pelo vil metal do socialismo cristão. Se os desgarrados devem ser conduzidos aos montes, oro para que assim aconteça sendo levados um a um. Tentar uma regeneração nacional em Cristo sem regeneração pessoal é como querer erguer uma casa sem unir os tijolos separados. Na vã tentativa de agir por atacado, perdemos o resultado que, na prática, se segue a cada obra feita detalhadamente. Que fixemos a ideia, portanto, de que jamais faremos melhor que não seja obedecer ao exemplo de nosso Senhor Jesus, que nos é dado por este texto, e irmos em busca de cada uma das ovelhas que se desgarrou.

Neste sentido, nosso texto nos adverte para *não menosprezarmos pessoa alguma, em que pese seu possível mau caráter*. De fato, a primeira tentação que sempre nos ocorre é de desprezar *uma* pessoa, por ser apenas *uma*;

logo em seguida, vem a tentação de desprezar alguém por ser *insignificante*; depois, e talvez a mais perigosa de todas, a tentação de menosprezar alguém *que se haja desgarrado*. Aquela pessoa não está trilhando o caminho certo, não obedece à lei, não está bem cotada na igreja e muito do que faz envergonha espiritualmente e magoa os crentes; não obstante, não podemos menosprezá-la. Leiam o versículo 11: "Porque o Filho do homem veio salvar o que se havia perdido". No original em grego, a palavra "perdido" é uma palavra bastante forte, para cujo significado mais exato poderíamos traduzir esta frase como sendo "o que se achava destruído". Não significa, como podem ver, "aquele que não existe"; mas, sim, aquela ovelha que foi destruída quanto à sua utilidade para o pastor, bem como para sua própria vida e felicidade, para servir, enfim, ao propósito para a qual foi criada. Mesmo que alguém seja assim destruído pelo pecado, de tal modo que sua existência seja uma calamidade, maior até do que seria sua não existência; mesmo que alguém esteja morto em violações e pecados, mesmo que tenha caráter altamente ofensivo, não o podemos desprezar. O Filho do homem não o despreza, pois "veio salvar o que se havia perdido". Muita alma que se destruiu a ponto de se perder, de perder a Deus, de perder-se para o seu povo, de perder tudo em matéria de esperança e santidade, o Senhor Jesus Cristo veio salvar, e salvou, pelo poder de sua graça. *Ele dá valor a cada uma destas almas*. É esta a lição que quero transmitir a vocês esta manhã, com toda a minha força. Que o Espírito Santo no-la ensine.

Ao refletirmos sobre as palavras de nosso Senhor que estão diante de nós, quero que notem, em primeiro lugar, que, aqui, *o Senhor Jesus demonstra peculiar interesse pela alma desgarrada*; depois, *mostra colocar particular empenho no resgate da que se perdeu*; por fim, *demonstra experimentar grande regozijo nesse resgate*. Depois de refletirmos sobre tudo isto, observaremos, ainda, que *ele nos deixa um exemplo pungente*, ao nos ensinar a cuidarmos de cada alma destruída pelo pecado.

I

Primeiro, então, nas palavras diante de nós, *nosso salvador demonstra peculiar interesse pela alma desgarrada*.

Note, de início, que *nosso Senhor assume um caráter especial em favor dos que se perderam*. Como diz o versículo 11, "o Filho do homem veio salvar o que se havia perdido". Ele não era, originalmente, Filho do homem, mas, sim, Filho de Deus. Habitara o seio do Pai desde antes da criação do mundo, e "não considerou o ser igual a Deus coisa a que se devia aferrar" (Filipenses 2:6). Mas o Filho do Altíssimo se tornou o Filho do homem a fim de redimir a humanidade. Nascido da Virgem, pelo nascimento herdou a fraqueza de nossa natureza e suportou os sofrimentos por ela causados. Então, tomou a si nosso pecado e sua culpa e por isso morreu na cruz. Foi feito à semelhança de seus irmãos sob todos os aspectos. Não poderia ser o pastor dos homens sem ser um deles, e assim aceitou a Palavra fazer-se carne. Contemplem o estupendo milagre da encarnação! Nada pode superar esta maravilha — Emanuel, Deus conosco! "E, achado na forma humana, humilhou-se a si mesmo, tornando-se obediente até a morte, e morte de cruz" (Filipenses 2:8). Ó desgarrados, tenham consciência de sua perdição, apreendam hoje em seu coração o nome santo de Jesus quando o ouvirem; ele é Deus, mas é homem, e como Deus e homem pode salvar a todos do pecado.

Ainda para mostrar como dá valor à alma perdida, Jesus "faz admirável revelação a respeito de si mesmo: o Filho do homem veio [...]". Profeticamente sempre fora conhecido como "Aquele que está por vir"; mas agora revela que de fato veio, para salvação dos perdidos. Com relação ao juízo, ele voltou a ser "Aquele que está por vir" (Mateus 11:3); mas, em termos de salvação, podemos nos regozijar de que nosso Salvador realmente veio. Mais ainda: deixando de lado as assembleias dos "perfeitos", apresentou-se como Amigo de publicanos e pecadores. Deixou de ser o Senhor dos anjos, para ser "homem de dores, e experimentado nos sofrimentos" (Isaías 53:3). Sim, ele veio; e não em vão. Aqueles que pregaram antes sobre a vinda do Salvador tinham tão bela mensagem para propagar que seus próprios pés eram considerados formosos sobre os montes e sua voz soava como música celestial; mas nós, que pregamos depois de ele ter vindo e, após ter vindo, haver terminado a obra que assumiu realizar — certamente que a nossa mensagem é a melhor. Nosso Senhor Jesus Cristo consumou seu sacrifício expiatório, e mediante sua justiça justificadora os perdidos são salvos. Feliz é quem anuncia estas boas-novas e abençoados sejam os seus ouvidos, que as ouvem! O bom pastor já levou à consecução tudo o que se fazia necessário à salvação do rebanho que o Pai deixou em suas mãos. Creiamos, amados. Estando perdidos, Cristo veio para nos salvar. Veio para tomar o lugar da nossa ruína e do nosso sofrimento. Sua vinda e a jornada que percorreu não podem ter sido em vão. Muito devemos então, irmãos, dar valor à alma dos homens, pois Jesus se fez homem por causa delas e em seu favor e, em pleno mundo pecaminoso de nossa alma culpada, operou a salvação dos perdidos!

Observe-se que, também, *assim procedeu por aqueles que ainda se encontram desgarrados*. Ao ler o texto em grego, notei que nele está escrito: "Ele *busca* o que está perdido (Lucas 19:10)". Enquanto a ovelha anda errante, o pastor a busca; busca-a porque ela está perdida e precisa que a busquem. Muitos dos redimidos do Senhor mesmo agora ainda estão errando e mesmo agora o pastor os continua buscando. O Salvador busca os que mesmo agora estão pecando. Que ele tenha amor por aqueles que se arrependem, isso eu posso compreender; mas que se importe com aqueles que voluntariamente continuam errando é um gesto notável de grandiosa benignidade. Jesus busca até aqueles cujas costas estão voltadas para ele e se distanciam cada vez mais do rebanho. Eis aqui graça da mais generosa, mais plena e mais soberana. Mas de fato é assim. Por mais que você endureça seu coração contra o Senhor, que se recuse a rejeitar sua amável reprovação, se você for um dos seus redimidos, seus olhos amorosos estarão sobre você, e por toda a errante peregrinação que você percorrer ele o estará seguindo. Ó vocês, que estão ingressando no rebanho, pensem só no amor de Cristo quando estiverem fora do aprisco; quando não tiverem muita vontade de retornar; quando, ao sentir que ele os segue, passarem a correr ainda mais, tentando escapar em vão do seu poderoso amor! Cantemos juntos:

Disposto a salvar, meu caminho ele vigiava,
Enquanto eu, do diabo escravo, com a morte brincava.

Apesar de toda a minha rebeldia e toda a minha transgressão voluntária, ele continuou me amando de todo o seu coração e me seguiu passo a passo com a sua palavra. Oh, o quanto devemos amar os pecadores, pois Jesus nos amou e morreu por nós quando ainda éramos pecadores! Que nos possamos voltar para os beberrões enquanto ainda agarrados aos copos; aos blasfemadores enquanto ainda praguejando; e aos devassos enquanto ainda conspurcando nossas ruas. Não podemos esperar até que haja alguma melhora neles, mas, sim, demonstrar nosso interesse em suas pessoas pelo que são — desgarrados e perdidos. Quando a ovelha se arranha nos espinhos de seus lugares de perdição, e se acha abatida e enferma, consumidos sua pele e seus ossos pela longa fome e pelo vadiar, é aí então que devemos buscar sua recuperação, ainda que nela não vejamos qualquer desejo de se submeter aos cuidados do nosso pastor. Tal como é o amor do nosso Salvador para com todos nós, seja o nosso amor para com os desgarrados.

O Pastor tem peculiar interesse em todos os perdidos, não só nos que começam a se desgarrar, mas também *nos que já têm ido muito longe*. Reflita com cuidado sobre essas palavras: "E, se acontecer achá-la..." (Mateus 18:13). Este *se* já diz tudo. A ovelha talvez se haja perdido de tal modo que é provável que jamais venha a ser encontrada: vagou por mata muito densa ou por região tão erma que mal parecia haver alguma esperança de que a descobrissem e recuperassem. Não é sempre que deparamos com um *se* no que diz respeito à obra de Cristo; mas eis um aqui. Essa sentença não tem, porém, como significado a fraqueza do pastor, mas o perigo desesperador em que se encontra a ovelha. Já ouvi muito de pessoas que vêm confessar Cristo e reconhecer seu amor sentirem-se perplexas por haverem sido, acima de muitas outras, chamadas a tomar tal atitude. Ao nos sentarmos à mesa do banquete do Senhor, a festa, de fato, é assombrosa; e mais estarrecido ainda fica o convidado por se ver ali presente. Cantemos então, com santa humildade:

Por que me fizeste ouvir tua chamada,
Conduzindo-me para onde há alimento,
Quando há milhares que fazem a escolha errada,
Preferindo fome ao encaminhamento?

Assim é. O bom Pastor busca muitos cuja salvação parece altamente improvável, se não extremamente impossível. Que o seu amor abundante busque achar aqueles cujo encontro não é certo nem ao menos uma possibilidade! Muito improvável, quase impossível — eis a tarefa que o Senhor se impôs e assume! E em tal tarefa mostra imenso interesse.

De mais a mais, aqueles que são objeto de tal pensamento amoroso do Senhor com frequência pecam a ponto de *se expor a perigos dos mais mortais*. Contudo, "o Filho do homem veio salvar o que se havia perdido" (Lucas 19:10); e salvar implica enfrentar ruína, perigo, risco — sim, destruição em toda medida. Pois muitos brincam com fogo do inferno. O que é esse fogo, que não se apaga, senão pecado, tanto em natureza quanto em resultado? As pessoas ficam brincando, à beira de sofrimento eterno, até "ao tempo em que resvalar o seu pé" (Deuteronômio 32:35). Brincar com um instrumento de corte afiado não representa maior perigo se comparado a se arriscar no pecado; e muitos aqui o fazem. Apesar do perigo, porém, Jesus os busca sempre. Imagine as ovelhas se alimentando inteiramente descuidadas, bem próximas ao covil dos lobos. Falta pouco para eles as devorarem. Estão distantes demais de casa, do abrigo, do descanso e da segurança. O Senhor Jesus vai atrás dessas ovelhas terrivelmente enganadas. Antes que você passe pelas portas de bronze com ferrolhos de ferro, o evangelho o convidará a retornar. Ainda que você esteja a um passo do inferno, o amor o irá perseguir e a misericórdia o acompanhar. Enquanto viver a ovelha, nosso glorioso Davi conseguirá resgatá-la das garras do leão e da boca do urso. Ainda que uma alma desça às profundezas do abismo como Jonas, ficando inteiramente fora do alcance humano, basta uma palavra de Jesus para resgatá-la do mais fundo poço. Glória ao abençoado nome do Todo-poderoso Salvador, capaz de salvar ao extremo. E o seu poder de salvar o perdido é tal que para ele ninguém é tão vil que não mereça sua salvação.

Se refletirmos ainda sobre esta parábola, veremos que Jesus *tem especial interesse nas ovelhas desgarradas porque lhe pertencem*. O pastor da narrativa não vai atrás de fera selvagem alguma, tampouco atrás de ovelha de outro homem. Tinha 100 ovelhas em seu rebanho, e quando as contou, deu pela falta de uma. Fosse o pastor um empregado, a quem as ovelhas não pertenciam, talvez dissesse: "Tenho sob minha guarda, ainda, 99, praticamente 100 ovelhas; não há por que me preocupar por apenas uma que se perdeu". Acontece, porém, que as 100 ovelhas pertenciam ao próprio Pastor; eram dele por escolha, por herança, por presente divino, por gloriosa conquista e alto preço: ele jamais aceitaria 99 no lugar de todas as 100. "Nenhum deles se perdeu, diria ele ao Pai. [...] eu os guardava no teu nome que me deste; e os conservei, e nenhum deles se perdeu, se não o filho da perdição, para que se cumprisse a Escritura" (João 17:12). Jesus jamais aceitaria ter de informar a perda de uma ovelha do rebanho que a ele deu o Pai. Pois 99 não são 100; nem o Salvador assim o consideraria quanto às suas ovelhas, pois, como bem diz, concluindo esta passagem que estamos estudando, "não é da vontade de vosso Pai que está nos céus, que venha a perecer um só destes pequeninos" (Mateus 18:14).

Caros amigos, uma vez que Jesus demonstra tamanho interesse por uma só alma desgarrada, não podemos de modo algum desprezar o chamado que nos leve a cuidar de uma única alma. Não pensem jamais, portanto, que uma congregação de quarenta ou cinquenta pessoas seja pequena demais para merecer seus melhores esforços. Se sua classe de escola dominical, por algum motivo, for reduzida a algumas poucas pessoas, nunca a abandonem. Não, não. Busquem valorizar uma única alma mais até que o mundo todo. O total de redimidos está longe de estar fechado, e o Senhor tem muitas e muitas pessoas, nesta cidade, que não foram ainda trazidas a seus pés; não sonhem, portanto, em encerrar sua obra. Não descansem até chegar aquela hora:

> Quando toda a geração eleita
> Se reunir do trono ao redor,
> Bendizendo sua graça perfeita
> E à sua glória dando louvor.

II

Em segundo lugar, que o Espírito de Deus me ajude enquanto eu lhes lembro que *nosso senhor mostra empregar atenção especial para salvar um único indivíduo*.

Vemos na parábola que o Pastor *dispensava o melhor cuidado às ovelhas*. Ele se sentia como que em casa com seu rebanho apegado e fiel; as ovelhas reuniam-se a seu redor e ele as apascentava, e se regozijava em fazê-lo. Sempre há muito o que se fazer para com as ovelhas: elas constantemente sofrem de doenças, têm fraquezas e outras necessidades. Mesmo assim, se tem um rebanho apegado a si, o pastor se sente feliz em meio a ele. E, no entanto, o grande pastor, como descrevem, teve de deixar 99 de suas 100 ovelhas, rebanho escolhido, ovelhas que lhe eram fraternas, e ele a elas; sim, deixar temporariamente aquelas em que muito se regozijava, para buscar uma só, aquela única que lhe trouxera tanta preocupação e sofrimento. Não irei me demorar sobre como ele deixou o paraíso e toda a alegria da casa do Pai para vir a este mundo desolador; mas peço que se lembrem de que ele o fez. Foi uma descida maravilhosa, quando ele veio desde além das estrelas para habitar este globo nublado, a fim de redimir os filhos dos homens. Mas, lembrem-se, ele continua a vir a nós, mediante seu Espírito. Perpétua é a visita de sua misericórdia. O Espírito de Deus move seus ministros, em nome de Cristo, para alimentar seu rebanho e buscar, por meio da Palavra, a salvação dos desgarrados, em cujo caráter e comportamento, quase sempre, nada há para animar. O coração do mestre está repleto de carinho por todos os que o amam. Ele traz o nome de seus eleitos gravados nas pedras preciosas de seu peitoral sacerdotal. Mas seu coração está sempre atrás daqueles que ainda não lhe foram trazidos; atrás, também, dos que já estiveram em seu rebanho, mas se desgarraram, abandonando o aprisco. Ele deixa então os felizes santos e vai em busca destes, empregando seu maior empenho em encontrar, uma a uma, cada ovelha perdida.

São estas ovelhas que busca o pastor. Não se trata apenas de boa intenção; ele emprega de fato o seu poder nisso. Sua graça divina está chegando, assim confio, hoje mesmo, além daquelas que chamou por sua graça, a outras ovelhas, que ainda não são de seu aprisco e que quer também conduzir. Não deseja, assim, que sua igreja despenda toda a atenção no rebanho que ele já conduz para verdejantes pastagens, mas, sim, que percorra o campo atrás daquelas que se desgarraram ou que ainda não fazem parte de sua abençoada sociedade.

Não deixará as noventa e nove nos montes para ir buscar a que se desviou?

Diz o texto que, em busca da ovelha perdida, o pastor sobe os montes, para além das dificuldades e dos perigos. Ele faz e acontece para salvar o perdido: nenhuma dificuldade consegue abalar seu poderoso amor. Vocês sabem das escuras ravinas pelas quais ele passou para salvar os homens. Já ouviram a respeito das escaladas que teve de realizar em busca das almas orgulhosas; e quanta descida teve de fazer para chegar aos desesperados. As ovelhas do Oriente, aliás, são mais rápidas que as nossas; saltam como gazelas e sobem montanhas como cabras. De modo semelhante, pecadores muito propensos à transgressão são muito ousados em sua soberba. Saltam de iniquidade em iniquidade, enquanto os filhos de Deus tremeriam somente de nisso pensar. Pouco se lhes dá quanto a profanações que fariam coagular o sangue daqueles que aprenderam a temer Deus aos pés de Jesus Cristo. Não obstante, o Senhor Jesus busca estes agitados e desesperados pecadores. Quantas dificuldades teve de vencer, quantos sofrimentos suportar, quantos montes teve de galgar, para os buscar e salvar! Ó irmãos, o mesmo coração benigno permanece nele: o Senhor avança continuamente, por meio da pregação da Palavra. Apesar dos muitos suspiros e lamentos da parte de seus ministros escolhidos, avança pelos montes para buscar a ovelha que se desgarrou. Rogo-lhe que aceite o esforço deste servo indigno hoje e traga alguns perdidos para casa usando deste sermão.

Para demonstrar seu esforço para com os perdidos, nosso Senhor diz de si mesmo que *busca com diligente perseverança*. Olha para um lado, nada vê. Protege os olhos com a mão e olha com firmeza! Acha haver encontrado a ovelha. Há, ao que parece, um ser vivo naquele declive. Fita-o com afinco. Não, não se mexe; é apenas uma pedra clara! Talvez a ovelha perdida esteja junto àquele regato, mais além! É um belo caminho para se percorrer com vagar, mas tão intenso está em seu propósito que logo o percorre; não avista a ovelha, no entanto. Onde poderá estar? Anda rápido, pois não sabe o que será da ovelha enquanto a procura. De tempos em tempos, para: imagina ouvir um balido. Decerto seria a voz da ovelha! Mas logo se reconhece enganado. O amor que tem faz com que seu ouvido ouça sons que nem mesmo o são. Nas últimas longas horas, nada ouviu, nem viu; mas continuará buscando até encontrar.

A onisciência concentrada de Cristo se lança sobre a alma que se desgarra, procurando-a em todos os desejos perversos e todas as torcidas emoções; notando o surgir de tudo que se pareça com arrependimento sincero; observando com pesar o enrijecimento do coração. Isto faz nosso Senhor pelos redimidos pelo seu sangue e ainda não ingressos no rebanho. Emprega grande esforço na mente e na visão quanto nos pés e nas mãos, tudo em busca da ovelha perdida.

Por fim, ele salva — e salva inteiramente. Não veio propriamente para tornar a salvação de seu povo possível, mas, sim, para salvá-lo. Não veio para colocá-lo em um caminho em que se salvasse a si mesmo, mas para salvá-lo por completo. Quando meu Senhor vem com toda a majestade de sua soberana graça salvar uma alma, ele alcança seu objetivo apesar do pecado, da morte e do inferno. O lobo pode ranger os dentes, mas o pastor é também Senhor do lobo. A ovelha pode vagar à toa teimosamente por longo tempo e chegar até a recusá-lo; mas ele a pega, joga-a nos ombros e a leva para casa, pois está decidido a salvá-la. A ovelha logo se contenta em ser assim carregada, pois, com um toque, o pastor molda a vontade da criatura à sua mais perfeita vontade. Sua graça é energia triunfante, pela qual o perdido se regenera.

A salvação de uma única alma abrange muitos milagres. Ouvi uma vez a respeito de um incêndio que consumiu uma joalheria. Dezenas de caros tesouros, de ouro, prata e pedras preciosas foram achadas em meio à ruína, formando uma montanha de riquezas. Salvos! Assim é a salvação de um único homem: é uma massa valiosa inestimável, misericórdias fundidas em um único lingote altamente precioso, consagrado ao louvor da glória e da graça daquele que nos faz sermos "aceitos no amado", e *salvos pelo Senhor com salvação eterna*

(Isaías 45:17). Quando penso no esforço dispensado pelo Senhor para salvar uma única alma desgarrada, sinto-me estimulado no coração e almejo que o coração delas também se incendeie, para que possamos empregar toda a nossa força em buscar os perdidos do Senhor. Cooperemos com ele na grande obra de achar e trazer o que está perdido. Oh, que o Espírito Santo possa nos imbuir de tal vontade e nos manter assim!

III

Sinto-me obrigado a seguir com alguma pressa. Notem então, em terceiro lugar, que *nosso senhor sente especial regozijo pela recuperação da ovelha desgarrada*. Não se enganem, porém, concluindo que o Senhor ama mais a alma que se desgarrou que as 99 que, por sua graça, foram poupadas de se perder. Oh, não! Ele pensa tantas 99 vezes nas 99 que nessa uma; pois as ovelhas são, cada uma, preciosas para ele. Não devemos supor que olhe para alguma de suas almas redimidas com ternura 99 vezes mais que para outra. Vocês poderão entender o significado da passagem com um exemplo comum à sua própria experiência. Vocês têm uma família, e amam todos os seus filhos de modo igual. Mas o pequeno Johnny fica enfermo, vem febre, e anseia-se por sua cura; então, pensa-se mais nele que nos outros filhos. Ele se recupera, e você leva então para a sala, nos braços, aquele que se tornou temporariamente o filho mais querido de todos e o mais querido dos irmãos. Não que tenha maior valor que os outros, mas o fato de ter estado até então recolhido ao leito, correndo risco de morte, acabou fazendo com que ele ficasse mais presente e sendo causa maior de preocupação, dando à família toda, por isso mesmo, a grande alegria de sua recuperação. As profundezas do amor de Cristo são as mesmas para todo seu rebanho, mas por vezes ocorre uma inundação de alegria quando alguma das ovelhas é restaurada após muito tempo desgarrada.

Compreenda-se bem a ocasião dessa alegria manifesta. Aquela que se perdera fora causa de enorme dor. Muito sentimos por nossos irmãos se tornarem apóstatas vulgares, muito sentimos por tão sincero cristão quando parece acabar desgraçando sua vida. Nosso Senhor sente ainda mais do que nós sentimos. Todavia, ao retornar a ovelha errante, sentimos renovar nossa alegria. Na mesma medida com que se manifestou a tristeza quando a ovelha se desgarrou, também se manifesta a alegria quando é restaurada.

Alguma apreensão também, é verdade, acaba sendo gerada: temermos que tal ovelha não pertença realmente ao Senhor e que caia novamente em perdição. Tremermos por ela. Mas este receio logo se encerra: a ovelha está a salvo; aquele de quem duvidávamos foi devolvido ao rebanho. A intensidade do alívio é então proporcional à força da apreensão causada.

Imenso trabalho realiza o pastor para achar e trazer a ovelha perdida. Galga todos os montes para encontrá-la. Mas seu esforço é recompensado com plenitude ao achar a ovelha. Esquece-se logo de suas andanças e seu esforço, atentando mais para a felicidade de ter sua ovelha a salvo, de volta.

Quanto à ovelha recém-restaurada, *passa a ter características marcantes de salvação,* que causam júbilo. Fora dilacerada pelos espinheiros e arbustos, mas agora está serenamente se recuperando. Observe como se deita na relva fofa! Estava cansada e desgastada, quase morta de tanto vagar à toa; mas agora, como se mostra feliz por estar na presença de seu Pastor! Quão próxima se mantém dele! Tudo isto serve para alegrar o Pastor ainda mais!

O Pastor se regozija tanto ao trazer de volta a ovelha desgarrada que *faz de tal resgate oportunidade de ter um dia de gala.* Quer que todas as ovelhas saibam o prazer que sente pelo seu rebanho, ao verem quanto ele se deleita por causa de apenas uma delas, que achou e trouxe de volta. O mesmo se dá na igreja. Bendigo o Senhor quando mantém seus salvos no caminho; bendigo-o todo dia por preservar sua graça; mas, quando alguma ovelha perdida é restaurada, temos de bendizê-lo muito mais, com ênfase ainda maior. É quando então temos música alegre e dança. Alguns irmãos veteranos se perguntam, por vezes, o significado dessa alegria, para eles um tanto excessiva; mas não há quem não compreenda haver uma boa razão para tal alegria especial quando se encontra a ovelha que andava perdida. É verdade que pastores e rebanhos não se podem dar ao luxo de ficar desfrutando de festas e folgas todos os dias; todavia, se uma ovelha perdida foi recuperada, sentem alegria tão grande uns nos outros, tamanho deleite na salvação daquela que estava perdida e voltou, que não podem deixar passar a ocasião para regozijar-se. Quero, então, que todos compreendam que, se amam a igreja de Cristo, há quase que obrigação de se festejar quando os irmãos caídos se regeneram; e se vocês querem realizar tal celebração, devem então empregar todo o esforço para encontrar os perdidos.

IV

Chegamos, por fim, à reflexão decisiva, isto é, refletirmos sobre nosso divino pastor, *ao nos demonstrar este seu notável exemplo.*

Podemos considerar este texto como *o compromisso pessoal de nossa missão.* Chamados que somos, aqui, a refletir sobre nossa missão, e como creio ser inútil pregar sobre tal missão de modo apenas superficial, quero não deixar de dizer, no entanto, algo bem comum, mas muito prático.

Irmãos, todos nós devemos ser missionários de Cristo; e o texto nos alerta sobre uma missão que cada um de nós deve cumprir, no que diz respeito a ganhar almas. O que devemos fazer, então, para imitarmos nosso Senhor? A resposta é: *busquemos uma alma.* Não preciso apontar alvos; só rogo a todos que trabalham com Cristo e para Cristo a buscar as pessoas. Existe um certo dom de falar com as pessoas — e nem todos o possuem; mas cada crente deve fazer um esforço para desenvolvê-lo. Busquem a alma dos homens, uma a uma. É um trabalho muito mais fácil para mim o de falar com todos vocês do que seria falar a cada um de modo pessoal a respeito da alma; não obstante, é deste modo que talvez tenham maior sucesso que este sermão dirigido às massas. Eu lhes peço então que, assim como o grande Pastor vai atrás de uma ovelha, não pensem que estarão fazendo pouco indo atrás de apenas uma pobre mulher, ou de um pobre homem, ou de uma pobre criança; apenas o façam.

Ouça ainda: *faça a ovelha que encontrar deixar de ser desgarrada.* Pense em alguém que dolorosamente se desgarrou; pode acontecer de haver uma pessoa em sua família, ou que você encontre alguém no decorrer de sua missão, nessa situação. Pense com cuidado nesta uma alma, reflita sobre seus pecados e os riscos que corre. É possível que você queira se empenhar em um caso que dê lhe esperanças, para que sinta maior probabilidade de sucesso. Mas experimente o outro caminho: busque uma ovelha que esteja se perdendo e que parece não ter esperança alguma. Siga o exemplo do Senhor, e vá atrás da ovelha mais difícil de encontrar. Vai tentar? Se não, não estará seguindo o caminho do Senhor.

"Tenho uma classe da escola dominical e outros trabalhos na igreja", diz alguém. Sim; mas gostaria que você, por algum tempo, *deixasse suas 99 ovelhas;* que você se sentisse chamado a ir atrás de alguém muito iníquo, ou uma criança bastante carente e sofredora. Ou continue participando de suas aulas com as 99, se puder; mas não deixe de buscar uma ovelha. Faça um esforço extra; desvie-se um pouco de seu caminho costumeiro; deixe que a atenção ao serviço usual fique em segundo plano por algum tempo. Será uma mudança muito saudável e, talvez, um grande alívio. Certamente, ao retornar, você fará um bem maior junto às 99 ovelhas depois de haver passado algum tempo ocupado com uma ovelha errante. Pense que você pode estar ficando um tanto "enferrujado" — cansado da monotonia de seu trabalho. Todo domingo os mesmos alunos e o mesmo tipo de lição. Deixe de lado esta preocupação por algum tempo e vá atrás da ovelha que se desgarrou. "Está dando conselhos estranhos, sr. Spurgeon." Se tais conselhos não estiverem no texto, não os siga;

NÃO DEIXARÁ AS NOVENTA E NOVE NOS MONTES PARA IR BUSCAR A QUE SE DESVIOU?

mas, se estão presentes nas palavras de nosso querido mestre, confio que você os irá seguir, e com bravura.

Ao partir em busca da ovelha, *leve consigo sua melhor capacidade.* Vá e busque; mas só obterá sucesso se estiver atento. Siga a ovelha. Ou você espera que ela o chame? É esta a sua ideia de buscar uma ovelha perdida? É assim que agem os caçadores? Sentam à frente da barraca olhando o céu, esperando que os faisões passem voando? Não; isto não é caçar.

Ó venham, vamos as ovelhas buscar
Nos campos da morte a perambular.

Sim, vão atrás das ovelhas, pois assim fez o pastor. Desafiou a encosta íngreme da montanha. Não creio que fosse mais afeito a subir os montes do que vocês o são; mas passou pelas mais íngremes elevações buscando a ovelha perdida. Vão atrás dos pecadores, mesmo na pobreza, na vileza, até que os encontrem.

Aqui está algo para animá-los. Quando se conquista uma alma desgarrada, *há muito maior alegria do que se sente por ajudar a salvar almas pelas quais se trabalha diariamente* — há maior alegria em levar a salvar uma só alma inteiramente perdida que a que sentida pelas outras 99 que oferecem alguma esperança de serem salvas. Tal conquista tem imenso valor para sua fé; é um estímulo grandioso para sua alegria, uma luz radiante em sua obra o fato de salvar uma alma tão condenada. Não me admira que vocês acabem falando de tal feito por muitos e muitos dias e se torne fonte de confiança para vocês quando as coisas futuramente não estiverem indo bem. As pessoas assim convertidas formam a coroa do nosso regozijo. Posso sugerir que experimentem este teste de buscar por uma ovelha? Se não obtiverem sucesso, não terão feito mal algum; pois terão apenas copiado o Senhor e mestre. Mas terão sucesso, pois ele está com vocês e seu Espírito por meio de vocês opera.

Gostaria ainda de lembrar que, *sob a antiga lei, vocês seriam obrigados a realizar esta tarefa*. Vejam o que diz Êxodo, capítulo 23 versículos 4 e 5: "Se encontrares desgarrado o boi do teu inimigo, ou o seu jumento, sem falta lho reconduzirás. Se vires deitado debaixo da sua carga o jumento daquele que te odeia, não passarás adiante; certamente o ajudarás a levantá-lo". Vocês devem fazer o bem, mesmo a seus inimigos. Deixarão de usar sua melhor capacidade para isso? Se o boi ou o jumento de seu inimigo estiver perdido, deverá devolver a ele — você é obrigado a fazê-lo. Tanto mais quando a ovelha pertence àquele Pastor que você ama de todo o coração! Prove seu amor por Jesus trabalhando para lhe devolver o que dele se desgarrou!

Abram agora em Deuteronômio, capítulo 22, leiam do primeiro ao quarto versículo e lá encontrarão outro trecho da lei, que diz: "Se vires extraviado o boi ou a ovelha de teu irmão, não te desviarás deles; sem falta os reconduzirás a teu irmão". Oh, e deixaria você de devolver a ovelha desgarrada ao seu grande irmão, o primogênito entre muitos irmãos? "E se teu irmão não estiver perto de ti, ou não o conheceres, levá-los-ás para tua casa e ficarão contigo até que teu irmão os venha procurar; então lhos restituirás" (Deuteronômio 22:2). Se você não consegue levar uma alma a Cristo, deixe-a ficar com você; se não consegue conduzi-la à conversão imediata, à igreja, mostre a ela fraternidade e amor cristão em sua própria casa, ministrando ensino e conforto na medida do possível. Faça o que puder para animar esse pobre coração até que Cristo venha para buscá-lo. "Se vires o jumento ou boi de teu irmão caídos no caminho, não te desviarás deles; sem falta os ajudarás a levantá-los" (Deuteronômio 22:4). Como é fácil para nós *nos desviarmos*! Esta é a expressão usada por Moisés: "não te desviarás" (Deuteronômio 28:14). Quando se sabe que falta a uma pessoa a graça, geralmente é costume desejar-lhe o bem, mas mantendo-se fora de seu caminho. A falsa prudência faz com que nos desviemos de tais pessoas. Ainda que a rua esteja apinhada de meretrizes, você vai rápido e seguro para casa e sua porta é trancada — afinal, o que o pecado delas tem a

Não deixará as noventa e nove nos montes para ir buscar a que se desviou?

ver com você? Há muitos beberrões por aí; mas você não se excede no beber — então, o que a bebedeira deles tem a ver com você? Isso significa desviar-se das pessoas. E com que facilidade o fazemos!

Vejam um exemplo, digno de atenção. Um navio cargueiro, dias atrás, cruzava o Atlântico, quando cruzou com um velho navio transportando emigrantes, o *The Danmark*, avariado. Suponham que o comandante tivesse seguido seu destino. Poderia ter olhado para o outro lado, decidido a não perder tempo. Poderia ter argumentado: "Tenho de fazer o melhor é por meus patrões. Vou me atrasar bastante se der atenção a este navio. É melhor que eu me vá, fingindo não tê-lo visto; posso até me apressar um pouco mais para chegar ao porto e de lá enviar ajuda". Poderia ter agido assim, mas ninguém seria salvo; pois, na situação em que se encontrava, o velho navio em breve iria a pique. Mas este comandante era homem de nobre estirpe. Não se furtou em ajudar, não se fez de cego para com o navio que estava em perigo. O que fez, então? Para sua grande honra, aproximou-se e ofereceu rebocar o navio ameaçado. Não só isso: constatando que aquela nave não conseguiria mais flutuar, decidiu dar abrigo a todos os emigrantes em sua própria embarcação. Mas como não poderia transportar todos eles em um cargueiro lotado como o seu, o que fazer? A decisão que tomou foi também por demais honrosa. Carga ao mar! A bênção de Deus sobre os homens! Para o mar foram muitas mercadorias, e os passageiros puderam subir a bordo. E seguiram para o porto mais próximo. O comandante poderia perfeitamente ter-se desviado com facilidade, não poderia? Assim também pode acontecer com vocês, com vocês, cristãos, como se designam a si mesmos. Como podem andar pelo mundo e se fazerem de cegos quando avistam pecadores perdidos? Como conseguem entrar e sair deste Tabernáculo sem falar com estranhos que se amontoam nestes corredores? Irão permitir que estas pessoas acabem no inferno sem dar qualquer tipo de ajuda ou orientação? Como podem se furtar a estas pessoas? Como ousam chamar a si mesmos de cristãos? Enfim, como responderão por si mesmos? Irmãos, irmãs, abandonemos esta indiferença inumana; neguemos a nós mesmos um pouco de descanso, conforto e boas condições para que possamos ajudar a salvar pobres almas que se afundam! Lancemos de bom grado nossas mercadorias em excesso ao mar, para que possamos, com o poder do Espírito Santo, salvar almas da morte.

Este texto, repito, contém *um compromisso da missão da igreja de Deus*. Tal como fez o Salvador, temos de buscar, e ajudar a salvar, aquele que está perdido; e podemos assim proceder não visando toda uma grande quantidade de pagãos, mas bastando apenas um deles de cada vez. Concordo com vocês que há força no argumento das multidões sem salvação — centenas de milhões na China, centenas de milhões na Índia; todavia, ainda que reste apenas uma pessoa sem conversão no mundo, essa pessoa será digna de que toda a igreja cristã vá ao seu encalço; pois Aquele que é maior que a igreja, assim como o noivo é mais importante que a noiva, deixou os céus, sim, e deixou a doce companhia de seus amados, para vir procurar a ovelha que se desgarrara. Não se incomodem, portanto, com os números: salvem antes os solitários e os menores grupos. Busquem as aldeias, aqui mesmo na Inglaterra. Creio que muitas choupanas espalhadas por nossa terra estão em condições mais precárias que muitas nações. Cuidem dessas pessoas. Assim fez o seu Senhor, e eis aqui a ordenação para que ajam de modo semelhante.

Notem também que jamais devemos ser movidos pela suposta superioridade de pessoa ou de uma raça. Já ouvi dizer que seria melhor tentar converter as pessoas de raças ditas superiores que pensar nas consideradas mais degradadas. Não é melhor converter os educados brâmanes em lugar de aldeões selvagens? "Que tipos raros eles são, esses hindus filosóficos! São dignos de que os convertamos!" Esse raciocínio não está de acordo com Cristo. O Pastor buscou a ovelha perdida, e, quando a encontrou, ela não representava um adversário para ele: estava desgastada a ponto de não passar de uma ovelha destruída. Não obstante, o Senhor foi atrás desse pobre animal. Assim, almejemos que os povos tidos como degradados, como os da África, os pigmeus das florestas, os canibais da Nova Guiné e povos afins, sejam procurados tanto quanto as chamadas raças mais avançadas. São todos seres humanos; e isto basta.

O motivo da empreitada missionária jamais deve ser, enfim, a excelência do caráter individual. O pastor não buscou a ovelha que jamais se havia desgarrado não porque fosse dócil, mas por jamais ter-se desgarrado mesmo que não fosse dócil. O pecado do homem é o pretexto verdadeiro da ação da igreja de Deus. Quanto mais pecado, maior motivo para abundante graça. Oh, que a igreja sinta ser seu dever, se não buscar os mais degradados primeiro, pelo menos não deixá-los por último! Onde parecer mais difícil ter sucesso, é lá que se deve ir em primeiro lugar, pois lá se encontrará espaço para a fé; e onde houver lugar para a fé, e a fé preencher o ambiente, Deus dará sua bênção.

Caros amigos, ainda que supostamente não possam todos vocês buscar os pagãos, e apesar de somente alguns de vocês terem aparentemente tal possibilidade, peço a todos que façam o máximo que puderem para colaborar em sua busca. Contribuam com que o que possam para sua conversão, dando suporte à obra missionária. Eis aqui uma oportunidade; se não a aproveitarem, é improvável que possam realizar a obra maior para a qual eu os tanto convido. Que o Senhor os abençoe! Amém.

Sua opinião é importante para nós.
Por gentileza, envie-nos seus comentários pelo e-mail:

editorial@hagnos.com.br

Visite nosso site:

www.hagnos.com.br